共享出行可持续发展战略研究
以共享单车为例

Strategic Research on Sustainable Development of

Ride – Sharing Industry:

An Investigation of Bike Sharing

王 兵 著

中国商业出版社

图书在版编目(CIP)数据

共享出行可持续发展战略研究：以共享单车为例 / 王兵著. - - 北京：中国商业出版社，2020.11
ISBN 978 - 7 - 5208 - 1281 - 8

Ⅰ. ①共… Ⅱ. ①王… Ⅲ. ①自行车 - 租赁业 - 可持续发展战略 - 研究 - 中国 Ⅳ. ①F512.3

中国版本图书馆 CIP 数据核字(2020)第 187244 号

责任编辑：李 飞 蔡 凯

中国商业出版社出版发行
010 - 63180647 www.c - cbook.com
(100053 北京广安门内报国寺 1 号)
新华书店经销
北京京丰印刷厂印刷

*

787 毫米 ×1092 毫米 16 开 13 印张 270 千字
2020 年 11 月第 1 版 2020 年 11 月第 1 次印刷
定价：58.00 元

* * * *
(如有印装质量问题可更换)

内容简介

本书聚焦国家低碳出行和共享经济发展热点，以共享单车为例对共享出行行业发展布局、融资模式、市场竞争、监管模式、商业模式、消费者满意度等问题进行经济与管理学分析，采用社会调查、博弈决策、人因工程、技术经济学、运作管理学等理论与方法，系统地研究了目前共享单车行业的发展现状、发展瓶颈和发展路径，提出了未来我国共享单车行业深度调整与行业可持续发展的方向和政策建议。

本书可供从事共享经济、低碳交通、金融管理等方面的技术人员、管理人员、科研工作者阅读，也可作为行业监管部门、企业管理人员、高等院校工业工程与管理专业师生的学习参考资料。

前　言

共享单车作为继滴滴出行之后新的"互联网＋共享经济"创业领域，承载了城市绿色发展与低碳出行的时代发展诉求，扩展了公共交通的下游服务环节，解决了公共交通"起始一公里"和"最后一公里"的衔接问题，极大地促进了低碳出行方式的整合。共享单车服务的理念由来已久，最早可追溯到1965年的荷兰"白色自行车计划"，此后演变出公共自行车服务、校园单车、旅游区自行车出租等多种发展形式，得益于共享经济的深入人心、移动互联网技术的发展和技术创新，无桩智能共享单车自2016年开始迎来爆发式增长，大量资本涌入这一行业，共享单车平台数量显著增加。然而，因市场供给增长过快、供需不平衡、"公地悲剧"等问题，自2017年下半年开始，共享单车行业萎缩和破产情况屡见不鲜，行业发展面临挑战并正式进入战略调整期。共享单车行业已过了走马圈地的阶段，正从规模驱动转向效率与效益并重的新发展时代。

2019年，共享单车行业出现的热点包括资金断裂、监管与合规、价格上涨、新车投放等方面。本书首先回顾了共享单车的发展背景，然后从实地调研的视角，以经济学、管理学、行为学理论为基础，归纳分析了共享单车的发展现状及存在的问题，系统地研究了共享单车的融资模式、市场竞争、商业模式、行业监管、法规体系、消费者行为管理和消费意愿等，对当前行业发展热点进行了实证分析，为实现共享单车行业下半场的高质量发展提供科学依据和决策参考。

本书的主要研究工作包含以下几个方面的内容。从共享单车行业融资的视角出发，分析了资本在共享单车行业发展中的驱动作用和共享单车行业融资风险管理的策略，探讨了共享单车行业市场类型与行业竞争格局之间的关系。针对共享单车行业发展的停放和监管问题，调研分析了消费者的合理停放和信用意识，建立了共享单车利益相关者博弈概念模型，并就共享单车行业法律法规体系的建设提出了相关方法与实践建议。对于处在转型发展期的共享单车行业新业态，系统分析了共享单车发展的商业模式，基于成本理论和净现值法对共享单车行业盈利模式进行了成本效益分析，提出了建立可持续的共享单车商业模式的发展策略。基于消费者满意度调研，对共享单车消费者特征、品牌满意度及其影响因素进行了描述性统计分析，建立了共享单车使用频率影响因素分析模型和基于技术接受模型的共享单车消费意愿模型，并对共享单车消费意愿和使用活跃度的提升提出了政策建议。从精准投放与旧车置换、实时监控与停放管理、盈利模式优化等角度提出了共享单车消费满意度提升策略。对共享单车使用满意度的影响因素进行了分类研究，从商业模式创新、单车工业设计优化、停车设施规划三方面提出了共享单车消费满意度提升方案，指引了精细化管理的发展方向。

共享单车作为共享经济的一环，其发展的社会效益显著，但在一段时期内会面临发展上的挑战，即发展趋势是不可逆转的，而阶段性的波折不可避免。从外部环境来看，在"支持新业态、新模式发展，促进平台经济、共享经济健康成长"大方向不变的前提下，监管与合规、信用体系建设将是共享单车行业面临的外部挑战，坚持"底线之下，严加管理和改进，底线之上，鼓励探索和创新"的底线思维至关重要。从内在因素来看，共享单车企业需要压实自身主体责任，发展可持续的商业模式，做好自行车技术创新提升骑行体验。总的来说，依据环境—认知—行动—结果的探索过程，共享单车行业的发展既需要企业承担相应的社会责任，也需要全社会营造"共享之行，我必参与"的共享氛围。

本书由王兵负责总体设计、策划、组织和统稿，孙振明、冯嘉琪、娄恒权、陈美娥、赵天、何丽婷、姚瑶、裴向前、刘朋帅、吴英东、陈思卿、尹浩天、郝友嘉等参与并完成了相关章节的调研工作和内容编写。洪舸、王一丹、刘蕾、刘媛、马晓龙等参与了本书部分章节的讨论和繁重的校对工作。本书的研究和撰写得到了国家自然科学基金（71704178）、北京市优秀人才培养资助项目（2017000020124G133）、国家统计局全国统计科学研究计划项目（2017LY10）、中央高校基本科研业务费专项资金资助（2020YQNY08、2020YQNY10）、中国矿业大学（北京）双一流建设经费等的资助，先后得到了国家信息中心、中国21世纪议程管理中心、国家统计局、阿里研究院、北京理工大学能源与环境政策研究中心、中国地质大学等机构的指导、支持和无私帮助。中国矿业大学（北京）学校领导、能源与矿业学院领导和老师们、学校科学技术研究院对身为青年教师的作者给予的支持与鼓励，在此一并表示感谢。

鉴于共享经济与管理研究的复杂性和应用背景的变化，共享经济新技术、新模式、新业态领域的创新步伐加快，限于作者知识范围和学术水平，书中难免存在诸多值得商榷、疏漏等不足之处，恳请读者批评、指正。

王 兵

2020年8月

目 录

第1章 绪论 (1)
  1.1 共享单车行业发展的基本特征 (1)
    1.1.1 共享经济力促自行车的二次繁荣 (1)
    1.1.2 资本涌入新兴产业，共享单车大规模发展 (3)
    1.1.3 商业泡沫破裂，资金链紧张，行业发展受阻 (3)
    1.1.4 投放失衡与无序停车影响，产业发展，监管力度加大 (4)
    1.1.5 共享单车国内外布局逐步明晰，市场格局初步形成 (5)
  1.2 共享单车行业发展相关研究综述 (6)
    1.2.1 共享单车相关研究的文献计量分析 (6)
    1.2.2 共享单车行业商业模式研究综述 (12)
    1.2.3 共享出行选择影响因素分析 (13)
  1.3 全书的内容体系 (15)
  1.4 本章小结 (19)

第2章 共享单车行业融资机制研究 (20)
  2.1 共享单车行业融资历程 (20)
    2.1.1 共享经济的春风力促共享单车行业发展 (20)
    2.1.2 共享单车行业爆发式发展进入深度调整期 (23)
  2.2 共享单车行业融资特点 (24)
    2.2.1 共享单车行业融资影响行业发展历程 (25)
    2.2.2 共享单车市场融资特点分析 (31)
    2.2.3 共享单车行业融资效益分析 (32)
    2.2.4 共享单车行业融资模式选择 (33)
  2.3 共享单车行业融资对相关产业的影响 (34)
    2.3.1 共享单车行业融资对自行车供应链的影响 (34)
    2.3.2 共享单车行业融资对网约车、出租车市场的影响 (35)
    2.3.3 共享单车行业融资风险管理的政策建议 (35)
  2.4 本章小结 (35)

第3章 共享单车行业市场竞争分析 (37)

3.1 共享单车行业市场竞争特点 (37)
3.2 共享单车行业竞争格局演变分析：基于产品生命周期的视角 (39)
3.2.1 共享单车产品特征与可持续设计 (39)
3.2.2 共享单车行业市场竞争类型及其影响因素 (39)
3.2.3 共享单车行业竞争格局演变特征分析 (42)
3.2.4 共享单车行业市场结构演变影响因素 (43)
3.3 共享单车行业市场竞争发展态势分析 (44)
3.3.1 共享单车行业竞争的关键：基于波士顿矩阵的分析 (44)
3.3.2 共享单车服务竞争力构成要素 (47)
3.3.3 各共享单车品牌间的竞争 (49)
3.3.4 共享单车行业起伏中的经验教训 (51)
3.4 **本章小结** (51)

第4章 共享单车行业监管与契约机制研究 (53)

4.1 共享单车行业监管困境 (53)
4.1.1 停放问题制约共享单车行业发展 (53)
4.1.2 信用机制不健全，"公地悲剧"频繁上演 (54)
4.1.3 城市自行车道路规划稍显不足，法律法规逐步健全 (55)
4.1.4 消费者对共享单车使用权与财产权分离的认识不足 (55)
4.2 共享单车停放与信用调研分析 (56)
4.2.1 共享单车停放问题的致因分析 (56)
4.2.2 共享单车停放与用户信用反馈的调研问卷设计 (57)
4.2.3 结果分析与讨论 (57)
4.2.4 主要结论与启示 (59)
4.3 共享单车发展格局中的多方博弈模型 (61)
4.3.1 共享单车发展格局中的利益相关者 (61)
4.3.2 政府部门参与共享单车治理意愿的决策分析模型 (63)
4.3.3 结果分析与讨论 (64)
4.4 共享单车行业法律法规体系建设 (65)
4.4.1 共享单车使用安全 (65)
4.4.2 共享单车信息安全 (66)
4.4.3 共享单车新业态下的消费者权利与义务 (67)
4.4.4 法律视角下的共享单车监管困境 (69)
4.5 **本章小结** (70)
4.5.1 完善监管体系，建设权益保障机制 (70)

4.5.2　破除经济视域下的监管困境,切实发展共享经济 …………………(71)
4.5.3　信任机制的完善和契约精神的提倡 ……………………………………(72)
4.5.4　共享单车运行综合管理中心建设 ………………………………………(72)
4.5.5　切实推动共享单车个人信息的自我保护和监管 ………………………(73)

第5章　共享单车商业模式发展研究 ………………………………………(74)
5.1　共享单车商业模式是未来行业竞争的关键 …………………………(74)
5.1.1　共享经济下共享单车商业模式的构成 …………………………………(74)
5.1.2　共享经济下共享单车商业模式特点 ……………………………………(75)
5.1.3　共享经济下商业模式对传统商业模式的革新 …………………………(75)
5.2　共享单车行业商业模式分析 ……………………………………………(76)
5.2.1　社会共享的价值主张 ……………………………………………………(76)
5.2.2　年轻化的客户细分 ………………………………………………………(77)
5.2.3　基于客户需求的关键活动 ………………………………………………(77)
5.2.4　用户体验与融合的对外渠道 ……………………………………………(78)
5.2.5　共享单车的客户关系管理 ………………………………………………(78)
5.2.6　重要资源维系与管理 ……………………………………………………(79)
5.2.7　全产业链和服务系统的合作伙伴 ………………………………………(79)
5.2.8　降低固定成本,打造轻成本模式 ………………………………………(80)
5.2.9　扩展收入来源,开拓盈利空间 …………………………………………(80)
5.3　共享单车行业盈利模式分析 ……………………………………………(81)
5.3.1　共享单车成本结构及盈亏平衡分析 ……………………………………(82)
5.3.2　基于工业技术经济学的共享单车投资回报分析 ………………………(83)
5.3.3　共享单车行业盈利能力的影响因素 ……………………………………(83)
5.3.4　共享单车定价策略分析 …………………………………………………(86)
5.4　共享单车商业模式风险管理策略 ………………………………………(89)
5.4.1　共享单车商业模式的风险分类管理 ……………………………………(89)
5.4.2　共享单车用户对其商业模式的影响 ……………………………………(90)
5.4.3　共享单车涨价利弊分析 …………………………………………………(90)
5.4.4　共享单车行业发展对社会生活和环境保护的影响 ……………………(91)
5.5　本章小结 …………………………………………………………………(93)

第6章　共享单车消费者行为研究 …………………………………………(95)
6.1　共享单车消费者特征的对比分析 ………………………………………(96)
6.1.1　共享单车用户特征分析 …………………………………………………(96)
6.1.2　共享单车消费者行为特征 ………………………………………………(99)

6.2 共享单车用户满意度调研与决策行为分析 (101)
6.2.1 共享单车用户满意度多维特征 (101)
6.2.2 共享单车用户满意度影响因素调研结果分析 (105)
6.2.3 共享单车用户消费行为决策的其他因素分析 (108)
6.2.4 共享单车消费者黏性培养的政策建议 (111)
6.3 基于技术接受模型的共享单车消费意愿研究 (113)
6.3.1 基于技术接受模型的共享单车消费意愿评价 (113)
6.3.2 共享单车消费意愿的结果分析与讨论 (126)
6.3.3 共享单车用户使用意愿影响因素的案例分析 (133)
6.3.4 对共享单车消费意愿提升的启示 (136)
6.4 本章小结 (138)

第7章 共享单车使用满意度提升策略研究 (140)
7.1 共享单车使用满意度影响因素综合分析 (140)
7.2 共享单车服务满意度提升战略研究 (141)
7.2.1 共享单车精准投放与旧车置换管理 (141)
7.2.2 共享单车实时监控与停放管理 (143)
7.2.3 共享单车盈利模式优化管理 (144)
7.3 基于人因工程学的共享单车工业设计舒适度评价及优化 (145)
7.3.1 共享单车工业设计舒适度评价方法 (145)
7.3.2 共享单车产品结构系统对比分析 (146)
7.3.3 共享单车工业设计问题分析与改进 (157)
7.3.4 共享单车工业设计改进的发展方向 (166)
7.4 共享单车停放问题解决方案研究:以地铁站周边设施规划为例 (167)
7.4.1 共享单车停放区域布局原则 (168)
7.4.2 共享单车停放区域规划方案决策方法 (169)
7.4.3 基于重心法的共享单车集中停放需求分析 (171)
7.5 本章小结 (173)

参考文献 (175)
附录1:共享单车低碳出行意愿及满意度线下调研问卷 (191)
附录2:上海市互联网租赁自行车经营服务考核办法 (193)

第1章 绪论

1.1 共享单车行业发展的基本特征

1.1.1 共享经济力促自行车的二次繁荣

共享经济成为改变消费理念和促进社会转型发展的新业态。共享经济（sharing economy）这一专业术语的出现可追溯到1978年美国社会学教授马克思·费尔森和琼·斯潘思发表的研究论文《社群结构与协同消费》[1,2]，研究指出协同消费有利于满足人类可持续发展的需求，并与他人建立合作共赢关系。作为近年来风靡我国乃至全球的新商业形态，共享经济提倡拥有闲置资源的个人或者机构，将其所拥有的闲置资源使用权有偿转借或转让给资源需求者，从而为使用者降低资源获取的成本，并为闲置资源拥有者提供一定的收入。共享经济这种新商业形态虽提出已有40多年，但近期才引起广泛关注，其原因在于技术水平因素的限制，使其发展受到传播媒介的制约。进入21世纪以来，随着智能手机、互联网、大数据等技术的成熟，共享经济得到快速的发展，并最终融入人们的日常生活，如共享出行、共享住宿、共享办公、共享医疗等。共享经济与人工智能技术的深度融合对经济、社会发展产生了重大且深远的影响。

作为曾经的"自行车王国"，自行车在中国社会发展中具有很高的知名度，一度成为家庭必备的三件物品之一。图1-1显示了20世纪80年代凭票购买老式自行车的世纪印象。然而随着机动车的发展，自行车逐步退出了历史舞台，家庭耐用消费品拥有量指标揭示了中国交通出行模式的变迁。中国统计年鉴数据显示，1993年前后自行车出行是我国居民出行的主要方式，随着摩托车、汽车等新型交通工具的替代作用日益凸显，城镇自行车保有量从1993年的197辆/百户下降到2000年的162.72辆/百户，自2002年开始，国家统计年鉴将城镇自行车保有量从城镇居民家庭平均每百户年底耐用消费品拥有量的统计数据中剔除，并于2003年增补了摩托车和家用汽车的统计数据，2015年增补了电动助力车等交通出行工具的统计数据。我国城镇主要交通工具经历了自行车—摩托车—机动车的变化过程。

然而，现代化城市发展需要重新思考自行车的战略定位。城市机动化交通的发展不仅仅产生了交通堵塞、环境污染等问题，也迅速推升了对于石油资源的需求[3]。城市道路空间资源的紧缺和交通拥堵问题需要自行车对公共交通形成有益补充。同时，自行车出行还有利于解决与汽车尾气排放相关的环保问题。自行车与公共交通接驳搭配模式有利于城市低碳交通体系的建设。在此背景下，自行车交通出行重新成为我国城市综合交通不可缺少的重要组成部分。2012年9月，住房和城乡建设部、发展与改革委员会、财政部在《关于加强城市步行和自行车交通系统建设的指导意见》中明确指出，"自行车交通是预防和缓解交通拥堵、减少大气污染和能源消耗的重要途径，关系人民群众的生产生活和城市可持续发展"，《指导意见》提出了开展绿色步行道和自行车休闲观光道建设，全面推进城市步行和自行车交通系统建设工作的具体要求，在加大政策支持力度的政策中强调了鼓励发展公共自行车系统的重要性。由此可见，未来自行车出行的比例将会提高，自行车慢行交通服务系统将逐步完善。

在"互联网＋"背景下，自行车王国迎来了单车出行第二次大发展。共享出行是共享经济最引人注目的领域之一，这是由衣食住行的本质特征所决定的，也引起了单车出行方式的回归。具有代表性的共享出行企业以 Uber、滴滴出行为首，出行服务模式先后经历了打车、拼车、专车、快车以及分时租车等发展阶段，行业竞争格局经历了合并到一家独大，再到异军突起的阶段[4]。这些出行服务模式虽极大地丰富了用户的出行选择，提高了出行效率，但仍留下了交通出行"最后一公里"的出行空白，而城市公共自行车系统发展不尽如人意，未能有效提高自行车低碳出行的频率[5]。无桩智能共享单车应运而生，因其简单、易用、可随用随放等特点，能有效解决用户出行痛点，因而迅速得到资本青睐，行业发展迅速。

图 1—1 自行车王国到共享单车王国的历史变迁

1.1.2 资本涌入新兴产业,共享单车大规模发展

共享单车,又称互联网租赁自行车、网约自行车(以下统称共享单车),是指以移动互联网平台为依托,利用网络支付、GPS等网络技术手段,在公共服务区提供租赁自行车共享服务。作为"互联网+共享经济"融合发展的新型服务模式,区别于公共自行车,共享单车具有调动存量市场、提高使用效率、节省城市空间、满足多元需求等新特点,能够有效解决城市交通出行"最后一公里"问题。共享单车的高投放、高效率、轻运营、低成本吸引大量资本进入,改变了人们传统的消费理念,具有广阔的发展前景,有望成为未来经济转型的"动力引擎"。

规模扩张和资本追逐是共享单车行业发展初期的代名词。2014年,ofo创立国内首家互联网自行车租赁公司,设立无桩智能共享单车示范点,提出了"共享经济+智能硬件"的绿色出行理念。至2017年,20多家企业品牌进入共享单车行业,ofo和摩拜单车的市场占有率在90%以上,成为这一阶段"互联网+共享经济"新业态的代表,共享单车用户规模持续增长。2017年,共享单车行业用户量迅猛增长至2.05亿人,相比2016年同期增长率达632.1%,2018年共享单车用户总量增长至2.35亿人,增速减缓明显,2019年用户规模预计达到2.59亿。

政府积极支持和规范共享单车的发展,为共享单车行业发展提供了方向。2016年12月27日,深圳市发布国内首个《关于鼓励规范互联网自行车的若干意见(征求意见稿)》,北京、上海、天津、成都、南京、济南、海口等9个城市先后发布类似征求意见或管理办法,以促进互联网租赁自行车科学规范、健康有序地发展。然而,共享单车大规模发展带来了企业主体责任缺失、用户违法违规行为多发、监督管理力度不够等问题,同时造成了监管困境,急需净化互联网租赁自行车的发展环境、规范运营秩序、引导用户行为、维护各方权益。2017年8月,国家交通运输部等多部委联合发布了《关于鼓励和规范互联网租赁自行车发展的指导意见》,提出了鼓励发展、规范运营服务行为、保障用户资金与网络信息安全等指导意见。这一指导意见为后期各地区鼓励和规范互联网租赁自行车发展提供了重要参考。2017年11月,深圳市发布了《深圳市互联网租赁自行车管理方案》,致力于规范、引导和促进互联网租赁自行车行业健康有序发展,保护用户合法权益,改善自行车出行环境。

1.1.3 商业泡沫破裂,资金链紧张,行业发展受阻

资本市场变幻莫测,共享单车行业成也资本,败也资本。在共享出行的大浪潮下,共享单车成为资本寒冬中为数不多的"风口"。然而,随着经济下行压力的不断增加,资本市场出现投资萎缩的现象,企业资金链断裂,大量共享单车企业宣布破产或停止运营。从2017年下半年开始,共享单车押金难退现象频出,共享单车已开始进入品牌淘汰阶段。第一,共享单车二三线品牌因不能持续获得资本投入已经逐步退出市场。第二,规模混战后,行业巨头风头不再,重资产的共享单车模式有待完善。摩拜、ofo,历经"百车大战",不计成本耕耘线下,

连年巨亏终成龙头,但如今一个被收购,一个面临生死边缘。

监管与合规将成为未来一段时间内共享单车行业发展的关键内容之一[6]。以深圳市为例,有关部门先后发布了《关于鼓励规范互联网自行车的若干意见》《深圳市互联网租赁自行车规范管理整治行动实施方案》《深圳市城管局互联网租赁自行车整治行动实施方案的通知》《深圳市互联网租赁自行车管理方案》《深圳市互联网租赁自行车行业信用信息管理暂行办法》等一系列涉及投放、停放、骑行安全等的监管政策。这些政策的出台都将推动共享单车在"风口"吹尽、尽显风凉的背景下对自身商业模式进行创新,以提高行业的可持续发展能力。

内外兼修是破解共享单车监管难题的重要方略。从外在因素来看,城市交通规划需要考虑共享单车出行,而机动车占道和停车设施不足已成为我国共享单车出行的主要阻力,因此建设大城市自行车路网刻不容缓[7,8]。历史发展进程表明,从自行车王国到小汽车出行的过程中,城市扩张和城镇化格局不利于自行车出行。共享单车出行面临城市规划和道路设施建设与设计的不利因素,需要体现"以人为本"的设计思路。从企业自身和消费者的角度来看,投放与管理、合理安全地停放、共享单车维修与保护、信息安全等都需要供需双方建立良好的信用契约,共同维护好共享单车的出行环境。

1.1.4 投放失衡与无序停车影响,产业发展,监管力度加大

商业模式不清晰,盈利能力待挖掘成为困扰共享单车行业发展的内在原因。在共享出行领域,作为我国网约车的领头羊,滴滴出行垄断了国内大部分的市场份额,然而垄断的优势并没有带来利润,2018年滴滴出行亏损额度高达109亿元,盈利能力亟待提升。作为典型的轻资产运营的互联网企业,网约车平台利用数据科学与技术,为出行搭建了一个信息沟通平台以降低打车成本、提高出行效率,但这种模式的盈利空间受到高运营费用的限制。而对于共享单车这类互联网租赁自行车而言,其模式属于相对重资产运营的互联网企业,未来成长空间与发展潜力较大,但盈利模式的挖掘任重道远[9,10]。其备受质疑的地方在于几乎所有共享单车企业都没有将社会闲置单车资源进行整合,而是选择从生产商采购单车,推升了其固定成本的比重。

共享单车行业发展需要以信用机制为基础,同时助力信用社会的建立[11]。一方面,信用作为共享经济发展的基石,在共享单车的可持续发展中起着至关重要的作用。虽然我国社会信用体系建设取得了一定进展,但尚未形成健全的社会信用体系,导致共享单车行业缺乏健全的社会信用体系支撑。共享单车的迅速发展也暴露出很多问题,比如"行业准入机制不健全,骑行交通事故责任难认定,车辆维护管理不规范,用户违规行为追究受限制,内部惩戒措施不到位"等。目前,行业亟待完成从契约到信用的价值理念和法律机制的转变,以打造社会信用体系。另一方面,共享单车出行服务可以打造出行领域的信用模式。信用机制的建立有助于解决押金的问题,为达到信用标准指数的人群提供免押金服务,也为没达到信用标准指数的人群增加信用积分。

共享单车行业发展存在投放失衡和乱停乱放现象，构建监管机制以保持市场平稳运行是下一步行业生存发展的关键。共享单车通过移动平台实时匹配需求与供给，导致企业不正当竞争行为隐蔽，使用者道德风险增加，且在线服务规避了政府、市场和社会的直接监管[12]。道路交通管理部门职责范围更新滞后于共享单车的发展，导致监管职能模糊，监督链条断裂；行业协会监管标准缺失，对提供服务企业的约束力不够；同时企业内部缺少自律意识，对用户缺乏健全的监督惩戒机制；社区、志愿组织等社会组织的补充监督不及时。各利益主体的违规行为缺少强制性约束措施，加剧了共享单车市场的乱象。

1.1.5 共享单车国内外布局逐步明晰，市场格局初步形成

共享单车行业经历了从"百车大战"到"旧三国"，再到"新三国"的格局演变。自2016年开始，共享单车行业迎来了井喷式发展，行业融资规模不断增大，众多共享单车品牌相继出现，资本在推动市场规模扩大的同时，也带来了行业的无序发展[13]。随着融资市场参与主体积极性的消减和社会对于共享单车的热度降低，国内共享单车行业面临重新洗牌的局面，2020年市场上活跃度较高的共享单车品牌数量已不足10家，且共享单车融资已经举步维艰，资金的支撑力度正在逐步下滑。

共享单车海外布局调整加速，呈现出从扩张到收缩的发展历程。共享单车兴起之初，资金较为充裕，主要的共享单车品牌加大了海外扩张的力度，ofo、摩拜单车等纷纷开始在海外布局。2017年8月，ofo进军西雅图，开启了ofo的美国市场布局，但不到一年就关闭了大多数美国业务，目前ofo已经全线崩盘。随着国内市场热度的下降，其他品牌都压缩或者撤销了其海外运营业务。摩拜单车被美团收购后，海外业务已经在2019年3月被裁减。同时，共享单车在海外的发展还面临着当地法规、文化、交通组织模式的困境或差异，使得实际的海外运营比较困难，业务拓展不畅。

共享单车的下半场将回归理性，其行业生存发展也面临着诸多挑战。从200亿估值到全线崩盘的ofo已被市场逐步淘汰，摩拜单车被美团收购成为美团单车，两大共享单车昔日巨头彻底成为历史，而哈啰单车异军突起，成为共享单车行业新巨头，市场估值已高达25亿美元。至此，共享单车行业格局已经基本趋于稳定[5]。以北京市为例，2019年下半年，北京市共享单车行业运营监管数据显示摩拜单车、青桔单车、哈啰单车、ofo单车、便利蜂单车、智享单车等6家共享单车品牌在北京市运营互联网租赁自行车业务，其中智享单车已于2019年11月停止运营，ofo和便利蜂单车日均周转率小于0.2次/辆，基本处于停止运营状态，且监督考评结果均处于末位。因此，美团单车、青桔单车、哈啰单车是当前共享单车市场的"三驾马车"[14]。

1.2 共享单车行业发展相关研究综述

1.2.1 共享单车相关研究的文献计量分析

文献计量学方法能有效刻画学科发展规律，已在气候政策[15]、气候变化风险评估[16]等领域得到广泛应用。Wei 等(2015)采用文献计量与综述方法研究了气候变化政策建模的最新动态和发展的主流方向，归纳了气候变化综合评估模型的建模要点[17]。刘作仪等(2012)运用文献计量方法系统梳理了中国管理与运筹学研究的发展脉络，探析了 2001—2010 年中国管理与运筹学研究发展态势和热点领域[18]。Wang 等(2014)采用文献计量方法分析了气候变化脆弱性研究进展，并就主流研究方向进行了分析[19]。

为衡量共享单车相关研究的发展现状，本节以中国知网数据库(CNKI)和 Web of Science (WoS)平台中的共享单车相关研究的中文和英文文献为研究对象，采取逆向多重检索方式[19]进行文献检索，运用文献计量方法分析本领域的国际国内发文情况，以期量化本领域的学科发展规律，进而探析其研究发展趋势和前沿问题。文献计量相关统计工作运用 WoS 平台、Bibexcel 和 Pajek 分析工具完成。

(1) 共享单车相关研究中文文献计量分析

共享单车自 2016 年开始迅速发展，从而引起了学术界的广泛关注。本小节采用文献计量方法，基于知网数据库，以共享单车为检索词，研究国内共享单车中文文献的发展态势。就文献数量而言，截至 2020 年 7 月，中文文献数量累计 7 228 篇，其中，2016 年之前发文量 0 篇，2016、2017、2018、2019 年发文量分别为 84、3 093、2 248、1 525 篇，由此可见，国内对于共享单车的研究在 2017 至 2018 年达到顶峰，而随着共享单车发展热潮的退去，2019 年发文量逐步减少。

在研究主题方面，除了共享单车(公共自行车、自行车)相关词组以外，前十大高频主题词分别为共享经济(分享经济)、企业管理、ofo、消费者、商业模式(盈利模式)、"最后一公里"、电子围栏、绿色出行、法律法规、押金、"互联网+"。如图 1-2 所示，关键词共线网络揭示本领域热点问题聚焦在商业模式与盈利能力、问题与发展对策、押金及监管等方面。此外，以大数据应用为主题的关键词与摩拜单车关联出现的频率较高。

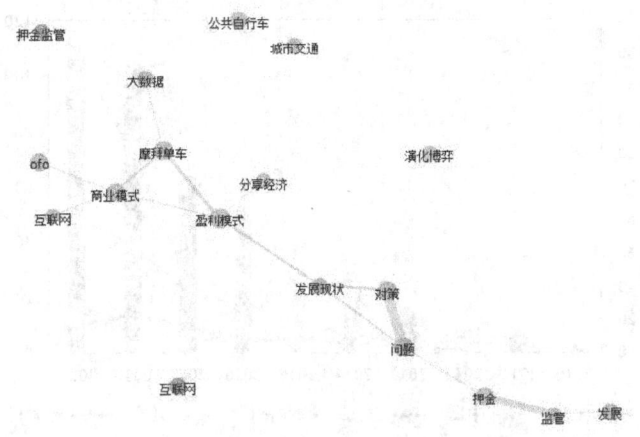

图 1-2 共享单车中文文献关键词共线网络

从学科分布来看，共享单车研究涉及的前十大学科依次为商业经济、交通运输及经济、法学、通信经济、教育、工商管理、公共管理、工业经济、城乡规划与市政、社会治安。由此可见，共享单车相关研究是一门涉及商业运营、交通运输、法学、通信、城市规划、公共管理等多学科交叉的新兴研究领域。

(2) 共享单车相关研究英文文献计量分析

共享单车的发展得到了世界各国的广泛关注，共享单车英文文献的发文量不断增加。为探究共享单车的国际研究现状、特征及研究趋势，本研究采用文献计量学方法对共享单车领域的英文文献进行归纳分析，以期得到未来的研究重点与研究方向。所选用的数据来源于Web of Science(WoS)平台下的 Science Citation Index Expanded(SCI-E)、Social Sciences Citation Index(SSCI)和 Conference Proceedings Citation Index—Science (CPCI-S)网络数据库，在2020年1月12日对1986—2019年的相关文献进行检索，检索式为TS=("bike sharing" OR "bike-sharing" OR "bicycle sharing" OR "bicycle-sharing")。

基于以上检索结果，采用年发文量、影响因子和H指数等指标对共享单车相关研究进行文献计量分析。其中，年发文量是指以年为周期统计得到的出版论文数量，时段发文数则是指在特定时期内的论文数量。根据一定的发文量，总被引频次是指所有论文被引用次数的总和，篇均被引频次则反映了平均每篇论文的被引次数，上述指标都基于WoS平台统计得到。影响因子是美国ISI(科学信息研究所)的JCR(期刊引证报告)中的一项数据，是现代计量学中衡量影响力的重要指标之一。H指数是2005年由美国物理学家Hirsh J E提出的用于测度作者影响的指标，具体含义为某一作者发表的所有文献中，存在H篇论文的被引用次数不少于H次，而其余的文献被引用次数均小于H次。

此外，本节对共享单车相关文献的关键词进行词频分析，探究该领域的研究热点和发展趋势，并采用Bibexcel统计各关键词出现的频次，用Pajek软件对各关键词出现的频次及相互关系进行可视化分析。

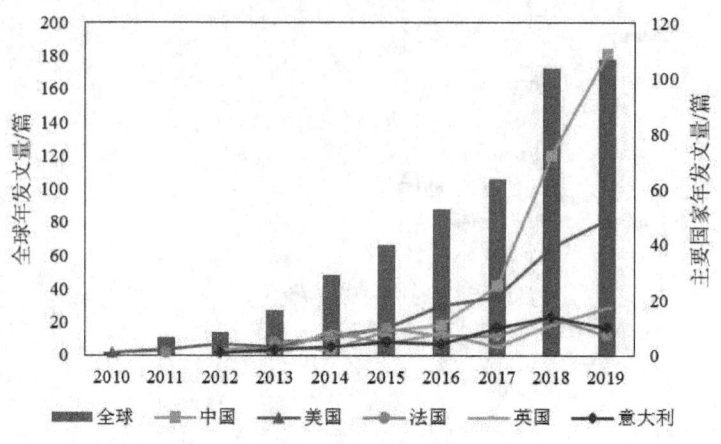

图1-3 共享单车英文研究文献年发文量情况

在数据库中共检索到730篇以共享单车为主题的文献,其中期刊文章465篇(63.7%),会议论文262篇(35.9%),其他类型的文献32篇(4.4%)。去除17篇发表年份信息缺失的文献,图1-3展示了从2010—2019年全球及5个主要国家(地区)共享单车研究领域的年发文情况。由图可知,共享单车的相关研究起步比较晚,2010年才开始被关注。从全球的年发文情况分析,整体呈现出连续增长趋势,2018年年发文量增长率(63.2%)达到顶峰。从国家(地区)的年发文情况分析,美国首先发表了与共享单车相关的研究文献,且年发文量逐年增加;中国从2012年开始关注共享单车的研究,文献年发表量逐年增加,并于2017年首次赶超美国,此后两年成为该领域研究文献的最大贡献者;而法国、英国和意大利三个国家年发文量呈波动式增长,增长幅度不大。

表1-1 主要国家发文量及被引情况

国家/地区	发文总量/篇	被引总量/篇	篇均被引频次	H指数
中国	242	1 301	5.38	24
美国	155	2 086	13.46	19
法国	58	854	14.72	17
英国	55	1 066	19.38	14
意大利	52	351	6.75	14
德国	36	280	7.78	11
中国台湾	34	508	14.94	10
澳大利亚	34	447	13.15	9
加拿大	30	590	19.67	9
西班牙	30	599	19.97	8

表1-1列出了累计发文量前10的国家(地区)发文情况。中国在发文总量中占绝对优势,且H指数位列第一;美国的累计发文量和H指数排名均仅次于中国,排名位列第二,可

见中国与美国在共享单车研究领域的国际影响力是最强的。尽管西班牙、加拿大和英国的发文总量远低于中国和美国,但篇均被引频次超过美国和中国,说明这些国家的文献同样受到学者们的高度认可。

根据 Web of Science 平台对期刊的学科分类,对 2010—2019 年共享单车研究文献的主要学科领域进行分析,累计发文量排名前 10 的学科领域如表 1—2 所示。其中,交通科技(Transportation Science & Technology)和交通运输(Transportation)研究领域的文献数量均超过了 170 篇,明显高于其他学科,这表明共享单车的相关研究涉及多个学科,但主要集中在与交通相关的学科领域。

图 1—4 显示了 2010—2019 年共享单车研究文献涉及的主要学科领域所占比例情况,其中,除环境研究领域外,其他学科领域的文献占比均超过 10%;交通科技(Transportation Science & Technology)和交通运输(Transportation)研究领域的文献数量占比分别为 24.1%和 23.8%。

表 1—2 主要学科领域发文情况

序号	学科领域	文献数量/篇
1	Transportation Science & Technology	176
2	Transportation	174
3	Engineering, Electrical & Electronic	95
4	Green & Sustainable Science & Technology	92
5	Computer Science, Theory & Methods	85
6	Economics	82
7	Computer Science, Artificial Intelligence	78
8	Environmental Sciences	78
9	Computer Science, Information Systems	73
10	Environmental Studies	72

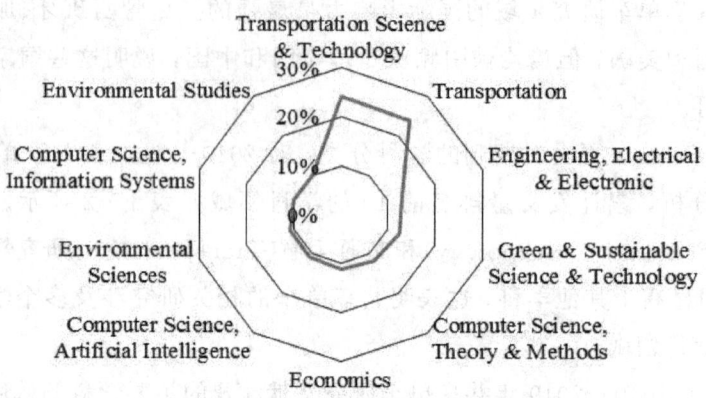

图 1－4　主要学科领域所占比例

检索的文献共分布在 395 个期刊，累计发文量前 10 的期刊发文情况如表 1－3 所示。这些期刊来源集中分布在发达国家，有 4 个期刊来自英格兰地区，3 个来自美国。Sustainability 为共享单车相关研究领域载文数量最多的期刊，载文比例达到了 5.34%，其次为 Journal of Transport Geography(3.70%)和 Transportation Research Part A－Policy and Practice(3.56%)。发文期刊的影响因子波动范围大，影响因子最高和最低的期刊均来自美国，分别是 Journal of Cleaner Production 和 Transportation Research Record，说明相关文献的学术影响力良莠不齐。

表 1－4 列出了发文总量排名前 10 的机构发文情况。其中，中国的发文机构数量占比 60%，加拿大、英国、德国和美国的发文机构数量各占 10%，数据表明共享单车研究领域的话语权集中于中国机构。其中，东南大学的文献发表数量最多，2012—2019 年共发文 24 篇，同济大学和浙江大学次之。从各机构的 H 指数分析，中国的同济大学、香港大学和英国的伦敦大学学院并列第一，加拿大的麦吉尔大学(H 指数为 7)次之。由此可见，同济大学该领域的论文在数量和质量上都具备较高水平，而东南大学虽在发文数量上具有优势，但其发文影响力还有较大的提升空间。

表 1－3　主要载文期刊情况

刊物名称	来源	载文数/篇	影响因子	载文数比例(%)
Sustainability	瑞士	39	2.592	5.34
Journal of Transport Geography	英格兰地区	27	3.56	3.70
Transportation Research Part A－Policy and Practice	英格兰地区	26	3.693	3.56
Journal of Cleaner Production	美国	21	6.395	2.88
Transportation Research Record	美国	14	0.748	1.92

续表

刊物名称	来源	载文数/篇	影响因子	载文数比例（%）
Transportation Research Part B—Methodological	英格兰地区	13	4.574	1.78
International Journal of Sustainable Transportation	美国	12	2.586	1.64
Transportation Research Part C—Emerging Technologies	英格兰地区	11	5.775	1.51
European Journal of Operational Research	荷兰	10	3.806	1.37
Sustainable Cities And Society	荷兰	9	3.924	1.23

表1-4 主要发文机构情况

机构	发文总量/篇	占比(%)	H指数
东南大学（中国）	24	3.29	5
同济大学（中国）	18	2.47	8
浙江大学（中国）	18	2.47	6
麦吉尔大学（加拿大）	13	1.78	7
杭州电子科技大学（中国）	13	1.78	2
伦敦大学学院（英国）	12	1.64	8
香港大学（中国）	11	1.51	8
慕尼黑理工大学（德国）	11	1.51	3
佛罗里达大学（美国）	10	1.37	6
清华大学（中国）	10	1.37	4

通过对共享单车相关研究文献的关键词进行词频分析，选取出现频次大于5的关键词绘制关键词共现网络图，如图1-5所示。Bike sharing和Bike-sharing是该领域出现频次最高的关键词，分别为61次和50次。与之相关的Bike sharing system、Bike-sharing system和Bicycle sharing system出现频次紧随其后，这体现了共享单车管理系统的重要性。Sharing economy和Rebalancing等与经济资本相关的关键词也出现在该领域中，说明共享单车的实现推动了经济的共享和资金的组合调整。此外，共享单车的流行减轻了环境和交通压力，提供一种新的交通方式，有助于实现绿色出行。

共享单车的成功有赖于当今所处的互联网大数据时代，共享单车的需求预测（Demand prediction）、路径规划与优化（Vehicle routing、Optimization）、空间分布分析（Spatial analysis）

等都与数据(Data mining、Open data、Big data)相关。

图1-5 关键词共现网络图

1.2.2 共享单车行业商业模式研究综述

共享单车行业的发展是在共享经济迅猛发展的大背景下,各路资本竞相追逐并涌入到自行车市场,致力于解决"最后一公里"的出行需求而实现的。然而,根据国家信息中心的共享经济数据显示,共享经济融资规模从2016年的1 710亿元增长到2017年的2 160亿元之后,在2018年首次出现负增长,下降到1 490亿元;其中交通出行领域的共享经济融资出现大幅下滑,从2017年的1 072亿元下降到419亿元,降幅较为明显。由此可见,随着共享出行融资经历战略调整期和融资寒冬期,共享单车行业亟须优化商业模式。

孙凯等(2019)基于九宫格共享经济分类模型,建立了PPC三维网络共享经济商业模式理论模型,并将其应用于摩拜、知乎、三一重工设备共享平台的商业模式构建研究,研究表明摩拜单车因盈利模式趋于单一且不稳定,属于B2C模式下个企间的产品与服务系统类型[20]。于凤霞等(2019)研究了在共享经济面临重大转型期的背景下,提高人们对于共享经济的认识、加强监管创新、强化共享经济企业的自我管理的重要性并提出了相应的建议[6]。林宸等(2017)从共享单车行业竞争与盈利模式、行业发展障碍和政府监管等三个方向系统地总结了共享单车行业发展初期的融资态势和规模化扩张过程中面临的各类问题,强调了政府应尽量减少行政干预,做好市场公平的裁决者而非参与者,提倡运用市场机制来解决共享单车发展中存在的各类问题[11]。冉湖等(2017)对共享单车发展之初的共享经济创新模式及其存在和发展的原理进行了总结,对共享单车行业的主要竞争者进行了剖析,并从资本混战、消费者偏好、行业政策等方面进行了系统研究,并给出了共享单车发展对于其他新兴行业的启示[13]。

1.2.3 共享出行选择影响因素分析

共享经济所涉及的领域包括生产能力共享、交通出行、共享住宿、知识技能、共享医疗、共享办公、生活服务等。一般而言,共享物品使用权的暂时转让不会改变所有权,这与传统的一次性购买并消费的商品有着本质差别。因涉及公共服务领域,交通出行领域的共享一直是共享经济的代名词,共享出行的满意度、出行决策选择的影响因素成为共享出行相关研究的热点。

价格、便利性、安全性是影响共享出行的主要因素。李晓娜(2018)通过调研广东省大学生消费群体对共享商品的使用偏好发现,广东大学生群体对"共享经济"概念的理解和认识并不深入,大学生群体对共享单车的消费占比最高,其次是共享租车和共享充电宝。使用方便和价格低廉是影响大学生共享单车消费意愿的主要因素,而需求的紧迫性和安全因素是大学生不使用共享租车的两个原因[21]。杨晓芳等(2018)研究了消费者对于共享汽车停车选择行为的影响因素,结果表明共享停车场的收费价格是决定消费者选择该停车场的最大影响因素,其他因素影响程度从大到小依次是停车服务偏好、驾驶员属性和停车信息。另外,停车时段和场地性质对驾驶员的选择也有较大影响[22]。张圆和邓院昌(2019)基于Logit模型对共享汽车出行影响因素进行分析,结果发现用户职业类型和共享汽车的舒适性、便利性、经济性和时耗性这5个主观感变量与用户使用共享汽车出行频率显著相关[23]。袁霞和王爱民(2018)基于共享汽车的特点构建了共享汽车使用意愿影响因素的TAM模型,实证调研发现正向影响用户使用态度的因素有创新性、感知有用性、感知易用性和环保意识,而感知风险对使用态度无太大影响[24]。鲍抄抄和王维红(2018)在TPB理论的基础上,引入了感知价值变量,构建了扩展的TPB模型,研究证实TPB理论能很好地解释用户对汽车共享的消费意向,主观规范对用户的消费意向影响最大,其次是行为态度和知觉行为控制,感知价值对行为态度、主观规范以及消费意向有正向影响[25]。罗薇等(2019)基于卢因行为模型对共享汽车的出行选择进行了研究,研究结果发现男性和受教育程度越高的用户更倾向于选择共享汽车出行,而学生、公司职员使用共享汽车出行的次数较少,出行者获得共享汽车信息准确性偏低时,若提高信息准确性,共享汽车使用次数也会增多;出行者获取共享汽车信息越早,共享出行强度越大;非共享汽车出行者所获取信息量越大、时间越早,未来选择共享汽车的意愿越大[26]。

共享单车用户行为研究方面,国外相关研究主要集中在公共自行车层面,对于共享单车消费者行为的研究相对较少。Fishman(2012)以澳大利亚布里斯班的公共自行车为对象研究其计划运作情况,结果发现自发性、安全程度和天气情况对公众使用公共自行车意向有显著的影响,较长的公共自行车注册时间和强制戴头盔会降低出行者的选择意向,研究提出简化注册过程、实行7×24小时开放制度、实行更大的激励制度来吸引用户[27]。Fishman(2014)发现华盛顿、墨尔本、伦敦等城市的用户使用公共自行车的出行时长大多集中在 16—22 分钟，总结发现自行车的使用频率与温度存在正相关关系[28]。Marie(2014)的研究表明性别、年龄、职业和收入等用户个人特征对公共自行车的使用存在影响。此外，公共自行车使用行为上存在明显的个体的差异性[29]。Frank(1995)研究发现短途出行中公众会根据公共自行车的实用性和便利性来决定是否使用公共自行车[30]。Fishman(2013)和 Chen(2020)研究表明使用便利性是用户选择使用公共自行车的主要原因[31,32]。牟振华等(2019)等基于结构方程模型研究了现有公共自行车背景下共享单车的使用决策问题，研究表明用户的忍受疲劳程度在影响使用决策上起主要作用，其次是服务质量，环境质量的影响最小[33]。

国内研究方面，公共自行车和共享单车出行意愿的研究逐步增多。钱佳(2014)以苏州公共自行车系统为研究对象，对其使用情况进行研究，建立了苏州公共自行车系统用户行为模型，通过对问卷调研的数据分析发现公共自行车的灵活性和易用性对用户的出行选择影响显著[34]。张俊英(2017)以 ofo 小黄车为研究对象，针对武汉地区高校师生进行了问卷调查，研究结果表明主观规范、感知便利性、心理享受和感知使用成本对于用户的使用意愿有显著影响，而假设中的环境保护对用户的使用意愿没有显著影响[35]。宋明蕊(2017)以北京地区的 ofo 单车为研究对象，指出了车体外形设计及颜色、押金费用、舒适度等因素会影响共享单车的满意度[36]。朱玮(2012)等研究发现公共自行车作为步行、私人自行车以及公交的替代品被大部分用户使用，影响出行者选择公共自行车的主要因素包含其自身特性、出行时耗情况、使用便利程度以及服务点距离出发地和目的地的远近程度[37]。杨晨(2007)等基于二项 Logit 模型建立了包含因子分析的自行车出行方式选择模型，并引入了用户的个人基本信息、出行特征和方式的服务水平主观感知等数据，研究发现出行距离和自行车的服务水平主观感知的高低等会显著影响自行车的选择行为[38]。白志炜(2018)基于 TRA、TAM 和 IDT 理论，将 TRA 理论中的主观规范和 IDT 理论的兼容性引入 TAM 模型，构建了共享单车用户使用行为影响因素的模型，通过结构方程路径分析阐明了相关影响因素并提出了管理上的建议[39]。郭星光(2018)基于技术接受模型和感知价值理论构建了共享单车用户使用意愿的影响因素模型，引入感知利得、感知利失、感知优惠和感知价值等变量，并证明用户使用共享单车的意愿受以上因素的显著影响[40]。

无桩共享单车自 2015 年出现以来，倡导绿色、共享、创新等发展理念，在低碳出行领域意义重大。然而，因为是新近出现的新的相关事物，相关研究稍显滞后，检索文献表明共享单车的环境效益研究相对较少。据中国环境报的相关报道，共享单车在交通拥堵路段的使用率较高，其减排量远大于公共自行车，有利于降低机动车的排放污染。然而，从共享单车遗弃和被淘汰的数量来看，大规模无序发展造成的共享单车浪费问题依然严峻，因此需要加强监管和科学规划，采取维护与再利用并举的管理策略。

1.3 全书的内容体系

无桩的共享单车作为共享经济在低碳出行领域的新事物,被称为我国新时代的"四大发明",这在一定程度上体现了我国的服务创新能力。此外,其倡导绿色、共享、创新、融合等新时代发展理念,申请了多项具有自主产权的专利,推动了社会财富观的革新,在环境保护、低碳交通、经济新增长点和经济产业链发展等方面都具有跨时代的积极意义。

从环境保护角度来看,共享单车积极响应了国家节能减排的号召,符合绿色环保、低碳出行的环境保护理念,符合我国交通领域进行生态文明建设的战略规划。2017年,我国机动车废气排放总量达到了4000余万吨[41],机动车排放的尾气中包含一氧化碳、氮氧化物、颗粒物等大量有害物质,对环境与人们的健康造成了巨大的损害。共享单车的出现,将在一定程度上替代机动车进行短途出行。共享单车的发展具有可观的碳减排潜力,为应对全球气候变化和绿色发展提供了交通领域的中国范例[42]。

从交通低碳出行的角度看,共享单车也有着十分重大的意义。公安部统计数据显示,截至2020年6月,我国机动车保有量为3.6亿辆,比去年同期增长1200万辆,其中汽车保有量达2.7亿辆,同比增长2000万辆,机动车驾驶人数量达4.4亿人[43]。由于汽车数量的快速增长,我国城市交通出行压力巨大,严重影响城市居民出行效率,北上广等一线发达城市的交通拥堵问题尤其突出。高德地图联合国家信息中心大数据发展部等单位共同发布的《2019中国主要城市交通分析报告》,重点介绍了2019年度中国堵城排行榜和中国公交出行幸福城市排行榜,2019年哈尔滨、重庆、长春、北京、济南等城市交通拥堵指数居于前列[44]。中国共享单车行业的发展推动了各种交通出行方式的组合发展,选择小汽车出行的比例由29.8%降至26.6%,选择自行车出行方式的比例由5.5%上升至11.6%;地铁+共享单车和公交+共享单车的出行组合较全程私家车出行方式提升出行效率约17.9%[45]。数据显示,在共享单车使用频率较高的城市如北京、广州、深圳,其工作日的交通拥堵时间指数分别下降了7.4%、4.1%和6.8%,节假日交通拥堵时间指数则分别下降了1.8%、1.4%和7.1%。以上数据表明,共享单车的出现对于缓解交通拥堵具有一定的效果。

从经济产业链的角度来看,在产业链上游,共享单车企业2017年共下发单车订单3000余万辆[42],为传统自行车制造业创造了大量的发展空间。与传统自行车相比,共享单车应用了智能锁、GPS、实心轮胎、太阳能充电等技术,也为相关高技术产业带来了巨大的发展契机。在产业链中游,共享单车的调度为物流企业带来发展机遇,共享单车的维修为修理企业带来发展空间。除了自身创造的海量就业岗位外,截至2017年末,共享单车行业已创造了超3万个线下运营和维护岗位。在产业链下游,共享单车所产生的骑行需求数据、骑行分布数据、人流量数据、车辆数据、环境数据等,都蕴含着巨大的商业价值,如能在信息安全前提下实现大数据价值的开发将会为共享单车行业盈利开拓新的空间[46]。

共享单车产业发展前景广阔,但作为新兴产业,共享单车行业在运营模式、市场管理、营销策略等方面都比较混乱,全行业尚未形成统一的行业规范、完善的法律法规和成熟的商业模式,均处于探索试验阶段。共享单车的市场竞争非常激烈,据交通部统计,共享单车企业数量最高曾达到77家,自2017年9月份以来,悟空、酷骑等20余家企业倒闭或停止运营。2018年11月,共享单车最大的企业ofo因身陷押金难退困境举步维艰。共享单车企业的倒闭,极大损害了共享单车消费者的利益,浪费了社会资源,与共享经济的愿景相违背。共享单车企业资本扩张的运营模式不可持续,因此建立符合市场规律和消费者需求的商业模式刻不容缓。而对于共享单车骑行服务来说,用户流量才是企业生存发展的根本,探究用户选择使用共享单车的影响因素是解决该问题的关键。共享单车行业的发展具有重要的社会意义,有利于推动社会财富观念的转变,树立资源共享、低碳出行、信用承诺的价值观,因此本研究从理论与实践两个维度促进共享单车行业的可持续发展。

从理论意义来看,共享单车在我国出现不久,近两年才引起公众广泛关注,通过文献检索发现目前对共享单车的研究主要针对于行业分析、盈利模式、法律法规完善等方面,对于用户使用行为意愿的研究文献不多。本研究采用的技术接受模型是研究用户对于接受新技术、新系统的影响因素的模型,目前将该模型用于共享单车研究的文献也寥寥无几。因此,本研究在一定程度上弥补了现有研究的不足,证明了TAM模型适用于共享单车用户使用意愿研究,丰富了共享出行领域可持续发展模式的研究成果。

从实践意义来看,首先,本研究有助于提升用户黏性,挖掘潜在用户。对于共享单车运营商来讲,健康持续的企业发展需要明确用户真实需求。本研究通过问卷调查,可以得到用户选择使用共享单车的影响因素,以及期待产品的改善方向。针对这些因素,企业可以有目的性地优化产品性能并完善市场推广方案,向不同类型的人群进行针对性的营销,在提高现有使用者黏性的同时开发潜在用户,从而推进共享单车在全球范围内的推广。其次,为创业者提供借鉴与参考。共享经济是近几年在我国流行的商业形态,共享单车就是共享经济的产物,未来共享产品会不断出现,也会有更多的创业者进入共享行业,共享单车有很多成功和失败的经验值得未来的创业者学习,分析其运营模式能够帮助人们找出共享单车的运营模式中存在的问题,进而为后续共享单车品牌甚至其他共享行业的发展以及现有品牌的模式优化提供借鉴。

因此,本书以共享单车行业可持续发展路径为出发点,从融资模式、市场竞争、商业模式重构、用户使用意愿、满意度提升策略、设施规划等方面对共享单车下半场的发展战略和低碳绿色出行问题进行深入探究,为企业发展、政府管理、公众参与提出相关政策建议,致力于建立以用户为中心、信用先行监管为辅的共享单车发展新模式,更好地服务于共享经济的健康发展。全书主要研究内容的技术路线如图1-6所示。

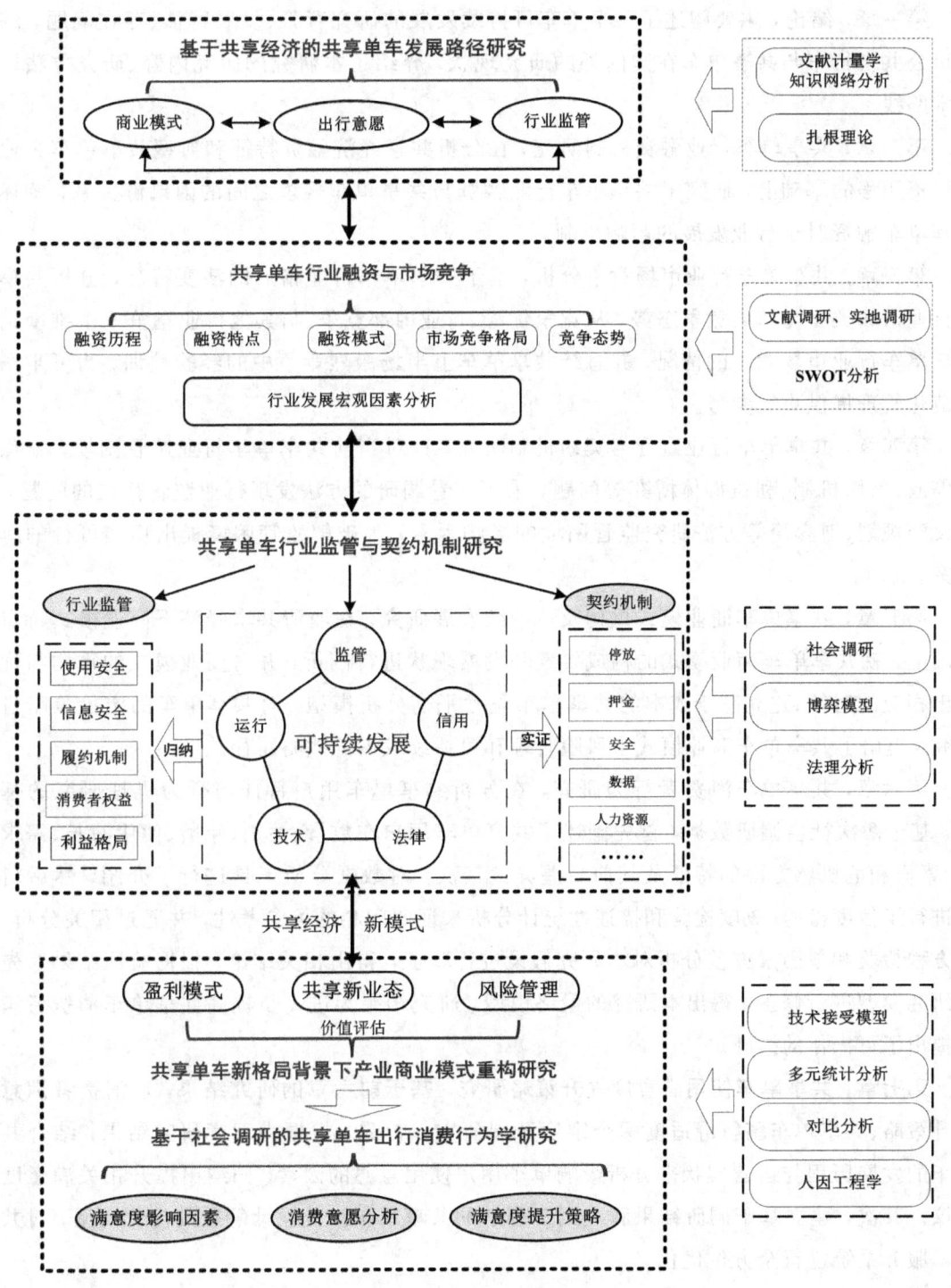

图 1-6 全书技术路线

根据上述技术路线，本书设计了 7 章的研究内容。第一章是全书绪论，后续各章依次从资本、竞争、监管、法律、商业盈利、消费意愿等方面探讨了共享单车低碳出行新方式的可持续发展问题。全书详细章节结构安排如下。

第一章，绪论，主要阐述了共享单车可持续发展的研究背景、发展特征、存在问题，综述城市公共自行车与共享单车在国内外的研究现状，介绍了本研究的研究内容、研究方法以及技术路线。

第二章，共享单车行业融资机制研究，在分析共享经济融资特征和典型共享单车企业历轮融资历程的基础上，研究了共享单车行业融资与共享单车规模之间的因果链关系，阐述了共享单车融资对于行业发展的影响机制。

第三章，共享单车行业市场竞争分析，基于共享单车行业格局的演变特征，分析共享单车行业市场类型与厂商竞争态势，从竞争优势、行业内部竞争、与其他行业竞争三个维度论证共享单车行业市场竞争的情况，并总结共享单车上半场激烈竞争中的经验教训，为下半场的规范化管理提供决策参考。

第四章，共享单车行业监管与契约机制研究，针对当前共享单车行业监管困境，聚焦单车停放、信用机制、利益群体博弈等问题，采用问卷调研的方法发现行业监管存在的问题，采用设施规划、博弈论等方法研究监管困境的影响因素，为破解监管困境提出切实可行的解决方案。

第五章，共享单车商业模式重构及可持续发展研究，在厘清共享经济下商业模式特点的基础上，就共享单车商业模式的构成要素和发展现状进行剖析，并对商业模式的重构与优化提出相应的对策；建立基于成本的共享单车盈亏平衡分析模型，对共享单车的定价策略进行研究，提出了共享单车商业模式中风险管理和可持续发展的战略路径。

第六章，共享单车消费者行为研究，在分析共享单车用户特征与行为机理研究的基础上，基于两次社会调研数据，首先阐述了共享单车用户在数量、性别、年龄、使用时长、需求原因、素质和危机感方面的特征及其前后差异。其次，对数据分析工具进行了介绍，然后对问卷进行了信度检验、效度检验和描述性统计分析来证明问卷的可参考性，并通过相关分析、结构方程检验和单因素方差分析对本研究假设进行验证，得出相关结论，根据验证结果对先前的研究模型进行修正，得出本研究的最终模型，研究结果为进一步提高共享单车消费者满意度提出了可操作的措施。

第七章，共享单车使用满意度提升策略研究，基于前六章的研究结果，从消费者满意度提升策略、共享单车骑行舒适度两个维度开展研究。首先，根据满意度研究结果，结合共享单车的发展历程与运营现状来分析影响单车用户使用意愿的因素，归纳出提升相关满意度的建议。其次，建立基于调研结果和人因工程学的共享单车工业设计舒适度优化模型，对共享单车服务系统进行全方位优化。

1.4 本章小结

本书聚焦共享单车行业面临的发展瓶颈期和深度调整期,对共享单车行业下半场的发展战略进行综合研究。采用社会调研法、专家意见法、计量经济学、博弈论、多准则决策、结构方程模型以及文献计量等定性与定量相结合的理论与方法,分别从行业融资、市场竞争、监督管理、商业模式、消费者行为等多个层次研究了共享单车未来发展面临的各类挑战,并结合实证结果提出了提高消费者满意度的战略举措。本书所讨论的是共享单车行业未来可持续发展过程中面临的各类问题,其出发点是更好地发展共享单车,降低其不利影响,提高其利用效率和服务质量,其目的是对共享单车发展过程中出现的问题进行有效管理,以期实现对共享单车行业发展知历史,明现状,画未来。

(1) 忆往昔。回顾共享经济特别是共享单车的发展历史,厘清促使不同阶段共享单车行业发展的市场因素和非市场因素,阐述不同阶段共享单车行业格局的演变特征及其内在机理。以我国近年来共享经济的大发展态势为基础,归纳我国不同阶段共享经济新业态面临的政策变化、政府监管、社会公众认知等因素,总结我国共享单车行业发展的经验和教训,为下一步可持续发展提供前车之鉴。

(2) 看今朝。构建共享单车行业品牌的SWOT模型,研究未来不同共享单车品牌的企业愿景与区域发展战略方向,打造品牌优势和企业核心竞争力;建立共享单车行业多利益主体博弈决策模型,从行为学角度剖析各个利益相关者的行为动机,为共享单车健康发展提供参考依据;基于消费者行为理论,从经济学视角分析了不同共享单车消费价格下的消费者剩余,为合理制定共享单车服务价格提供决策参考。

(3) 展未来。未来共享单车行业发展面临着监管机制、信用契约、盈利能力的不确定性,增加了共享单车行业投融资的风险,其商业模式亟待创新。此外,以用户为主体是共享单车发展的基石,如何开发和维护好共享单车消费市场和消费环境至关重要。通过构建共享单车消费者满意度多因素模型和共享单车社会效益测算模型,为科学认识共享单车低碳出行的贡献、普及效益共享和实现责任共担的社会参与模式提供重要依据。

第 2 章 共享单车行业融资机制研究

2.1 共享单车行业融资历程

2.1.1 共享经济的春风力促共享单车行业发展

共享经济起源于美国，实践在中国，逐步成为我国引领世界经济潮流的名片。共享经济快速渗透经济和社会的各个领域，资本与技术助力其进入"规模打天下"的快速崛起阶段。共享经济倡导利用互联网信息技术实现分散资源的高效率利用。交易双方通过第三方平台来获取共享商品的信息，交易商品范围大，且不局限于实体物品，还包括信息、知识和数据等虚拟资源。我国人口众多，资源需求量大，具备成就共享经济得天独厚的发展基础[47]，也面临发展共享经济来实现"创新、协调、绿色、开放、共享"发展理念的现实需求。

共享经济与传统经济有较大差异，逐渐成为经济增长的重要新动能[48]。其现代技术基因、供需匹配能力和资源利用效率最大化等优势具体表现在以互联网平台为媒介、资源使用权或所有权变动、参与者众多等三个方面。在共享经济下，供给方借助网络平台发布自己所能提供的资源，需求方则通过网络平台发布自己的需求资源，双方通过网络平台进行交易，能够达到极高的效率。在共享经济下，所有者可以将闲置资源进行合理利用，通过租赁（使用权变动）或者二手货出售（所有权变动）的方式将资源有偿地转让给购买者，一般这种情况下购买者可以以较低的成本得到自己所需的资源，达到资源的充分利用、杜绝资源浪费的目标。共享经济的特点使其成为新业态和新模式创新的前沿领域。

共享经济行业发展火热，资本的力量不可忽视，但资本的作用也备受质疑[49]。中国互联网共享经济市场规模如图 2-1 所示，2017 年和 2018 年中国非金融共享经济市场交易规模分别达到 20 772 亿元和 29 420 亿元。共享经济可以满足市场优化资源配置需求，深入群众生活各个领域。随着政府监管政策的落地，共享经济行业洗牌结束，市场逐步进入有序增长期。截至 2017 年 12 月 31 日，中国共享经济企业融资总额达千亿元。其中，共享汽车行业所获投资金额最多，滴滴出行公司在一年间总计融资 95 亿美元。但是共享行业竞争残酷，2017 年在中国新增的超过五十家共享经济企业中，有近三十家企业倒闭或宣布停止服务。其中，共享单车和共享充电宝企业倒闭数量最多，分别占全共享经济企业的 27.4% 和 29.6%。因此,对于资本的力量与争议,一方面,从市场角度来看,资本是规模的助推器,另一方面,对于社会而言,规模疯狂扩张会带来社会管理成本的增加[50]。

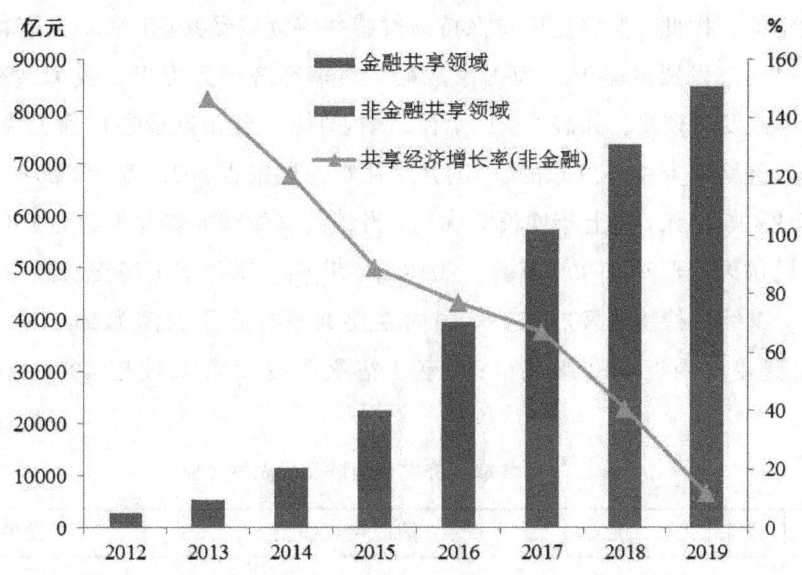

图2—1 2012—2019年中国互联网共享经济市场规模

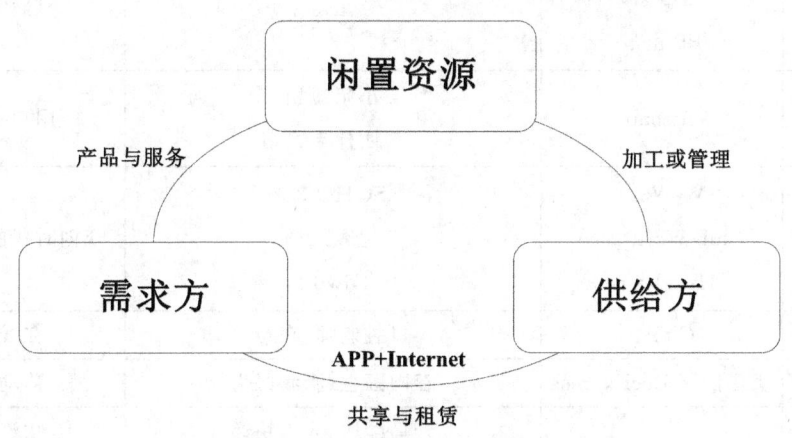

图2—2 共享经济的运行机制

共享经济运营模式主要有三种:第一种为出租所有权,消费者可以购买其使用权,代表性的行业有网约车、共享单车、共享汽车、共享充电宝等;第二种为置换所有权,二手交易市场是典型的通过所有权置换来完成资源共享的运营形式;第三种为知识或劳动技能共享,代表领域有知识付费、家政服务、共享医疗、外卖服务等。共享经济的运行机制如图2—2所示,从发展前景来看,共享经济有望实现技术、制度和组织模式的组合创新[51]。共享经济虽然给人们带来了各方面的便利,但由于行业的不成熟,一系列问题也随之而来。共享经济行业恶性竞争带来了资源过度投放的问题,加上政策未能及时引导规划,使部分共享产品处于无人监管状态,严重影响了城市秩序[52]。共享企业的倒闭潮也给用户带来了巨大的损失,导致用户谈"享"色变，对于共享产品的拒绝态度也愈加强烈。共享产品的市场需求性有待检验，若未来消费者新鲜感消失，共享行业将迎来震荡调整；此外，分享观念难以普及可能会限制共享经济行业发展空间。因此，如何让用户保持新鲜感并持续接受共享产品，还有待深入探究。

"互联网+"生态发展战略上升为国家战略，共享经济得到力挺。我国共享经济发展稍晚，但规模与增速发展较快。如表2—1所示，国内外共享经济新业态得到了快速发展，据国家信息中心分享经济研究中心发布的《中国共享住宿发展报告2018》显示，2017年，中国共享住宿交易规模约145亿元，比上年增长70.6%，当年共享住宿的参与者约为7 800万人，主要共享住宿平台的国内房源约有300万套。2018年，我国共享住宿市场交易额为165亿元，同比增长37.5%，继续保持快速发展态势，国内主要共享住宿平台房源约350万套，较上年增长16.7%，覆盖国内近500座城市；共享住宿服务提供者人数超400万人，房客数为7 945万人[53]。

表2—1 共享经济发展领域及代表性企业

领域	国外代表性企业	国内代表性企业	发展特点
共享交通	Uber Zipcar PP租车	滴滴出行 一度用车	低碳出行
共享短租	Airbnb	小猪短租 美团榛果民宿	用户年轻化
共享办公	WeWork Club Workspace Huckletree	SOHO 3Q 优客工场 Hiwork	众创时代的空间共享
共享教育	GYAP	口袋老师、在行	在线教育
共享医疗	美医国际DocExpress	春雨医生、滴滴医生	移动医疗
共享物流	—	云鸟配送、人人快递	物流共享
共享餐饮	—	爱大厨、丫米厨房、我有饭	监管趋严
共享金融	—	淘宝众筹、京东众筹、苏宁众筹、拍拍贷、陆金所、微贷网	互联网金融
共享家政	—	58到家、家政无忧	生活服务革命
共享二手车	—	优信二手车、好车无忧	二手车资源优化配置
威客经济	—	威客模式、猪八戒网、一品威客网	创意共享

共享经济市场的独角兽企业众多，轻资产模式未能充分在共享单车领域得到应用。对于市场估值10亿美元以上，且创办时间较短（成立时间短于10年）的公司或企业，投资界一般

称之为独角兽企业。根据《2019胡润全球独角兽榜》，全球独角兽企业共有494家，高于2018年的305家，其中我国206家，排在第一位，美国以203家位居次席，拥有独角兽企业超过10家的国家还有印度和英国。在我国独角兽企业当中，具有典型共享经济属性的企业从2018年的34家增长到62家，滴滴出行位列全球第三位、美国共享住宿Airbnb和共享办公WeWork分别位列第七位和第九位。此外，由于在全球已知的独角兽企业占有五分之一的投资比例，红杉资本成为全球最成功的独角兽投资机构，其次是软银、腾讯、老虎基金、IDG、高盛和阿里巴巴。然而，虽然我国共享经济的独角兽企业数量增长较快，但因收购等因素导致共享单车领域的独角兽企业越来越少。

2.1.2 共享单车行业爆发式发展进入深度调整期

共享单车起源较早，但自2010年才开始得到广泛关注。国外学者将公共自行车系统分为四代。1965年，第一代公共自行车出现于荷兰。荷兰一个组织将一些没有上锁的、无人使用的自行车涂成白色并放在公共区域，供有需要的人们免费使用，被称作"白色自行车计划"[54]。然而与初衷相反的是，由于没有防盗机制，所有的自行车在很短的时间内丢失或被破坏。第二代于1995年出现在丹麦首都哥本哈根。其特点是投币开锁、有特定的存取地点、不记名使用，尽管相对于第一代有很大进步，但由于没有实行实名制，自行车失窃的现象仍然经常发生。2007年，巴黎公共自行车Velib代表第三代公共自行车的出现，用户通过手机APP查询附近自行车和停放点，收费方式有按年收费和日租。但是，最初投放的1万辆公共自行车中，80%的自行车被盗窃或损坏。第四代共享单车系统在2013年处于发展中，主要基于无桩停放、助力装置与互联网技术。2015年至2016年，ofo与摩拜单车相继出现，以ofo和摩拜为代表的第四代自行车成为真正意义上的无桩共享单车，这种自行车配置了GPS定位系统以及3G通信设备，可通过智能手机APP进行使用。

共享单车的前身是城市公共自行车，共享单车无桩停放的特点解决了公共自行车限制停放地点的问题，找车、用车、还车、支付全部通过智能手机APP即可实现，操作方便。这些特点快速吸引了大量年轻用户，用户群体主要为学生和上班族等，引领了多彩共享单车骑行的时尚潮流。2016年以ofo、摩拜为首的多种共享单车品牌破土而出，包括小蓝、悟空、町町、酷骑、永安行等。

ofo、摩拜共享单车不仅在中国市场运营，还纷纷布局海外市场。ofo曾在日本、捷克、意大利、俄罗斯、荷兰、哈萨克斯坦阿拉木图市等海外地区展开运营。2017年3月，摩拜单车开始在新加坡投放运营。截至2018年11月，摩拜单车已经为全球19个国家200余座城市的2亿多用户提供了出行服务。

2017年是共享单车使用人数增加最迅猛的一年，用户数量增长至2.05亿人，增长率达632.1%，同时也逐步进入到共享单车行业的洗牌期。自2016年末起，多家市场占比小的单车品牌因资金链断裂而倒闭。2018年，ofo相继退出德国、美国、澳大利亚和日本市场。洗牌期过后,2018年行业用户增长率减缓至14.6%,用户规模达2.35亿人,行业进入成熟期。2019年用户规模预计达到2.59亿人。

共享单车用户数量虽然在近两年内暴增,但目前主要集中在北上广一线城市和部分二线省会城市,共享单车并没有在全国范围内普及,共享单车还有数亿的潜在用户[55]。在未来共享单车进军三四线城市时,用户是否接受并使用共享单车需要依据用户共享单车使用意愿的影响因素分析来设计共享单车服务系统。在进入三四线城市的过程中,共享单车企业需要以史为鉴,谨防盲目扩张,降低企业运营风险。

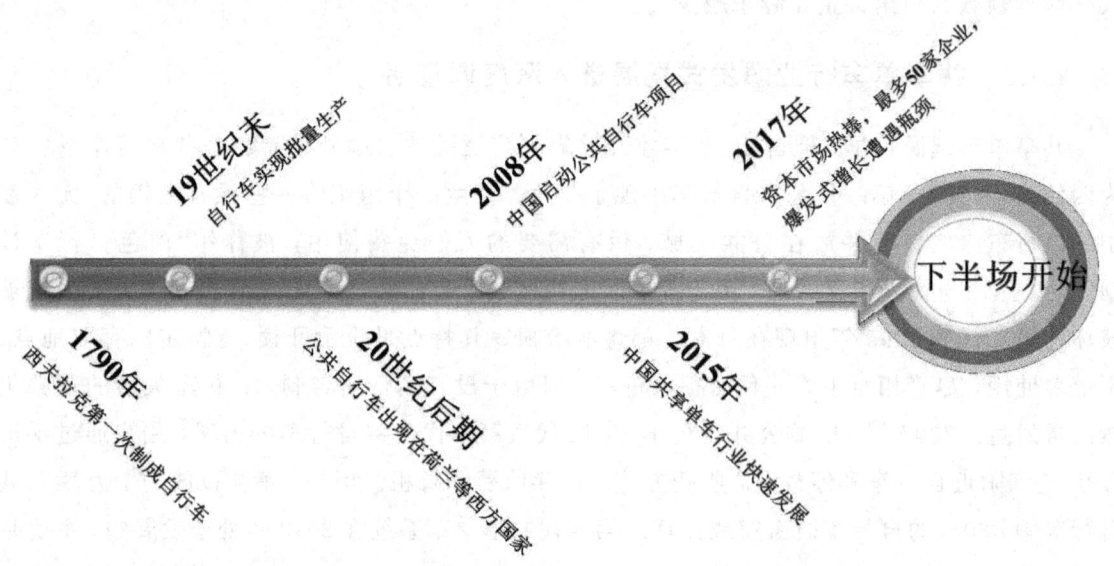

图 2—3 自行车发展与共享单车行业的发展简史

单车从私有到共享,见证了实体经济生产方式的全面变革。图2—3显示了自行车发展的时间简史,从现代化的自行车到共享单车经历了200年左右的时间,自行车原有的产业链从原材料开始,之后经过车身及零部件生产,整车制造完成自行车生产环节,然后销售到市场上供消费者购买和使用。随着出行方式的多元化发展,我国从早期的自行车王国到摩托车、小汽车、飞机、高铁等交通出行方式多元化。除了公共交通以外,以往的出行工具多为私人所有,而共享出行方式的出现改变了过去以私有为主体的交通工具所有权形式,对于实体经济的运行、销售方式等都产生了重要影响。

2.2 共享单车行业融资特点

共享单车并非传统的共享经济发展模式,其从一开始就是共享经济中较为特殊的发展模式。对于共享经济模式,一般认为共享经济应采用轻资产模式。《中国分享经济发展报告2016》中指出所谓共享经济,是指利用互联网等现代信息技术,整合、分享海量的分散化闲置资源,满足多样化需求的经济活动总和。从以上定义来看,闲置资源共享和轻资产模式是共享经济的一个重要特征。然而,在共享单车领域,共享经济模式和业态发生了一定的变化,用于分享的资源不再是闲置资源,而是崭新的新型单车,使得整个行业的固定资产占比相对较高。因此,国家信息中心分享经济研究中心发布的《中国分享经济发展报告2017》对分享经济的定义删除了"闲置"二字,并强调使用权共享。因此,互联网智能资源配置、使用权共享、大众参与成为共享经济的主要特征。

得益于信息技术带来的无桩便捷性、出行需求的末端难点的存在以及低碳出行的环保理念,共享经济在单车领域找到了发展方向,但作为共享经济中典型的重资产模式,共享单车产权归平台所有,且线下运营在前期需要大量的资金投入。因此,共享单车服务的大规模普及离不开资本市场的热捧[56]。资本支撑是共享单车得以发展的重要条件。本节将对目前市场上的主要共享单车企业的融资历程进行回顾和分析,以期发现其未来发展中有效利用资本助力共享单车企业的经营管理策略。

2.2.1 共享单车行业融资影响行业发展历程

(1) ofo小黄车发展历程

表2-2列出了ofo发展史上的关键事件[57]。毫无疑问,ofo单车自校园起步,引领校园青春风暴,是我国共享单车领域的开创者。在共享单车行业发展的上半场,ofo与摩拜单车是主要的共享单车企业。价格战、融资战等成为两大共享单车巨头的市场竞争的缩影,之后他们也相继开始进行规模扩张,开辟海外市场。ofo小黄车的自行车造价相对较低,当融资较为顺利且处于押金时代时,便于进行市场扩张,而随着资本逐步撤出和免押金模式的出现,ofo企业资金链断裂,并最终沦为共享单车浪潮中风起云涌的历史注脚下的失败者。

表2-2 ofo小黄车发展历程

时间	事项	内容
2014年3月	ofo正式成立	企业成立
2015年3月	天使轮融资	数百万,唯猎资本
2015年6月	校园共享单车项目启动	首创"无桩单车共享"模式上线,并运营
2015年12月	Pre—A轮融资	900万,唯猎资本和东方弘道
2016年2月	A轮融资	1 500万,金沙江创投、东方弘道
2016年4月	A+轮融资	1 000万,真格基金、王刚
2016年9月	B轮融资	数千万美元,经纬中国、金沙江创投、唯猎资本
2016年9月	C1轮融资	数千万美元,滴滴出行
2016年10月	C轮融资	1.3亿美元,Coatue、中信产业基金、元璟资本、Yuri Milner、经纬中国、金沙江创投等

续表

时间	事项	内容
2016年11月	"城市大共享"计划启动	走出校园，城市服务开启
2017年3月	ofo进入新加坡海外市场	ofo海外运营正式开启
2017年3月	D轮融资	获得4.5亿美元融资，DST、滴滴、中信产业基金、经纬中国、Coatue、Atomico、新华联集团等
2017年7月	E轮融资	7亿美元，阿里巴巴、弘毅投资、中信产业基金、滴滴出行、DST
2018年3月	E2-1轮融资	8.66亿美元，阿里巴巴、灏峰集团、天合资本、蚂蚁金服与君理资本
2018年6-12月	资本撤离，资金链紧张	公司裁员、高管离职、押金难退
2019年1-7月	战略收缩明显	多地运营困难，众多地区不见其身影
2019年12月	企业运行停滞	北京地区占比急剧下滑，考评较差

(2) 摩拜单车发展历程

共享单车发展的上半段，摩拜单车一直是市场上的佼佼者，市场规模处于领先位置。在与ofo并驾齐驱的双头市场阶段，由于摩拜单车本身造价较高，导致一般情况下其市场占有率低于ofo小黄车。自2017年6月E轮融资后，摩拜单车鲜有发布新一轮融资的信息，从融资主体来说，摩拜单车属于腾讯系的投资项目。2017年底的共享单车资本寒冬最终迫使摩拜单车被美团收购，并于2019年1月正式改名为美团单车。总的来说，摩拜改名为美团单车的发展史充分体现了企业运营风险管理的重要性[58]。

(3) 小蓝单车发展历程

小蓝单车发展第一阶段：成立一年因融资失败而停止运营。基于公开资料与数据整理，2016年10月17日，天津鹿鼎科技有限公司成立，小蓝单车横空出世，致力于解决1-5公里的城市出行问题。小蓝单车以"轻运动"作为品牌理念，打造轻便优雅的互联网单车，专注于安全、舒适的骑行体验，倡导健康环保的生活理念，让运动变得简单和随时随地。2016年11月，小蓝单车在深圳召开发布会，之后正式落地运营。2017年2月，小蓝单车获得4亿元人民币A轮融资，黑洞资本领投、智能星通跟投。2017年3月-6月，小蓝单车发布B轮融资计划，但在6月宣告失败。2017年11月，小蓝单车已停止运营。

表2-3 摩拜、美团单车发展历程

时间	事项	内容
2015年1月	北京摩拜科技有限公司成立	企业成立
2015年10月	A轮融资	数百万美元，腾讯、华平资本、红杉资本、启明创投、BAI贝塔斯曼亚洲投资基金、愉悦资本、熊猫资本、祥峰投资和创新工场、TPG、PGA、鸿海集团、淡马锡等
2016年4月	摩拜单车上海上线	摩拜单车投入运营
2016年8月	B轮融资	数千万美元，愉悦资本、熊猫资本、创新工场投资
2016年8月	B+轮融资	数千万美元，祥峰投资和创新工场投资
2016年9月	C轮融资	1亿美元，高瓴资本、华平投资集团领投，多家机构跟投，包括红杉资本、启明创投和摩拜单车早期投资方
2016年10月	C+轮融资	近亿美元，高瓴资本、华平投资、腾讯、红杉资本、启明创投、熊猫资本、贝塔斯曼、美团王兴等投资
2017年1月	D轮融资	2.15亿美元，腾讯、华平投资、携程、华住、TPG、红杉、高瓴、淡马锡等
2017年3月	摩拜单车在新加坡运营	摩拜单车的国际化战略开启
2017年6月	E轮融资	超6亿美元，共享单车行业单笔融资最高纪录，腾讯领投，工银国际、交银国际、Farallon Capital、TPG、红杉中国、高瓴资本等跟投
2018年4月	美团接手摩拜单车	美团以27亿美元的作价全资收购摩拜
2019年1月	摩拜全面接入美团APP，摩拜单车更名美团单车	摩拜单车成为美团LBS平台单车事业部，美团APP成为其唯一入口
2019年3月	摩拜单车申请撤销其在新加坡的共享单车牌照	摩拜国际业务重组
2019年6月	摩拜新款小黄车上线，逐步置换摩拜旧车	美团品牌变色，"美团黄"成为其标志性的品牌标识，美团单车开始"去摩拜化"

小蓝单车发展第二阶段：滴滴托管后被青桔单车逐步替代。2018年1月9日，滴滴宣布托管小蓝单车，达成单车业务托管合作，并非整体收购，小蓝单车的品牌、押金和欠款等各项

事务仍归属于小蓝公司，并出台小蓝单车后续押金、特权卡、余额返还的备选方案[59]。2018年1月，滴滴出行自有共享单车品牌青桔单车成立，并首先在成都上线。目前，青桔单车在北京已经基本完成品牌转换并置换了小蓝单车的车辆，以青桔单车为主体的滴滴出行新体系得以顺利运行。

青桔单车逐步发展，成为滴滴出行产业生态链的重要组成部分。2019年11月26日，青桔单车实行新的计价规则，15分钟内起步价为1.5元，时长费1.5元/30分钟。2020年4月17日，青桔单车获得超过10亿美元的首轮A轮融资，君联资本领投。2020年4月21日，青桔单车获得1.5亿美元B轮融资，投资方为软银和君联资本。

(4) 哈啰单车发展历程

哈啰单车最开始成立于2016年9月，其名称为哈啰单车，英文名为Hellobike。经过两年的发展，2018年9月，其品牌战略全新升级为"哈啰出行"，哈啰车服上线，哈啰单车也成为哈啰出行下的哈啰单车，此后哈啰出行体系逐步得到完善。本节按照其发展历史总结了其发展过程的三个阶段。

哈啰单车发展第一阶段：共享单车发展新思维取得突破。2016年9月，哈啰单车项目正式启动，并于当年11月"Hellobike"1.0正式上线。2017年1月，哈啰单车完成A+轮融资，日订单量不断增加。2017年3月，哈啰单车电子围栏技术正式上线，技术不断升级。2017年6月，"Hellobike"向哈啰单车过渡，确立了快速占领二三线城市和景区共享单车的新发展战略，并在众多城市低碳出行领域取得突破。

哈啰单车发展第二阶段：信用免押金策略成功实施，市场占有率稳步提升。2017年10月，哈啰单车和阿里系的永安行低碳科技合并，并全面负责新公司业务。2017年11月，哈啰单车与芝麻信用合作，试运行"芝麻信用评分免押金"骑行服务，并于2018年3月率先开启全国信用免押金服务，用户量显著增加。2017年12月，哈啰单车完成蚂蚁金服，深创投等投入的D1轮3.5亿美元和复星领投的D2轮10亿元的融资。2018年6月，蚂蚁金服旗下公司上海云鑫创业投资有限公司以20.6亿元增资哈啰单车，其市场估值再次上涨，蚂蚁金服超过永安行成为其第一大股东。2018年7月，哈啰单车完成F轮融资，金额7亿到10亿美元，投资方为蚂蚁金服和复星集团。

哈啰单车发展第三阶段：业务拓展速度加快，品牌战略全面升级。2018年9月，哈啰单车宣布企业正式更名为"哈啰出行"，并启用全新的品牌标识系统。非公开信息显示，2019年年底哈啰单车在2019年年底完成新一轮融资。2020年4月，公司逐步转型为哈啰单车、哈啰助力车、哈啰车服、哈啰换电和哈啰顺风车等综合业务的专业移动出行平台。

以上整理了共享单车市场上关注度较高的四家共享单车平台的发展过程。总结而言，共享单车行业发展初期，ofo小黄车和摩拜单车独占鳌头，资本涌入该行业，使得两大单车品牌扩张较快，且纷纷开拓了海外市场。在这些资本中，比较关键的有三个重要的参与方，分别为阿里系，滴滴出行和美团。这些重要的资本参与方在共享单车发展的不同阶段和不同品牌的发展史中发挥了举足轻重的作用,具体表现为以下五个方面。

第一,共享单车发展初期,众多品牌快速出现在市场上,随着资本的逐步集中并流向 ofo 和摩拜单车,五彩缤纷的单车品牌逐步淘汰,2017 年,初步呈现出 ofo 和摩拜单车两强争霸的局面[60],从用户活跃份额等指标来看,ofo 基本处于行业第一的局面。2018 年,共享单车行业格局急剧变化,哈啰单车市场竞争力凸显,ofo 资金链出现问题。可以看出,资本在共享单车发展史中发挥了优胜劣汰的作用[61]。没有获得资本青睐的共享单车品牌将会成为历史的剪影。

第二,以 ofo 发展历程来看,其早期得到了来自阿里和滴滴等众多资本的融资支持,且先后传出阿里系和滴滴出行对其进行收购的计划,但都以失败告终,之后阿里系和滴滴出行逐步撤出 ofo 投资。无独有偶的是,随着资金的撤出和融资的困难,ofo 资金链断裂使得企业已经无法支撑其已有的市场规模,且无押金时代的到来彻底颠覆了 ofo 的发展前景,使其最终在市场上失去竞争力。

第三,美团收购摩拜单车引发了共享单车发展史上的第一次对融资模式的探讨,对于共享单车行业来说,自行车的重资产特性与城市扩张投放的前期投入导致共享单车对于资金链的需求是巨大的,这也意味着共享单车品牌的发展需要源源不断的现金流。美团收购摩拜单车的案例揭示了融资对于共享单车发展的重要性。

第四,随着阿里系资本撤出 ofo 小黄车,其旗下的蚂蚁金服参股江苏永安行低碳科技有限公司,成为其第一大股东。同时,阿里系资本不断增资哈啰单车,并完成哈啰单车和永安行低碳科技有限公司的重组。目前,哈啰出行以三四线城市向一二线城市进军的战略快速发展,也有效地丰富了阿里巴巴的产业生态。

第五,滴滴出行很早就在共享单车领域进行布局,从撤出 ofo 小黄车、托管小蓝单车到推出旗下自有青桔单车品牌,滴滴出行一直致力于补齐城市出行上的"最后一公里"短板。随着 2020 年 4 月青桔单车完成两轮融资,滴滴出行的一站式出行平台全面升级且逐步完善,滴滴出行下的共享单车已完成小蓝单车到青桔单车的完美过渡。

ofo 小黄车繁华落尽、全线崩盘启示录

一、ofo 小黄车发展史

2014 年,ofo 自校园单车起步,其共享计划首先在北京大学成功上线。2016 年 9 月,滴滴投资 ofo,并在 2017 年初成为 ofo 的最大股东。2016 年 10 月,ofo 共享单车宣布完成 1.3 亿美元 C 轮融资,包括两周前滴滴出行数千万美元的 C1 轮战略投资。2017 年,ofo 开始疯狂开拓市场,成为世界首个实现 4 个国家 100 多座城市提供服务的共享单车出行平台。2018 年年初,ofo 发展面临困境,并开始进行产权抵押,动产抵押登记被担保债权数额合计高达 17.66 亿元;ofo 因不能适应国外精细化管理环境,逐渐退出海外市场。2018 年 10 月,ofo 运营主体东峡大通(北京)管理咨询有限公司更换了法人代表。2019 年 2 月 21 日,法院民事裁定东峡大通(北京)管理咨询有限公司共计 8082.75 万元的银行存款和相应财产被冻结。至此,ofo 一直处于负债状态,直至全线崩盘。

二、ofo 融资及股东情况

ofo 先后进行了多轮融资,累计融资金额近 150 亿元人民币,其发展初期主要投资方有滴滴、阿里、经纬中国、金沙江创投等,后来金沙江创投退出,主要股东变为滴滴和阿里。2018 年之前,滴滴是 ofo 最大股东;直到 2018 年,以阿里巴巴为主要股东对 ofo 战略投资 15.4 亿美元,却遭到滴滴的拒绝。在表决权方面,ofo 采用按单轮融资额度一票否决权的制度。ofo 发展时间线中存在两次股东实行一票否决权,导致融资失败,同时也未能被滴滴收购。

三、ofo 企业管理模式

ofo 企业内部风险管理模式存在不足。在人员管理方面,企业与员工之间没有成文固定的契约或有契约但没有赋予其约束力,出现了缺乏基层团队管理体系、人岗不匹配、任人唯亲、供应链不畅通等问题,导致运营成本增加。另一方面,ofo 企业在资金管理方面缺少有效控制。在多轮融资成功后,高级管理层没有做好资金短缺的应急预案,仍采取以量取胜的策略,导致资金链无法支撑企业运营。

四、ofo 成败启示

ofo 小黄车是共享单车浪潮中发展较快的共享单车品牌,最后繁华落尽,企业运营全线崩盘,通过分析其发展史、融资及股东情况、企业管理模式,可总结出以下几方面原因。需要强调的是本研究仅从学术上进行的理论探讨,不含有任何商业性质。

(1) "一票否决权"分散，决策控制权薄弱

ofo采取"一票否决"制度本是为了减少投资者对企业管理的顾虑，扩大投资者权利，增加对企业决策的限制。但ofo的股东滴滴出行、阿里巴巴与ofo利益冲突过多，使得股东关系错综复杂，管理团队的战略定力有待提升，每方股东都占有了一票否决权容易影响融资决策。在涉及相关利益时，各股东均可实行否决权。在股东一票否决权的控制下，ofo决策频频失误，未与摩拜单车合并或被滴滴收购，错失了进一步发展的良机。对比ofo，哈啰单车虽也经历过发展低迷期，但却未将控制权分散给各个股东，依靠蚂蚁金服成功完成多项融资，与多个生活服务平台合作。可见，共享单车企业的持续发展需要获得较稳定的融资来源，在考虑投资者利益的同时掌握较高的决策权利。

(2) 企业管理漏洞百出，制度空缺

ofo企业内部缺乏制度的约束或虽有约束但执行力差，导致信息瞒报和虚报、贪污、职位缺失等问题严重，在资金短缺的情况下，只能靠过度烧钱、大量投放续命。相反，哈啰单车将对公司运营能力的要求高度制度化，其每车每天运营成本控制在0.3元以内，车辆折旧费控制在0.6元左右；并采用网格化精细管理，根据具体场景，将城市的服务区划分为无数网格，每个网格安排固定的人进行运营维护。共享单车企业运营管理的规范性是其可持续发展的保障，企业应健全制度，保障资金来源，追求运营成本最低化和运营过程规范化，提高用户信任度[62]。

(3) 精细化管理成本过高，海外市场紧缩

ofo发展策略是以量取胜，规模化扩张获取用户来支撑公司估值，这也是我国共享单车上半场的运营特点。而这种粗放管理的路径与海外城市、社区的精细化管理相违背。由于共享单车容易出现乱停乱放问题，海外国家难以承受这种公共管理压力，因此造成了共享单车国外市场的流失。海外市场萎缩的深层次原因是成本问题，在共享单车盈利模式还不够明确的情况下，盲目增加管理成本和企业的固定成本具有极高的风险。实现精细化管理与控制运营成本对共享单车的发展至关重要[63]。

2.2.2 共享单车市场融资特点分析

共享单车发展历程的上半场揭示了共享的虽然是单车，但运行的是资本。自2010年共享出行的起步，Uber、滴滴出行、快的打车等企业不断获得巨额融资，共享出行的发展浪潮蔓延到共享单车出行领域，资本疯狂涌入，共享单车行业在资本助推下出现井喷式疯狂扩张。

除了解决出行痛点、高科技运用和互联网发展外，资本的涌入是共享单车快速发展的主要原因之一，同时也是共享单车行业洗牌的推动力。

共享单车行共享之名，却行租赁之实[64]。用户骑行的单车并非来自共享，而是直接由单车服务商提供，单车的所有权属于共享单车企业。用户支付的上是租赁单车的费用，以此获得单车的使用权。量产后的共享单车造价成本在 300 至 1800 元不等，用户骑行 1 次按使用时长支付相应费用，依靠租金回收成本进而盈利的周期差别很大，实际运行过程中还需要考虑共享单车的损坏与折旧、维修等费用。

共享单车发展初期的收入来源于押金。例如，早期的摩拜单车在骑行前会收取 299 元押金，ofo 会收取 99 元押金。骑行结束后，考虑到用户再次骑行的便捷体验，押金不会立即自动退还，需要用户手动提交申请。摩拜单车的押金退回需要 2-7 个工作日，按照 2 天计算，退款周期内共享单车服务商能够获取一定的押金收益。ofo 的押金采取实时退还形式。无论是实时退还还是有一定的退款周期，实际操作过程中，大部分用户不会随用随取。因此，押金成为消费者在共享单车使用过程中的沉没成本，为共享单车企业额外增加了资金储备，也带来了资金风险。在规模化扩张的背景下，随着融资的困难，押金也成为 ofo 巨头陨落的诱因[65]。

共享单车行业融资的主要资本来源错综复杂。从共享单车重要品牌的发展史可以看出，阿里系资本、腾讯系资本、滴滴出行是直接与各大共享单车品牌融资的重要参与者。当然，各个资本背后又有国际国内资本参与，在此不作进一步分析。阿里巴巴、腾讯、滴滴出行之所以进入共享单车市场，主要原因在于共享单车可以进一步丰富其产业生态链。

2019 年，共享单车行业公开报道的融资为 0，具有十分重要的历史意义，这意味着整个共享单车行业发展进入了深度调整期。从发展阶段而言，随着 ofo 运营出现困难、摩拜单车被收购，单纯依赖资本进行扩张式发展的模式已经成为历史，共享单车行业已经进入精细化运作与管理的新阶段。2019 年，共享单车市场融资急速下滑说明规模扩张已成为历史，盈利与监管将成为共享单车行业可持续发展的新主题[66]。

2.2.3　共享单车行业融资效益分析

告别"烧钱"阶段，共享单车进入可持续发展的下半场。在共享单车行业发展的上半场中，资本在其中发挥了巨大的推动作用，这是共享单车市场形成规模效应的关键。然而，上半场的经验教训也揭示了资本助推下市场疯狂扩张具有不可持续性，还会给企业运行带来巨大的风险，且无法形成有效的盈利模式。以下部分将具体分析共享单车行业融资对于共享单车及其相关行业发展的作用。

总的来说，共享单车企业从阿里巴巴、腾讯、美团等企业获得融资，一方面为共享单车各品牌的激烈竞争提供资本，帮助其在科技创新、单车投放、市场扩张等方面取得优势[67]；另一方面，也为阿里巴巴、腾讯等投资方带来了巨大的流量和数据资源。因此，双方的融资促发了一种新型的合作模式。

首先，共享单车企业在合作中获得了大量融资。共享单车行业相比于其他行业，门槛较低，品牌忠诚度相对较低。谁投放的车多且骑行体验好、谁投放的速度快、谁能先做到免押金，谁的市场占有率就更高。大量的市场融资被用来制造高科技单车，扩张共享单车市场。哈啰单车更是在获得阿里巴巴的大量融资后，率先做到免押金，也凭此占据了一定的市场份额。

其次，融资合作还为共享单车品牌提供平台数据接入口，降低了各自的使用门槛，带来了大批优质客流。早期的摩拜与腾讯融资合作，接入了微信"扫一扫"入口，方便快捷地推广了摩拜单车。支付宝与ofo、小蓝单车、哈啰单车等共享单车品牌达成战略合作，用户不需单独下载APP，直接通过支付宝首页"扫一扫"即可使用以上品牌的共享单车。

最后，对于腾讯、阿里巴巴、美团等投资方来说，与共享单车品牌企业的融资合作，有利于加强各自对线下用户流量和大数据的竞争，如果能够推广到海外市场，融资合作有利于各自品牌走向国际化。阿里巴巴围绕着新零售建立了一系列的布局，整合了饿了么、口碑、盒马鲜生等，有利于拓展线下流量入口。据交通运输部数据统计，截止到2019年8月底，共享单车共有1 950万辆，覆盖全国360多个城市，注册用户超过3亿，活跃用户达到2.5亿。对于支付宝、美团等互联网平台来说，免押金骑行服务带来了弥足珍贵的潜在流量和数据金矿，能够为企业带来日均百万的活跃度，而且是线下使用场景真实的出行刚需。

2.2.4 共享单车行业融资模式选择

作为企业融通资金的具体形式，融资模式决定了企业获取资金的渠道、难易程度和机会多少。共享单车企业融资方式越多，意味着可供共享单车发展的融资机会就越多。常见的融资形式有银行贷款、股票筹资、债券融资、融资租赁、海外融资、典当融资、基金组织、银行承兑等。作为一个新兴产业，共享单车企业融资方式的选择对于其行业的风险规避至关重要。

从共享单车发展历程来看，行业发展之初，众多共享单车小企业正处于创业阶段，生存是共享单车企业的第一要务，因此，创业投资是共享单车发展第一阶段获取资金的融资模式[68]。各路资本公司经过共享单车行业调查、商业模式论证和发展前景筛选，对其认为成长性较好的共享单车企业直接进行风险投资。当跨过创业阶段之后，激烈的市场竞争迫使共享单车企业需要充裕的资金流来维持其市场扩张的需要，扩大规模高速发展成为共享单车企业的第一任务。此时，资金链断裂意味着共享单车企业将面临被淘汰的生存危机，唯有持续融资或缩减企业运营规模。

从共享单车发展阶段来看，企业扩张和生产经营是共享单车企业筹集资金的主要目的。一般而言，企业需要根据自身经营情况、资金流现状、长远发展目标等因素综合考虑融资的必要性。因共享单车行业盈利风险和股权融资困难，共享单车企业大多数采取的是债券融资的方式。公开资料表明，共享单车企业将其所拥有的共享单车质押给资本公司的债券融资方式较为常见。一方面,单车本身可作为用于借款的有形抵押资产,因此共享单车企业可采取浮动抵押协议进行融资。另一方面,单车作为共享单车企业实现运营的主体,对于企业来说具备重要的实物价值,因此抵押借款可激励企业快速成长。

2.3 共享单车行业融资对相关产业的影响

共享单车行业融资促进了共享单车行业的发展,使"共享经济"成为社会热点。共享单车行业的发展对社会财富观的转变发挥了巨大的作用,促进了城市低碳交通的发展[69]。与此同时,共享单车行业融资对于其相关产业的发展也产生了巨大的影响[68]。

2.3.1 共享单车行业融资对自行车供应链的影响

共享单车本质上是兼顾智能性质和资源共享的自行车租赁业务。共享单车供应链的典型特征是各个原料(轮胎材料、电池组件、机械锁组件等)生产商向配件生产企业供应原材料,配件生产厂商将各自生产的配件供应给共享单车组装生产企业,共享单车生产商将合格的共享单车销售给 ofo、摩拜、青桔等运营商[70]。从供应链的角度来看,共享单车供应链与普通自行车供应链差别不大,唯一差别在于配件的选取上,例如智能锁、轮胎材质等。

首先,共享单车行业融资极大地影响了自行车产业链上各个企业的生产与运作。毫无疑问,共享单车的发展扰乱了中国传统的自行车制造行业,改变了传统自行车生产商的生存空间和商业模式。上海凤凰自行车得益于 2017 年与 ofo 的战略合作,其 2017 年自行车的生产与销售业务收入达到 11.42 亿元,同比增长 57.42%。而随着 ofo 陷入押金危机,上海凤凰 2018 年年报显示其 2018 年营业收入 7.62 亿元,同比减少 46.68%,自行车生产量从 2017 年的 505 万辆减少到 2018 年的 422 万辆,可见共享单车行业融资从需求侧影响了共享单车制造商的生产与运营[71]。以往传统自行车制造商从依靠渠道订单的预测式生产模式转化为资本推动下的需求驱动的批量生产。

共享单车行业融资对自行车供应链的第二个影响在于其扩展了传统自行车供应链的原材料供应商和整车制造商的范围。一些新的原材料运用于共享单车制造工艺中,例如免充气轮胎所需要的无毒环保 TPE 材料和微闭孔微发泡聚合树脂等;智能锁所需要的超长续航的太阳能电池等。这些新材料的运用为新材料供应商提供了很好的发展机遇[72]。在整车制造方面,富士康成为摩拜单车的制造商,并在单车设计与生产、全球供应链整合等方面开展战略合作。

资本驱动下的共享单车发展的不可持续性也给自行车供应链带来了巨大的影响[73]。首先,大批量的共享单车投入到市场,运营维护的需求急剧增加,且需要建立共享单车循环利用的可持续设计,从面向顾客的共享单车设计转为面向可制造、可装配的共享单车新设计,最终实现面向环境的可持续共享单车设计理念。共享经济的核心是资源共享、节约资源和减少浪费,作为共享的物品来说,其环境可持续性至关重要,因此需要做到可改装、可拆卸、可回收、可循环、可利用[74]。

2.3.2 共享单车行业融资对网约车、出租车市场的影响

从共享单车行业的发展时间来看，共享单车紧随网约车之后成为共享出行领域重要的出行工具。2016年8月，滴滴出行宣布与Uber（优步）达成全球战略合作协议，正式收购优步在中国的品牌、业务、数据等全部资产。自此，网约车市场呈现出滴滴出行一家独大的局面，也正式宣告网约车补贴时代的终结，共享经济的战火全面进入共享单车行业[75]。从第2.2.1节的各个共享单车品牌发展历程来看，2016年8月作为重要的时间节点，之后共享单车行业进入全面的混战阶段，市场快速扩张。作为重要的网约车服务商，滴滴出行早前从ofo布局开始，随后托管小蓝单车，推出自有共享单车品牌青桔单车，成为2020年共享单车行业竞争的关键参与者。总体来看，共享单车行业融资成为后滴滴时代各路资本追逐的新风口，就行业本身而言，共享单车既可作为网约车市场的补充，也可部分替代网约车的消费[76]。共享单车因主要作为城市公共交通的有效补充，其对于网约车和出租车可形成部分替代。而网约车与出租车市场的替代作用相对较为明显[77]。关于共享单车出行方式对于网约车和出租车市场的替代作用大小的衡量将在第4.3.1节论述。

2.3.3 共享单车行业融资风向管理的政策建议

共享单车行业融资需要谨慎考虑融资方式所带来的风险。融资合作在为共享单车品牌提供资金支持的同时，其本身会为企业带来一定的风险[78]。从融资方式而言，企业选择债务融资方式，需要承担定期还本付息的责任，很有可能产生未能偿付的风险，因此融资风险较大。而股权融资方式由于以股权形式交换资金，不存在还本付息的风险，且投资者可能需要承担管理责任，因而对于共享单车企业而言融资风险较小。

共享单车企业应综合考虑企业盈利能力、发展阶段和市场竞争程度等因素制定合理的融资计划和财务管理规划[79]。当共享单车企业处于盈利能力不断上升且发展前景良好的阶段时，债务筹资应作为优先选择。相对地，当共享单车企业财务状况每况愈下，发展前景不明朗时，企业应尽量减少债务融资方式，尽可能规避财务风险[80]。作为新兴产业，共享单车企业需要根据发展愿景和政策环境适时调整财务管理规划，过于乐观和过度扩张容易导致企业运营压力，当企业面临外在因素和环境压力时，一旦资金链断裂，企业将举步维艰[81]。

2.4 本章小结

作为新兴产业，共享单车行业发展的上半场揭示了资本左右行业格局的发展态势。当共享出行的春风吹向共享单车领域时，ofo、摩拜、小蓝单车、哈啰单车、小鸣单车等各式各样、五

颜六色的共享单车品牌相继出现，各个品牌都初步得到了创业投资，但随着行业竞争的加剧，市场扩张步伐的加快，无法得到持续融资的共享单车企业接连倒闭，仅 ofo、摩拜、哈啰单车、小蓝单车品牌生存了下来，且 2017 年下半年开始进入了 ofo 小黄车和摩拜单车两强争霸的阶段。可以看出，这一阶段基本上是共享单车品牌因融资而优胜劣汰的阶段，行业洗牌后资本逐步向 ofo、摩拜、哈啰单车、小蓝单车聚拢。

融资为共享单车企业打开了新的发展窗口，其模式选择也给共享单车企业运营带来巨大的风险。当共享单车行业进入 ofo 小黄车和摩拜单车两强争霸、哈啰单车和小蓝单车并存的新阶段之后，融资市场上各路资本基本控制了未来行业发展的趋势。第一，共享单车行业盈利模式不清晰，盈利能力不足，需要依靠持续资金的投入来维持企业正常运营，因此共享单车行业属于资本依赖型行业。第二，基于前期的资金投入，各路资本基本掌握了各个共享单车品牌的股权结构和债务构成，了解了企业财务运营的情况，因此，各个资本利益主体掌握了企业的经济命脉。基于以上两个原因，加上免押金模式的推动，ofo 小黄车陷入押金危机，且没有得到资本的后续支持，最终在共享单车行业沉寂。摩拜单车因资金周转压力、债务高垒等因素面临财务危机，此后被美团收购，并逐步换装为美团单车。

共享单车行业融资对自行车产业链产生了重要影响，对网约车市场和出租车市场的影响相对较小。一个行业的潮起潮落必然会引发其上游供应链的波动，共享单车的生产融入了新的科技配件，因此对于高科技配件生产商的影响是显而易见的。对于自行车整车制造商而言，共享单车行业的发展为其提供了千载难逢的发展机会，但也会压缩共享单车整车制造商的利润空间。而当共享单车企业出现违约或者拖延付款时，这些整车制造商将会出现经营困难或者资金紧张，且需要承受其原材料供应商的债务压力。因自行车对于网约车或出租车是部分替代，共享单车行业融资对于网约车市场和出租车市场的影响较小。

第 3 章 共享单车行业市场竞争分析

3.1 共享单车行业市场竞争特点

除了停车规划、停车环境和停车安全外，共享单车使用者的停放行为也是影响解决停放困境的关键点。共享单车相关利益方的多方博弈影响了该行业的可持续发展，相关部门需要分级分类地实施科学管理措施，以制约共享单车的恶意博弈行为。因此，健全信用机制，规范和宣传履约职责，对于破坏、私自占有、不规范停车等行为加强行政处罚和行为引导能够助力于共享单车的用户管理，明晰共享单车各方的权利与义务，切实推动共享单车行业法律法规体系的建设。特别地，共享单车行业需要建立承租人的信用管理制度，将涉及承租过程中的违法违规信息、扰乱停放秩序和损坏自行车等行为纳入信用管理体系，并采取必要的信用管理措施合理约束承租人的行为。此外，用户和其他利益相关者对服务事项变更的抵制都会阻碍共享单车系统的运行[82]。

共享经济新业态瞬息万变，行业格局变化快。共享经济的本质是共享一种物品或者服务，因此具有很强的适用性，目前已经广泛应用于住宿、出行、生产、办公、生活服务、医疗等多个领域[83]。中国共享经济领域的创新和发展取得了巨大成就，目前已成为全球共享经济的创新者和引领者[84]。以共享出行为例，我国网约车从早期的滴滴、快车、Uber 等众多竞争者并存的格局逐步演变成滴滴出行一家独大的局面，打破了城市出租车的行业垄断地位，网约车市场已逐步实现规范化运营。共享单车在全球许多城市的普及和运行可以促进城市可持续出行系统的建立[85]。

资本对共享单车行业竞争格局的影响较大，过度扩张造成了单车资源的极大浪费。2016—2017 年，在资本的推动下，不同企业在各个城市投放共享单车，致力于建立区域垄断性优势。但由于空间上的全面覆盖在时间和成本上都面临很大挑战，因此共享单车行业巨头难以在短期内覆盖全国市场。ofo 小黄车和摩拜单车以大城市为主要投放点，哈啰单车发现了双巨头竞争下的二三线城市共享单车市场的空白。然而，盲目的市场扩张与交通设施及出行需求之间的矛盾使得共享单车的合规性问题日益显现，且大规模扩张带来的共享单车供过于求的问题对社会造成了巨大的资源浪费。

政策因素在共享单车行业发展中扮演越来越重要的角色，规范经营将成为未来一段时间共享单车企业发展的关键。我国共享经济在快速发展的同时仍然面临诸多挑战，也使得行业发展面临诸多的不确定性[86]。其中，法律法规不适应、公共数据获取难、统计监测体系亟待建立等共性问题依然存在并困扰着共享单车行业的发展，用户权益保护难题进一步凸显，新业态与传统业态之间和谐共存与共同发展问题、出行服务的传统属地管理问题等都亟待解决。城市管理创新实践与共享经济可持续发展理论研究滞后之间的矛盾将更加突出。

共享单车经营行为的特征决定了未来行业竞争格局的发展方向。共享单车经营行为需要由共享单车企业投放单车、用户租用单车来完成消费，从而双方获取各自的收益。因此，共享单车经营行为包含三个特征。第一，经营活动需要占用公共资源，特别是停车位置，这势必会影响城市交通秩序。第二，经营活动涉及用户安全，包括信息安全、使用安全等。信息安全是基于互联网经营活动的本质特征。共享单车使用过程中需要收集用户个人信息、金融账户等，也会产生用户出行数据资料。使用安全主要是指共享单车骑行过程中可能引发的安全问题。第三，经营活动需要良好的社会环境和用户素质来支撑。一方面，共享单车经营活动需要用户实现服务过程的自助化，因此需要用户正确使用和维护好单车。另一方面，共享单车企业正常经营需要良好的竞争环境和社会公德意识，也需要健全的管理制度和城市设施规划。

从 2019 年下半年开始，涨价已经成为共享单车行业发展的代名词。行业竞争的激烈程度与共享单车的使用价格密切相关。与网约车的发展极为类似，在共享单车发展速度较快的初期，资本蜂拥而至，各大共享单车品牌相继出台了各类红包或其他补贴措施，0 元月卡、骑行红包、充值送红包等成为行业发展初期常见的竞争手段。这个措施为共享单车品牌带来了较高的关注度，也为市场竞争格局的演变提供了催化剂。共享单车自 2019 年进入战略调整期，市场竞争程度相对缓和，市场上的主要品牌相继涨价，月卡价格提升到 20—30 元，单次骑行价格上涨到 15 分钟至 30 分钟以内 1.5 元/次。

第二章从融资的角度分析了资本对于共享单车行业发展的影响，论证了共享单车行业不同发展阶段的融资模式及其相应的风险。本章重点聚焦共享单车行业的市场竞争，首先采用经济学中的厂商均衡理论分析共享单车的市场结构及其类型，其次从市场结构理论出发回顾共享单车行业市场竞争的发展与变化趋势，最后依据共享单车行业竞争力的来源，建立基于波士顿矩阵的共享单车行业竞争模型，分析了共享单车服务竞争力的构成要素，总结出共享单车行业竞争的关键所在。

3.2 共享单车行业竞争格局演变分析:基于产品生命周期的视角的分析

3.2.1 共享单车产品特征与可持续设计

共享单车的产品原型为自行车,自行车在交通出行领域已经逐步被小汽车、电动自行车、公共交通所替代,其主要适用于居民短途出行和运动自行车等领域。此外,共享单车还可以减少由于私家自行车的高使用率而给国家带来的负面影响[87]。根据产品生命周期的定义,一般产品在市场上的销售量的变化分为引入期、成长期、成熟期和衰退期四个阶段[88]。显而易见,从传统的产品生命周期来看,赋予了互联网特性和共享要素的共享单车属于自行车更新产品。而从交通出行规律的视角来讲,共享单车本身的需求空间相对有限,对其产品开发过程的分析无法采用传统的质量功能配置和价值工程的方法来研究其面向顾客的服务设计理念。因此,本小节将从共享单车投入市场到最终报废的过程来分析其产品设计。

一般来说,共享单车的使用周期在3—5年左右,从可持续发展的角度分析,依据顾客定制的共享单车设计思路应该选择面向环境且可制造、可装配、可拆卸、可循环、简约化的设计理念。因此,共享单车设计理念与共享节约资源的思维相呼应。具体来看,共享单车设计需要考虑单车对于资源利用和环境因素的影响,减少对不可回收资源的利用,提高原材料的循环利用率。建立共享单车回收系统是面向环境设计的共享单车再循环利用的重点,也是未来行业可持续发展的重要因素之一。

为评估共享单车对于环境的影响,建立共享单车回收系统,可采用生命周期评价方法,识别与量化产品全生命周期过程中的物质和能量的使用及排放量。回收系统应该从现有的共享自行车生产—使用—报废—回收环节扩展到传统自行车的回收—改装—利用—报废—处置的自行车资源共享体系,考虑自行车各个使用阶段的可利用、可循环、可拆卸问题。

3.2.2 共享单车行业市场竞争类型及其影响因素

依据经济学定义,市场是物品买卖双方相互作用并得以决定其交易价格和交易数量的一种组织形式或制度安排[89]。对于共享单车行业而言,共享单车企业通过向用户出租共享单车的使用权来收取相应的服务费用,这就形成了共享单车服务市场。市场结构作为表征市场的垄断与竞争程度的指标[90],从微观经济学来讲,一般采用市场竞争程度来划分市场类型。按照这一理论,影响共享单车市场竞争程度的具体因素主要有以下几点。

(1)共享单车市场的品牌数量

共享单车服务企业数量的多寡,是影响共享单车行业竞争特性的最基本因素。一般而言,处于平等竞争地位的厂商越多,市场的竞争程度就越高。当存在一个或几个厂商处于支配地位时,市场的竞争程度通常被削弱,相应地垄断程度就会提高。对于共享单车行业而言,发展初期市场上相继出现了众多共享单车品牌,经过一定时间的优胜劣汰和融资困难之后,品牌数量急剧减少到3—4家。可见,共享单车市场上品牌数量的变化能够反映市场竞争的激烈程度。

(2)共享单车服务商所提供服务的差别程度

产品差别是指同一种产品在质量、牌号、形式、包装、便捷度等方面的差别[91]。对于共享单车服务而言,有差别的服务都以各自的特色引起消费者的注意。因此,有特色且区分度较高的共享单车服务能够在各自领域的消费者中形成消费偏好。一般认为,服务差别可能引起垄断,服务差别越大,垄断程度越高。所以,服务差别越高的市场,垄断性越强;服务差别越低的市场,竞争性越弱。对于共享单车服务市场而言,行业发展之初,各个共享单车品牌在自行车便利度、舒适度、价格、质量上差异较大。随着市场结构的变化,目前市场上大部分共享单车品牌的差异性逐步降低。

(3)单个共享单车品牌对市场价格的控制程度

作为衡量共享单车服务商的市场垄断力的最全面和最权威的指标,价格控制力能够影响共享单车品牌的盈利。就生产制造业而言,生产厂商定价能力越强,市场的竞争程度越低,垄断性越高;反之,生产厂商对市场价格的影响力越弱,市场的竞争性越强,垄断程度越低。当共享单车厂商能够保证单车的便捷性时,即使提高价格也不会显著减少消费者对共享单车的需求[92]。而对于共享单车而言,服务型市场的定价一般都是由服务商决定的。也就是说,单个共享单车品牌能够完全决定各自品牌的服务价格,而对市场价格的控制程度相对较低。共享单车服务市场的市场定价经历了低价扩张到涨价生存的发展过程,各个阶段的价格变化很大程度上取决于竞争对手的定价策略、行业发展阶段、品牌融资情况等要素。

(4)共享单车品牌进入或退出共享单车行业的难易程度

一般而言,进入某一市场的壁垒越高,会导致这一市场中现有企业的数目越少;进入市场后退出的沉没成本越高,会迫使企业进行投资决策时更加谨慎。因此,进入壁垒和退出沉没成本都会增强市场的垄断性。相反,如企业进入或退出该市场都十分容易,市场上的竞争程度就会提高。自行车作为共享单车服务市场的服务工具,本身并不具有很高的科技难度,因而其进入壁垒主要取决于智能锁、电子围栏、互联网信息技术等因素。而共享单车企业的退出沉没成本主要取决于其服务运行的自行车的数量及其单价。

在以上4个因素中,第一个因素和第二个因素是影响一个行业市场竞争格局的决定性因素。第三个因素是第一个因素和第二个因素综合反映的必要因素,在第一个因素品牌数量的基础上,可延伸得到第四个关于市场准入与退出难度的指标。本研究从这4个标准可综合判断出一个市场的垄断和竞争程度,从而确定市场结构类型[93]。然而,鉴于自行车市场存在一定数量的私人自行车，因此共享单车市场上各个品牌对于市场价格的控制力度会显著影响顾客在购买私有自行车和选择共享单车骑行的决策。因此，共享单车市场价格对于共享单车与私家自行车之间的替代效应影响较大。

根据上述4个标准，一般可以把市场结构划分为4种类型，即完全竞争、完全垄断、垄断竞争及寡头垄断。完全竞争是指一种竞争不受任何阻碍、干扰和控制的市场结构；垄断竞争是指企业间存在着产品差别，以竞争因素为主，又存在一定垄断因素的市场结构；寡头垄断是指介于垄断竞争和完全垄断之间，由少数几家大型企业控制某种商品的绝大部分乃至整个市场的市场组织形式；完全垄断市场是指整个行业只有唯一的一家企业的市场组织形式。4种市场结构类型特点见表3-1。

表3-1 共享单车服务市场结构演变

阶段	市场类型	品牌数	产品差别	厂商议价能力	进出市场难易程度	售卖方式
第一阶段	垄断竞争	许多	有一定差别	有一定程度控制	比较容易	广告宣传、质量、管理、价格等竞争
第二阶段	寡头垄断	几个	有一定差别或无差别	相当程度控制	比较困难或盈利潜力较小	广告宣传、质量、管理、价格等竞争
—	完全竞争	非常多	完全无差别	完全不能控制	非常容易	市场交易
—	完全垄断	一个	独特产品，无接近的替代品	很大程度，但经常受管制	非常困难，几乎不可能	广告宣传和加强服务

从以上分类来看，共享单车市场显然不属于完全垄断市场的范畴。分析整个共享单车行业的发展历程，共享单车发展初期的市场结构比较符合完全竞争和垄断竞争之间的形态。按共享单车发展阶段来分析，第一阶段为2014年11月至2016年3月，这期间共享单车行业规模小，仅存在为数不多的几家共享单车企业，此时共享单车市场尚未引起资本的关注，自行车本身技术难度差异不大，但智能锁存在一定的技术壁垒。综合来看，第一阶段各个品牌都能较容易地进入到共享单车行业中。第二阶段为2016年3月至2017年6月，这期间各类资本涌入，从完全竞争市场到垄断竞争市场的态势显现，共享单车服务品牌众多，且逐步呈现出一定的品牌差异，行业厂商进入较容易，但退出成本较大。第二阶段逐步呈现出市场优胜劣汰的竞争趋势，未能引起资本关注的品牌将逐步被市场所淘汰。第三阶段为2017年6月

至2019年年初，经过前两个阶段的市场竞争，资本的涌入速度减缓，行业格局发生了巨大变化，垄断竞争市场的特征在共享单车行业逐步显现，自2019年开始，共享单车行业进入垄断竞争的状态。需要强调的是共享单车市场属于一个准入门槛相对较低的行业，行业的垄断是暂时且可控的，而行业发展格局也将持续受到资本的影响。因此，进入到共享单车下半场，行业竞争格局逐步平稳，但各大品牌的发展空间会随着各自资本的推动和商业模式的重构而动态变化。

3.2.3 共享单车行业竞争格局演变特征分析

共享单车行业竞争态势正逐步从激烈到平稳，但动荡远未结束。令人意想不到的是，经过近三年的发展，共享单车领域的竞争基本上已经接近尾声，行业新格局已初步形成。从2019年发展情况来看，ofo深陷押金和资金链断裂的危机而一蹶不振，摩拜单车改名为美团单车并进入休整期，哈啰出行在阿里支持下急速扩张，哈啰电动助力车稳步发展并切入大出行领域，小蓝单车和青桔单车由滴滴出行加持并实现正常化运营。此后，行业三强模式正式开启，美团、哈啰、青桔单车三足鼎立，而ofo则危机四伏，前景堪忧。

最让人意想不到的市场竞争态势是ofo深陷泥潭，无法摆脱困境，部分城市已不见其踪影。ofo小黄车是共享单车领域发展较早且知名度较高的品牌，引领了校园单车的风尚。自成立以来，其面临的第一个重要的竞争对手是摩拜单车。小黄车凭借低成本的优势开启了极速扩张的发展态势，且这种趋势在押金时代得到了延续，市场占有率独占鳌头。然而，快速扩张的发展战略也带来了巨大的财务运营风险，成为其逐步淡出市场的主要原因。此外，低成本的ofo小黄车使用体验感逐步降低，坏车率逐步提高，未能取得消费者对于品牌的忠诚度。因此，当押金危机爆发时，顾客的"羊群效应"引发了挤兑式的押金赎回需求，最终导致ofo的销声匿迹。

摩拜单车被美团收购后改名为美团单车，摩拜已经成为过去式。美团于2018年4月3日以27亿美元的作价全资收购摩拜单车，但自收购摩拜单车业务以来，单车业务的收益却不尽如人意。作为曾经共享单车市场的主要参与者，摩拜单车拥有月平均4 810万名活跃单车用户、710万辆活跃单车和超过10亿次骑行，而共享单车是美团过往尚未提供但属于大众、高频的服务种类，故而美团看好摩拜的未来。该项收购可以帮助美团以较低成本获取和留存用户，并进一步补充其向消费者提供的服务组合，扩大公司接触消费者的方式。

哈啰单车和滴滴系单车各自平稳发展，市场规模逐步扩大，已经占据了ofo留下的市场空缺。随着ofo逐渐在共享单车市场上沉寂，哈啰单车在资本助推下取得了快速发展，其产业链逐步得到完善，品牌前景相对较好。由于大多数一线城市的共享单车数量相对较为饱和，哈啰单车未来面临如何从二三线城市扩展到全线运营的难题。滴滴系单车包括由滴滴出行托管的小蓝单车和自有品牌青桔单车，其发展重点在青桔单车上。从哈啰单车和小蓝单车的对比分析来看，面对早期ofo和摩拜激烈的市场竞争，哈啰单车避开一线城市并进行市场区分，从而在市场格局中找到了生存空间，后来更是凭借资本的加持而逐步成为共享单车行业的后起之秀。然而，小蓝单车在关键的扩张决策上选择与摩拜和 ofo 正面对抗，进军北京、成都、深圳、南京、广州、上海等城市。在与摩拜和 ofo 正面竞争的过程中，存在两大因素导致小蓝单车无法持续发展：第一，小蓝单车拥有的自行车仅仅只有 70 多万辆，规模相对有限；第二，在价格战中，小蓝单车本身资本储备相对不足，随着押金危机的到来最终为滴滴所托管。这两大因素也将导致在滴滴出行的发展策略中小蓝单车逐步被青桔单车所替代。

3.2.4 共享单车行业市场结构演变影响因素

随着前半场激烈的市场竞争和资本的推波助澜，共享单车行业的市场结构发生了巨大的变化，行业巨头演变成历史主角。未来共享单车行业市场结构演变的影响因素依据垄断市场竞争而发展变化，竞争策略偏向于价格上趋同，服务上差异化的发展态势，企业生存与发展的前提是规范和监管。

(1) 共享经济的本质特征

《共享经济迈向理性和规范》一书中对共享经济的定义为：共享经济的本质是资源配置方式的改变，利用互联网整合社会资源，实现供需间的智能匹配和资源的优化配置[6]。原则上而言，只要有需求，所有的东西都可以成为共享资源，借助互联网可以实现资源整合并获取收益。然而，本研究认为共享经济能够共享的物品应该具有一定的资金门槛，称之为共享经济的机会成本。共享经济这一本质特征决定了对于共享单车来说，过高的服务价格会显著降低用户对于共享单车服务的需求。原因在于共享单车依托于自行车骑行，而普通自行车的价格相对较低。因此，相较于共享住宿、共享办公、网约车等共享领域而言，共享单车的资金消费门槛并不高，如果共享单车服务价格太高，用户的消费成本会转向购买普通自行车或者其他交通工具，潜在客户人群将显著减少。

(2) 资本的影响力

任何一个新兴的市场都需要资本来推动发展。一个行业新模式的诞生需要通过不断尝试，这些行业发展的初始阶段无一不需要资本的支持。正如第二章分析得到的结论，资本在共享单车行业发展的第一阶段发挥着举足轻重的作用，这也成为行业巨头倒闭和众多小品牌淘汰的内在驱动力。当"百车大战"结束，共享单车行业热度锐减，众多资本撤出后，整个行业的市场结构也将趋于稳定。然而，资本的力量将会继续左右各大品牌的市场占有率及其在部分城市的发展格局。

(3) 共享单车企业自身风险管理水平

共享单车企业运营风险的管理既包括财务风险，也包括单车骑行的意外风险。实现共享经济下的风险管理，首先需要做好财务风险的控制[94]。共享单车发展初期，市场规模化的扩展思路需要资本的支持，企业扩张策略会给运营增加风险。尤为重要的是，押金管理逐步成为财务风险的重要组成部分。社会对于押金监管的诉求不断提升,金融风险体系对于共享单车行业也起到了风险提示的作用。免押金时代的到来引发各大共享单车企业资金链的紧张。因此,对于新兴产业而言,识别市场上可能出现的风险,并开展相应的风险规避策略研究至关重要。

3.3 共享单车行业市场竞争发展态势分析

3.3.1 共享单车行业竞争的关键:基于波士顿矩阵的分析

从共享单车发展规律来看,智能手机的普及和互联网的快速发展是共享单车得以发展的基础。操作便捷、智能匹配等特征为共享单车带来了生存空间。然而,随着行业竞争格局的逐步清晰化,共享单车企业若希望在未来的市场竞争中立足,就必须做到服务到位,提高共享单车的服务质量,细分客户市场并开展客户精细化管理。

市场竞争视角下共享单车品牌倒闭潮已经过去,行业准入门槛不高,但行业格局基本成型。共享单车倒闭的原因主要是资本助推下激烈的市场竞争导致未能持续获取融资的品牌失去了市场生存空间。本研究所考虑的共享单车市场竞争包括共享单车与其他行业的竞争和共享单车行业内部的竞争。

诸多学者对共享单车的发展轨迹、市场竞争及未来市场发展的突破点进行了研究。孙志鹏等(2019)基于SWOT模型分析了酷骑单车发展的优势、劣势、机遇与威胁,为共享单车的组织发展指明方向[95];李雨馨和潘家坪(2010)基于TAM与因子分析讨论了共享单车产业发展的影响因素,指出了社会影响、感知财务风险与感知易用性是影响共享单车发展的主要因素[96];郭嘉杰等(2020)通过了解共享单车市场规模、盈利能力等发展现状,分析了共享单车行业的发展瓶颈、发展路径,为行业可持续发展提供对策[66];姚阮星晨和蔡茹雪(2020)通过厘清共享经济下共享单车的发展历程,分析了共享单车的运营模式,总结共享单车的困境及目前面临的问题,从优化产品设计、提高企业核心竞争力、创新押金监管模式、政企民共建等方面提出了建设性意见[47];张子轩和吴蔚(2017)在分析共享单车发展现状的基础上,指出现存条件下共享单车行业存在的制度体系、基本设备和盈利模式方面的问题,并对其今后发展提出一些建议[97];Ma等(2020)从消费者的角度分析了无桩单车和有桩单车共享计划中消费者需求的决策因素和骑行特点,发现各自消费差异的来源[98];Laa和Emberger(2020)从法规层面对比分析了维也纳自行车共享情况,以史为鉴提出了当前困境与挑战的解决方案[99];Ma等(2018)重点分析了FFBS(Free-floating bike sharing)案例,并从协作治理的角度研究FFBS扩大过程中商业、政治和社会参与者如何互动解决此过程中出现的公共问题[100];Van等(2018)围绕共享单车运营模式和社会技术环境之间的相互作用开发了一个新的预期过渡框架,通过考察收益增加、行业结构和机构作用分析了过去十年在荷兰城市中引入的创新型自行车共享业务模式的升级潜力[101];Chen等(2020)分析了中国无桩智能共享单车的存量、流量和碳排放影响,核算了无桩智能单车的碳成本和收益,研究表明尽管其相对较短的生命周期会导致不可持续性,但从长远来看其气候收益是可观的[102]。本研究基于波士顿矩阵对共享单车行业发展态势进行分析,探究共享单车行业发展各个时期的状态及其在市场中的地位,从而有针对性地对其可持续发展提出政策建议。目前还未有学者利用波士顿矩阵来分析共享单车的市场竞争问题,因此,本研究为共享单车行业竞争关键因素的研究提供了新的研究方法和方向。

波士顿矩阵,又称"市场增长率—相对市场份额矩阵",是由美国著名的管理学家、波士顿咨询公司创始人布鲁斯·亨德森于1970年首创的一种用来分析和规划企业产品组合的方法。这种方法通过比较企业中各个项目的发展状况,促使企业的产品品种及其结构适合市场需求的变化,进而有针对性地进行生产和市场营销决策。波士顿矩阵方法可帮助企业将有限的资源有效地分配到合理的产品结构中去,既能保证企业收益,又能在激烈竞争中取胜。近年来,波士顿矩阵的应用已经扩展到企业经营的大部分领域和应用场景中。

波士顿矩阵主要用以衡量某企业在相关市场上的实力,其纵坐标上的市场增长率表示该项业务市场的年增长率,以企业产品战略对应的产品增长目标值为基准,例如5%或10%作为中点,划分高、低区域。横坐标的相对市场份额是指某企业相对于最大竞争者企业的市场份额,以市场占有率目标值,例如以10%或20%作为中点,划分高、低区域。通过区域划分,将坐标图划分为四个象限,依次为"问号(?)""明星(★)""现金牛(¥)"和"瘦狗(×)"。根据这种方法,不但能掌握现阶段各产品所处的位置和状态,而且能对处于不同象限的产品做出相应的发展决策。波士顿矩阵的分析方式很多,本研究利用其二维(或二度量)矩阵模型来进行分析,利用波士顿矩阵的思想,分析共享单车各个时期的发展状态及其在市场中的地位,从而有针对性地提出政策建议。

(1)成长期——问题业务(2015年1月—2016年3月)

全球早期的自行车共享系统主要是由城市公共自行车服务发展而来的[103]。于国内而言,2015年年初共享单车最早出现在大学校园,致力于满足学生群体的骑行需求,为学生提供单车租赁服务,整个行业仅有ofo、摩拜、骑呗等几家企业,且大多处于初创阶段,仅得到了几百万元的天使投资。此时共享单车行业发展状况有如下特点:(1)现金流状态相对较差,整个行业融资相对有限;(2)共享单车产业的市场增长率较高,需要大量融资以支持其生产经营活动;(3)相对市场占有率低,市场规模相对较小。此阶段正符合波士顿矩阵问题业务的业务特征,该类别表示共享单车市场占有率低而市场增长率高,发展机会大,投入资金需求较多,但暂时没有太大的资本回报,正处于高增长、弱竞争、稳成长的行业发展初创阶段。

(2)发展竞争期——明星业务(2016年3月—2017年6月)

在共享单车发展竞争期期间,共享单车风靡全国,受到了市场和用户的热烈追捧,共享单车用户量增加，市场增长率增长。据不完全统计，2016年，共享单车市场累计投放单车约200万辆。数月间，得益于资本市场的青睐，街头摆放着五颜六色的共享单车。《中国共享单车行业发展报告》(2018)显示，在2016年披露融资的企业有11家，共享单车企业获取大量融资来增加其投放量以满足用户使用需求，率先争取市场份额。

此阶段共享单车业务的发展有如下特点：(1)整个共享单车市场融资增速高，市场规模逐步扩大；(2)共享单车市场受关注度高，获利前景好；(3)若品牌希望在激烈的市场竞争中取得领先，则需大量投资以使其在市场中尽早居于主导地位，在短期内应优先保证其资源供应，此阶段共享单车业务属于波士顿矩阵中的明星业务。该时期业务适宜采取快速发展的战略，积极扩大经济规模和创造市场机会，以长远利益为目标，提高市场占有率，增强核心竞争力。

(3)盲目竞争的两极分化期——问题＋瘦狗业务(2017年6月—2019年1月)

2017年，共享单车行业呈现明显的两极分化现象。共享单车企业数量、单车投放城市数量以及单车的数量迅速增长，逐渐出现了自行车企业倒闭的现象，行业两极分化较为明显。截至2017年底，我国总共成立了41家共享单车公司。进入2017年后，共享单车市场开始硝烟弥漫。为了吸引消费者眼球，提高市场覆盖率，扩大市场份额，各大单车品牌不断增加单车的投放量。但由于盲目扩张、疏于运维管理，导致营收效果不佳。而在对共享单车的维护问题上，共享单车的损坏率、偷盗率、成本费用曾一度居高不下。此时共享单车的市场增长率虽然高，但是巨大的成本费用拖住了企业增加相对市场份额的"腿"。另一方面，在这一时期各大投资金融机构采取选择性的投资战略，也加速了共享单车行业内的两极分化。

①部分淘汰兼并企业——瘦狗业务

在激烈的市场竞争和巨大的成本、维护费用等的作用下，许多共享单车企业不堪重负而纷纷倒闭。其中包括酷骑单车、悟空单车、3VBike等单车品牌相继退出市场；摩拜也以16亿美元现金和11亿美元股票的价格被美团收购；ofo也进行了市场收缩，陆续退出了海外市场。

②少数存活企业——问题业务

有些共享单车企业，如摩拜，哈啰，青桔单车等，虽然在竞争中存活下来，但此时他们的现金流状态并不乐观，获得的融资相对于明星期而言有所减少，此前的盲目扩张和当下的运营维护给企业造成了极大的经济和技术难题。另一方面，由于ofo押金事件的影响，用户对这一类产品信任度和用户黏性大打折扣。相对市场占有率虽然在共享单车行业内部、各共享单车企业之间没有明显的下降，但共享单车行业相比其他公共交通行业(地铁、公交、出租车)的整体市场占有率出现一定的下滑。因此，这一时期共享单车行业仍然无法实现盈利，还需要大量投资以支撑其生产经营活动。

(4)整顿再出发——现金牛业务(2019年以后)

在激烈的市场作用下，共享单车行业经历了一轮残酷的优胜劣汰。如今，共享单车市场上呈现出四大派系并存的局面,它们分别是:哈啰单车(阿里)、青桔单车(滴滴)、摩拜单车(美团)和 ofo。一般认为,在经过盲目竞争和残酷的淘汰之后,共享单车业务已逐步迈入了成熟期,企业再花费大量的资金购买共享单车等固定资产的作用已经有限,反而可以从消费者使用中获取大量的现金流。

基于以上共享单车行业的波士顿矩阵分析结果,本节从市场竞争视角提出了共享单车行业可持续发展的政策建议。在共享单车未来的发展中,要想实现从问题业务到现金牛业务的转变,共享单车企业应当找准各自的定位和发展战略,以增加用户黏性为首要目的,最终实现品牌差异化和各自稳步发展,保证共享单车企业盈利并稳定盈利水平。共享单车实际市场竞争中,应该重视以下四个方面。

(1)合理定价,打造差异化的定价模式。定价模式决定了共享单车企业收入的主要来源。合理的定价模式既要保证企业利润,又要满足用户对于价格的要求,增加用户黏性。这一点将在第五章和第七章进行详细讨论。

(2)重视运营维护,企业竞争力从上半场的资本角力到下半场的服务角力。好的服务质量是增加用户黏性的关键,各品牌可以从降低单车损坏率、优化单车的日常调度、实现精准匹配等方面入手,快速响应用户的时空需求。

(3)寻求多元盈利模式,与政府、景区等合作扩展企业收入来源。共享单车企业只有发掘新型运营模式,才能持续经营。除了租金以外,共享单车可在服务区域、品牌联合、大出行平台整合等方面开展盈利模式创新,开拓盈利渠道,发挥多渠道融合的优势。

(4)树立良好的信誉,形成品牌优势,细分共享单车市场。共享单车行业发展能够实现城市交通朝着去机动车、可持续、更健康和偏社交等多维转型发展。建立良好声誉的共享单车品牌能够提升消费者的满意度,推动消费者群体形成共享单车消费的"羊群效应"。此前,一些共享单车企业的信用和安全严重缺失,给消费者造成了很大的损失,从而导致现有消费者的流失,也给行业带来了沉重打击。企业管理者需要从长远利益出发,打造自己品牌的同时树立行业的良好形象,从而提高行业竞争力。

3.3.2 共享单车服务竞争力构成要素

共享单车服务的订单资格要素。根据特里·希尔于 1989 年提出的生产与市场的联系论述,一般认为订单资格要素是一家企业的产品或服务参与竞争的基本条件[104]。质量、及时交货和产品可靠性是制造业的订单资格要素,对服务业而言,履行服务承诺是最基本的资格,但是不同的行业有不同的资格标准。对于共享单车行业而言,单车易获得性是明显的资格条件。企业必须在共享单车日常运作管理中,提高自己的资格水平,从而提高竞争力。

共享单车服务的订单赢得要素。订单赢得要素是企业的产品或服务区别于其他企业的特性或特征。对制造业而言，低成本、可靠的质量都可以成为赢得要素，服务业除了价格、质量外，也取决于企业的声誉和顾客的评价，顾客之间具有典型的传导效应。因此，对于共享单车而言，除了单车的易获得性以外，顾客较为关注骑行价格、骑行的安全性和舒适性等因素。

共享单车服务运作系统的核心是共享单车消费者。根据服务运作管理大师 Jacobs 和 Chase 的观点，一个服务运作系统包含三个核心要素：服务战略、服务支持系统、服务员工，三者构成一个相互关联、互为支撑的有机整体，也称为服务三角形。根据以上定义，本节建立了共享单车服务三角形，如图 3-1 所示。图中共享单车消费者居于中心位置，共享单车服务策略，包括服务目标、服务的业务模式等，是指导服务的系统设计和服务运作的基础，一般认为共享单车服务目标是致力于解决城市交通"最后一公里"[105]，形成大交通体系下城市低碳交通的重要组成部分；共享单车行业的服务模式为租赁模式，服务支持系统包括服务的设施和流程等，主要涵盖品牌 APP、共享单车、停车设施等要素。共享单车服务员工是多方面的，任何与服务过程有关的企业人员都可称之为共享单车的服务员工，包括维修员、停放管理员等前置工作者和共享单车 APP 等周边的后台工作者。这个服务三角形很好地解释了共享单车服务的本质，也决定了在日常管理中需要考虑以下问题。

(1) 共享单车顾客定位。共享单车服务聚焦于解决"最后一公里"问题，同时需要提供舒适的骑行服务。因此，各个品牌的顾客定位都相差无几，大部分顾客为上班族，其次是学生群体，还包括其他社会人群。这些顾客对服务系统设计和运作要求相差不大。关于具体顾客定位的信息，将在第六章消费者满意度调研结果中进行分析。

(2) 共享单车服务标准。明确的服务标准对于保证服务质量、促进顾客了解服务有所帮助，共享单车标准化的服务聚焦单车调度、APP 使用、骑行、停放、修理的整个流程，因此需要形成精细化的服务规范。

(3) 共享单车服务系统的设计与运行。一般来说，服务系统设计与运行包括服务组织、服务流程、服务员工、服务计划和质量控制等。就共享单车而言，服务组织和服务流程是蕴含在 APP 里面的功能开发，服务员工是所有涉及共享单车运营的维护和管理人员。共享单车服务计划和质量控制由各个品牌战略管理人员进行制定，并由具体的部门负责实施。例如，质量控制部门的工作既包括对于新出厂的共享单车进行品质控制，也包括对于正在运行的共享单车进行维修管理、报废处置等。以上共享单车服务系统的各个组成部分有机结合，互为支撑，形成了一个统一的共享单车服务生态体系。

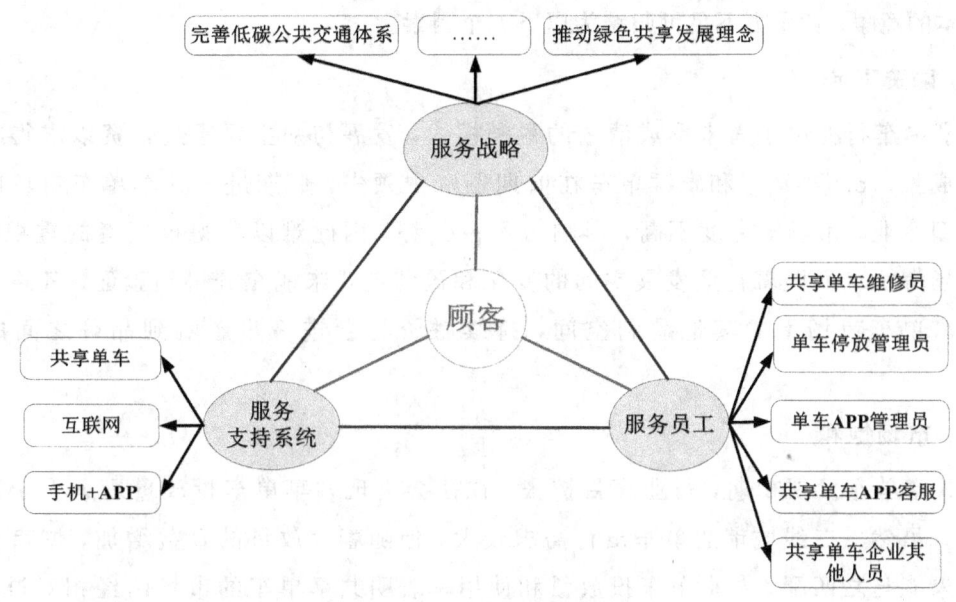

图 3-1 共享单车服务三角形

共享单车服务运作系统的理论基础。服务业运作的特点导致服务业运作管理的理论基础与制造业的不同。此外，共享单车这种新兴的服务业也有别于传统的服务业。除了服务系统设计和优化之外，服务运作主要基于以下两个理论基础。

（1）营销学理论。一般服务的生产和销售是同时发生的，而且服务对象是顾客、消费者，因此服务过程等价于销售过程。对于共享单车服务而言，单车的维护和修理工作相当于共享骑行服务的生产过程，而销售意味着顾客享受舒适的骑行服务，服务的场所就是顾客所选取的骑行路段，所以服务场所不是固定的，这有别于传统的服务业。与传统服务业类似的是共享单车服务的销售过程也需要营销的理论，包括价格决策、消费者行为等。例如，目前各大共享单车品牌推出的会员卡（周卡、月卡、季卡、多次卡）、红包分享等活动，这些都属于营销学理论的范畴。

（2）行为科学理论。由于服务的对象是人，服务的主体主要是服务人员，且服务企业一般具有人力密集的特点，因此行为科学理论能够优化服务运作管理，设计新的管理方法和策略。例如，共享单车APP中增加顾客的参与度，强调顾客对于骑行体验的反馈，也可以通过建立共享单车使用规范性的评价体系，采用频率统计和顾客反馈的形式来收集顾客的匿名评价。

3.3.3 各共享单车品牌间的竞争

随着共享单车的发展，市场竞争日益激烈，企业竞争力成为支撑共享单车品牌生存的关键。迄今为止，各共享单车企业倒闭的原因大致可分为三种：单车被盗、非法融资和押金难退，其本质还是资金问题。在共享单车行业发展的上半场，各共享单车品牌之间的竞争实质上是资本的竞争,竞争力不足可归结为以下五个因素。

(1) **融资不足**

共享单车行业由于尚未形成清晰的盈利模式,发展初期主要通过融资以求得在竞争中不断成长。ofo小黄车和摩拜单车在前期融资中领先,后期进入共享单车市场的品牌多为小型企业,市场知名度不高,影响力不占优势,因此难以获得投资者的重视,故逐步被市场淘汰。而随着行业发展空间的变化和盈利模式未能充分得到验证,各路资本会追逐共享单车市场上的其他盈利空间,持续融资将会进一步影响到品牌之间的竞争格局。

(2) **市场饱和**

在共享单车发展初期,行业盲目扩张,往往会出现共享单车投放量远远大于需求量的现象。虽然一二线城市的单车出行需求较大,但随着投放量的日益增加,城市交通设施规划未能与之匹配,共享单车投放量和使用率表明共享单车的市场已经相对过剩,而各个共享单车品牌的继续投放会造成城市交通管理难题。市场饱和状态造成后续进入一二线城市的共享单车品牌无法获得足够的客户,市场占有率相对较低,从而无法获得下一轮融资。而哈啰单车在起步时采用"农村包围城市"的战略,占领了竞争较小的二三线城市,使得自身在激烈的竞争环境中存活下来。

(3) **创新度不够**

新兴的共享单车品牌大多采取盲目追随的发展战略,并未考虑到其风险和利润来源,过于追求共享单车行业的热度,无法形成品牌知名度和差异性。仅"换了个颜色"的品牌无法形成可持续的市场关注,没有明确的市场定位使得大部分共享单车品牌无法在激烈竞争中脱颖而出。增加各自品牌的附属价值,建立具有吸引力的营销模式对于提高品牌的创新度至关重要。

(4) **巨头地位及影响力**

ofo和摩拜首先抢占了共享单车市场,且拥有一定的品牌故事,因此获得了较大比例的市场份额。而后期投入的共享单车企业在投放量和获取资本等方面都无法抢得先机,最终只能破产退出。共享单车本身属于自行车的一种,因此其产品特性决定了共享单车市场无法形成完全垄断或者寡头垄断的竞争格局,目前形成的市场格局本质上是其背后资本的布局。

(5) **社会发展环境**

共享单车发展之初,企业生态相对较为新颖,各大共享单车品牌都希望在共享经济的浪潮中脱颖而出。社会公众和交通监管部门对于共享单车新业态大多持包容的态度,这有利于早期的发展。但是,存在部分消费群体对于共享单车新服务的认知不足,无法区分共享物品的权属。共享单车随意停车和过度投放造成了交通管理困境，这也引起了交通部门对于共享单车发展规范性的关注。

3.3.4 共享单车行业起伏中的经验教训

（1）各共享单车品牌的特色是提高企业竞争力的关键。目前，过于同质化的共享单车品牌建设战略未能形成可区分不同品牌的核心竞争力。共享单车各品牌需要在成本、质量、舒适、服务柔性等方面形成企业竞争力。单车位置可靠性、快速响应能力、舒适的骑行体验等在不同程度上影响了消费者对共享单车服务的认可和信赖程度[106]。

（2）发展战略的稳健性是共享单车企业成长的主要因素。ofo失败首先在于对政策变化的把握不精准，忽视了押金危机的影响力，为企业资金周转带来了严峻的考验。其次是运营战略调整不力，当企业发展到一定规模且处于行业领先的局面时，规模扩张的发展战略应该转向战略收缩和稳定，在已有市场占有率的基础上进行自我革新。最后，单车维护不力、过度投放、忽视线下管理也是其失败的重要原因。相对其他品牌而言，ofo属于相对轻资产的共享单车品牌，本身具有很强的发展潜力。

（3）单车企业应从扩张规模转变为精细化运作，致力于解决行业发展面临的问题，形成行业标杆。共享单车目前存在的问题在于"乱停乱放""僵尸单车""需求和匹配"等运营和服务方面的问题。需求预测对于以经济有效的方式确定单车投放位置和供应数量至关重要[107]。哪个品牌能在后期的运营管理中引领共享单车行业形成行业服务标准和管理规范，其就能获取更多的市场投放配额。此外，共享单车回收可以缓解城市环境问题，使废弃资源得到更有效的利用[108]。一些创新的模式，如自由浮动单车共享，可以为单车智能管理提供重要的机会[109]。

3.4 本章小结

历时3年多的共享单车大战终于迎来三足鼎立之势，但目前竞争格局尚不稳定，未来还存在诸多变数。首先，青桔单车大有持续发力的态势，且在滴滴大出行平台的支撑下，能够耦合滴滴出行的企业生态，发展前景较为广阔。美团单车和哈啰单车分别融入到美团大数据和哈啰大出行平台，但与滴滴出行相比，大出行的理念相对不足。因此，未来行业局势并不明朗，共享单车行业市场竞争将是各大品牌的商业模式竞争。

从产品生命周期的视角来看，一二线城市的共享单车将迎来新一轮的更新过程，而各大城市基本上都加强了对于共享单车投放量的约束。在相应的投放约束下，各个品牌能够获取的投放指标尤为关键，这也将成为品牌竞争的一大分水岭。例如，北京市推出鼓励和指导共享单车企业开展自主减量的工作，总量控制在90万辆左右。此外，共享单车产品设计还需要在舒适性和可持续设计方面进行创新，做到共享经济与循环经济的有机协调。

依据波士顿矩阵分析,从各大品牌的竞争来看,自 2015 年到 2020 年,共享单车行业各个阶段大致可划分为成长期、发展竞争期、盲目竞争的两极分化期和整顿再出发期,而从共享单车服务系统的设计来讲,各大品牌需要做好顾客定位,制定服务标准,优化服务系统设计,充分分析顾客需求,并建立基于营销学和行为学的服务运作管理策略。

第4章 共享单车行业监管与契约机制研究

4.1 共享单车行业监管困境

4.1.1 停放问题制约共享单车行业发展

(a) 2018年6月，共享单车堆积场　　(b) 2020年6月，某地铁口单车停放

图 4—1　共享单车"坟墓"及其停放困境

自2016年共享单车行业大规模商业化推广以来，在资本的助力下共享单车业务飞速发展，单车投放量与日俱增。共享单车的发展不仅完善了低碳交通体系，也让自行车生产制造业焕发出新的生机。但是，2017年年底的"共享单车坟场"的出现暴露了共享单车行业繁华背后的隐患。共享单车的停放问题也一直制约着共享单车的规范化运营，如图4—1所示，两个时段的共享单车停放现状对比表明共享单车停放环境得到了持续改善，高峰时段的单车潮汐现象逐步得到缓解。

共享单车的停放问题是一个涉及停放设施、城市规划、用户行为、停放车辆本身的多方决策过程[110]。规划先行、有地可停、履约机制和便利停车是解决共享单车停放问题的关键。目前，相对于我国共享单车大规模的发展，其停车规划略显滞后，因此，相关部门采取了限制共享单车投放量和督促共享单车企业加强自身管理的措施，以实现良好的停车秩序。从长远来看，新建大型基础设施的周边应该规划相应单车停放区域，以实现自行车的有序停放，城市发展也需要加强对于自行车低碳出行的交通规划。其次，停放行为也与共享单车停放便利性和企业实施有序停车管理密切相关,因此致力于单车停车架日常运营维护、基于大数据的车辆密集度调控和规范停车管理至关重要。

共享单车"坟墓"产生的原因是多方面的,主要包括 3 个方面:一是企业自身大规模的扩张与有限的自行车停放空间之间的矛盾;二是放缓的共享单车客户需求与已投放的大量共享单车之间的矛盾;三是行政执法部门未能充分预料到共享单车的投放增长情况,共享单车行业监管稍显滞后。五颜六色的共享单车占领着城市的大街小巷,因停放问题影响到市民正常出行,迫使共享单车行业回归理性。共享单车企业为了抢占市场而不计后果地加大共享单车的投放,导致市场瞬间饱和,应该制定共享单车投放的总量控制目标。而行政管理部门未能有效约束共享单车的投放,最终在这三种行为的合力下各种各样的"共享单车坟场"应时而生。

解决和处理共享单车坟场的良策是:第一,实现共享单车回收和处理;第二,从源头上控制共享单车投放。一般而言,闲置单车回收利润少,单纯依靠回收处理无法从根本上解决问题。而捐赠单车可以有效解决这一难题。共享单车行业飞速发展的同时,也有很多地方存在"用不起自行车"的现象,特别是贫困偏远农村地区。因此,因投放量过多而闲置的共享单车可通过捐赠单车项目解决贫困家庭的交通出行问题。捐赠单车项目不仅将废弃或闲置的共享单车变废为宝,节约社会资源,而且还可以降低废弃单车导致的固体污染的处理成本,使闲置资源帮助到社会其他公民。

共享单车"坟墓"问题的解决需要政府、企业和广大人民群众齐心协力,共同配合。作为政府,相关部门应根据市场共享单车的实际情况,积极制定相关政策,完善具体的实施细则,合理规划单车停放区域。针对共享单车企业,监管部门协同行业协会应尽快出台行业管理规定,加大政府的监管力度,使得共享单车规范化。共享单车企业需要合理控制单车的投放数量,避免造成资本浪费。同时企业也应该增加共享单车管理人员数量,提高管理人员水平,及时巡查汇报和规范停放情况[111]。各共享单车企业间应形成良性的竞争关系。作为共享单车的消费者,公众应文明使用共享单车,自觉按照交通标志停放单车,要在实际行动中践行绿色环保责任。社会是一个整体,只有各部分相互合作,才能良性循环。只有政府、企业和人民群众齐心协力,才能让社会和人民真正受益于"共享",打造出一幅共享单车美丽画卷,而不是成为影响市容的"垃圾场"。

4.1.2 信用机制不健全,"公地悲剧"频繁上演

除了停车规划、停车环境和车辆停车安全外,共享单车使用者的停放行为也是影响停放困境解决的关键点。共享单车领域的信用机制亟待进一步完善,违规行为的处罚机制需进一步健全,从而有效约束用户行为。因此,健全信用机制,规范和宣传履约职责,对于破坏、私自占有、不规范停车等行为加强行政管理,引导和培育良好的骑行行为有助于共享单车的用户管理,明晰共享单车各方的权利与义务,切实推动共享单车行业法律法规体系的完善。共

享单车行业需要建立承租人的信用管理制度，将涉及到共享单车租赁过程中的违反骑行规定、扰乱停放秩序和损坏自行车等行为纳入信用管理，并采取必要的信用管理措施合理约束承租人的行为。

共享单车相关利益方的多方博弈影响了行业的可持续发展，需要分级分类实施科学管理。共享单车同行间应良性竞争，促进行业共同发展。对共享单车影响较大的无照运营车辆应该规范管理或逐步取缔。如果相关利益方的恶意博弈、竞争和破坏行为制约了共享单车发展，需要相关监管部门及时制止并实施一定的行政处罚。此外，维护共享单车运营环境的责任需要各个共享单车企业主动承担，并建立行业管理协会，杜绝因都不参与运营环境管理导致的"公地悲剧"的发生。

4.1.3 城市自行车道路规划稍显不足，法律法规逐步健全

自行车路权急剧减少，不适合共享单车的发展，制订低碳出行的道路规划刻不容缓。在城市规划中，随着机动车占比日益提高，道路承载力、出行需求、路权设置对于非机动车，特别是自行车的关注处于较低的水平，自行车车道与步行道、三轮车车道等长期处于路权竞争局面，因此急需加强自行车交通设施的规划。以国外的公园和沿河自行车车道为例，自行车路权可以极大地保障自行车骑行在城市交通出行中的比例[112]。

随着共享单车的发展，越来越多的地区开始制定共享单车监管条例，出台行业管理与考核办法。北京市于2018年9月出台《北京市非机动车管理条例》，并在第二十条规定了互联网租赁自行车经营企业应当依法规范经营，维护道路交通安全和市容环境秩序的规定。2019年7月，深圳市交通运输局发布《深圳市互联网租赁自行车行业信用信息管理暂行办法》，规定了信用信息的使用、用户信用机制等改善互联网租赁自行车行业信用环境的措施。

4.1.4 消费者对共享单车使用权与财产权分离的认识不足

我国《消费者权益保护法》第二章，对消费者的权利作了明确规定，具体包括安全权、知情权、自主选择权、公平交易权、求偿权、监督权等内容。因共享经济是新生事物，特别是服务载体往往非传统意义上的购买和消费主体。因此，对于共享单车使用权与财产权分离的情况，消费者的理解出现了一定的偏差，这种偏差在共享单车发展初期最为明显，且容易引起共享单车权责纠纷，特别是私自占有、上私锁等恶劣行为。此外，共享单车因使用权为所有消费者共享，赋予其公共物品的某些属性，但其并不属于公共物品。消费者在使用共享单车的过程中需要肩负起合理维护和正确使用的义务[113]。

本章将就共享单车停放问题的外在设施与规划、共享单车停放行为因素、共享单车消费信用机制、共享单车利益主体博弈、共享单车法律法规体系建立等问题进行研究，为加强共享单车行业监管和建立新业态下的共享契约机制提供决策依据。第二节基于共享单车停放与个人信用调研，从各维度提出解决共享单车停放困境的途径与政策建议。第三节分析共享单车行

业发展利益相关方,建立共享单车利益相关者多方博弈决策模型,为博弈决策规避损失提供依据。最后,第四节从使用安全、信息安全、权利责任等方面对共享单车行业法律法规建设进行了分析,并提出了相应的政策建议。

4.2 共享单车停放与信用调研分析

4.2.1 共享单车停放问题的致因分析

共享单车停放行为是指用户个人从寻找停放地点驶入停放区域到关闭车锁结束用车的整个流程。共享单车停放是共享单车人、车、环境系统协调的统一,影响用户停放行为的因素可分为单车用户消费心理、单车停放规则以及单车停放环境三类。共享单车停放问题始终困扰着共享单车长期可持续发展,自共享单车投放使用以来,始终存在单车停放乱象。共享单车停放问题中人的因素主要是指用户行为的科学引导,车的因素主要是指共享单车的停放规则的界定,环境因素主要是指城市道路环境的和谐。因此,解决共享单车停放问题需要从以下几个方面进行科学管理。

第一,城市交通需要强化单车出行车道的规划,增强城市道路作为城市基本的公共空间给予行人的安全和舒适感。城市交通部门需要科学分配道路交通时空资源,保障良好的自行车出行环境,发挥自行车交通的优势,并通过这些措施达到鼓励和促进自行车交通发展的目的。以北京市为例,北京市共享单车累计投放约176万辆。巨大的共享单车投放量使得共享单车停放问题明显影响了正常的交通出行,道路旁停车区域无法满足共享单车的停车需求。交通枢纽、商业广场、学校、医院、公园、大型社区等集中使用区域,因企业无序投放、清理和调配车辆不及时引发车辆淤积现象,同时也存在承租人无序停放问题。合理规划城市交通体系,有利于提高城市交通流畅度,促进共享单车的发展[114]。

第二,企业应完善共享单车调度和投放方案,控制投放量,使单车获得较大的利用率。共享单车的过度投放或投放不合理也是造成用户被迫乱停乱放问题的原因。合理的调度方案,不仅有利于控制单车总量,减少单车停放占用空间,提高单车日均骑行次数,同时也对企业削减成本进而实现盈利有着至关重要的作用;而各地段各时段用户需求量不同是调度方案设计的难点。在寻找更优方案时,可针对每座城市,每个区域,每条街道进行调查,主要观察共享单车使用的流量情况和可供共享单车停放的空闲区域,针对每个不同区域的不同流量,制定适当的投放量,针对每个不同区域空闲空间的大小,在不影响交通的前提下,制定停放区域,使最小的单车总量满足最大的市场需求。

第三,政府应推进共享单车信用制度建设,促进行业守信自律。目前,大部分用户能将共享单车停放在合理位置,但仍有少数用户经常随意停车,影响城市的交通秩序,给共享单车的经营带来困难。这说明用户的规则意识和道德行为规范有待加强,我国的整体国民素质有待提高。政府应健全有关使用共享单车的负面信息披露制度和守信激励制度,对检举乱停乱放等不文明行为的用户采取奖励措施,对随意停放共享单车的用户采取惩罚措施,提高公共服务质量和市场监管水平[115]。另外,应在共享单车停放点配置监管与协管人员,加强巡查力度,及时制止用户的乱停乱放行为并引导其改正。

第四,停车问题也来源于消费者行为特征的固有属性。部分用户仅仅考虑一时的便利性而违规停车,造成了单车的停放困境。共享单车始终都存在着"最后一公里"的问题,消费者很容易把单车停到满足一公里的地方,这种现象属于消费者行为特征的固有属性。因此,合理设定停车点的位置(距地铁、公交站、学校等地点的距离)至关重要,此举有利于引导用户将共享单车停放在合理区域,减少用户的乱停乱放问题。

4.2.2 共享单车停放与用户信用反馈的调研问卷设计

依据以上对共享单车停放困境问题的致因分析,本研究从使用者的角度设置了共享单车停放调研问题,经过初步设计、问卷整理、小范围测试、问题修改等步骤形成了调研问卷,并开展实地调研和网络调查。针对问卷调查过程中反馈的具体问题,本研究还进行了随访和详细调查。具体的调研过程将在第 6.2 节详细介绍,本节主要介绍共享单车停放与用户信用相关问题的调研内容。

对于共享单车用户面对未关锁的共享单车的反应,本研究主要考察用户是自觉遵守骑行服务付费的消费理念还是存在搭便车的行为。根据共享单车用户在消费过程中面临的困难和发现的不足之处,本研究设置了多选题,除了押金和 APP 使用之外,其他问题都是与共享单车停放、骑行行为规范性相关的问题。此外,针对共享单车乱停乱放、恶意毁坏等问题,本研究设置了多项解决措施供消费者选择。本次问卷设计所使用的自变量与因变量完全是依据文献资料得出,可保证问卷的客观性和合理性。

4.2.3 结果分析与讨论

(1) 用户参与共享单车停放相关问题治理的意愿

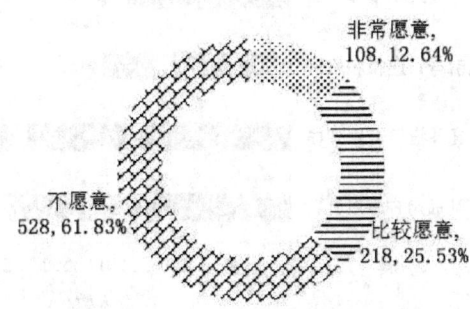

图 4-2 用户使用未关锁共享单车的意愿

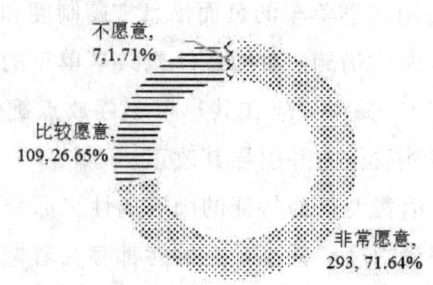

图4—3 用户使用共享单车后停放在合理区域的意愿

如图4—2所示,非常愿意使用未关锁的共享单车的用户仅占12.65%,比较愿意使用未关锁共享单车的用户占比为25.53%,大部分用户(61.83%)不愿意使用。由此可见,超过半数的人不愿意使用未关锁的共享单车,然而仍有38.18%的人愿意使用,也占有较高的比重。如图4—3所示,绝大部分用户(98.29%)愿意将共享单车停放在合理区域。结合两组统计数据可以看出,大部分共享单车用户是具有规则和诚信意识的,但有部分用户缺乏公共意识,存在一定程度上的道德信用缺失,共享单车消费者素质有待进一步提升。

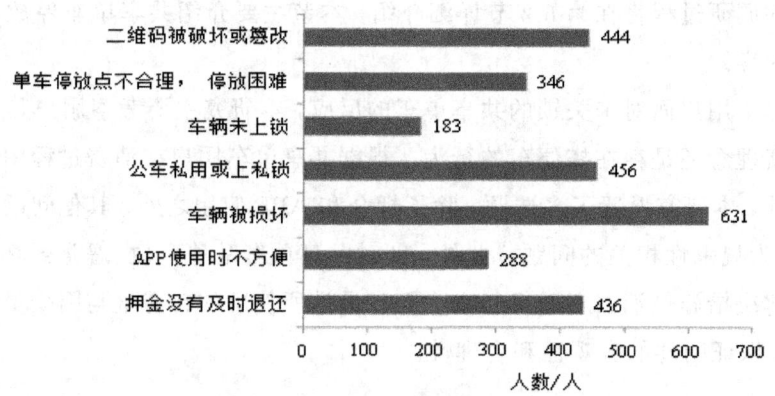

图4—4 共享单车用户使用共享单车时遇到的问题

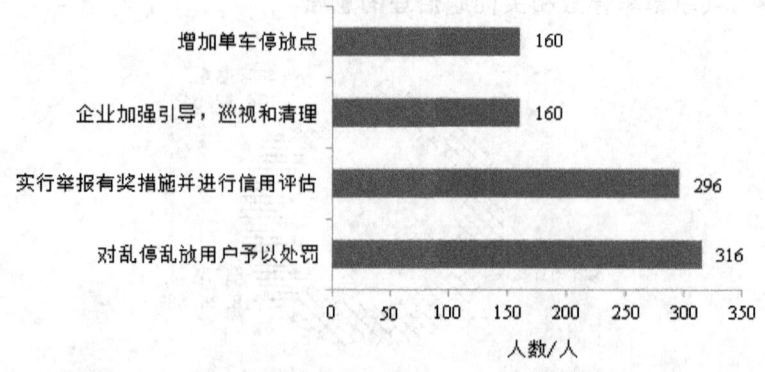

图4—5 共享单车乱停乱放、恶意毁坏等困境治理措施的支持度

如图4-4所示,631人遇到过车辆被损坏的问题,456人遇到过公车私用或上私锁的问题,444人遇到过二维码被破坏的问题,也有部分用户遇到过其他问题。总的看来,共享单车骑行服务存在一系列问题,一直未能得到有效的解决,需要引起共享单车企业和监管部门足够的重视。如图4-5所示,针对共享单车乱停乱放、恶意毁坏等问题,用户认为采取奖惩措施、完善社会征信体系的方式更为有效。

4.2.4 主要结论与启示

随着各个城市互联网租赁自行车行业管理办法的出台,规范共享单车停放秩序和建立共享单车信用机制成为加强共享单车运营管理监督的两大主要任务。因为解决共享单车停放乱象不仅仅是共享单车企业的责任,监管部门也应该履行主体责任,在城市规划中加强对非机动车出行的交通规划,宣传和引导共享单车用户形成文明停车的良好社会风范。用户自身也应该提高规则意识,不随意停放共享单车。针对共享单车的停放问题和信用机制建立,本节提出了如下的政策建议。

(1) 加强平台监测,在数量、时间、空间三个维度上实现精准投放

首先,监管部门应建立互联网租赁自行车监管与服务平台,并将所有运营中的共享单车企业纳入平台进行监督管理,接受各级管理部门的服务质量信用考核。从行业监管和企业运营服务两方面,围绕车辆动、静态数据接入平台情况、停放秩序、车辆完好率、周转率等建立指标体系对各运营品牌进行考评,依据考评结果制定相应监管措施。

其次,建立共享单车精准投放机制,在数量上,依据城市人口数量、分地区交通规划与交通设施基本情况,合理设定城市总体和分地区共享单车承载目标;在空间上,优化调度不同区域的共享单车数量,避免单车潮汐现象,采用小额红包或免费骑行天数等措施鼓励用户参与共享单车调度,增加自行车的周转率;在时间上,突破早晚高峰用车难题,合理利用共享单车重点服务区域的自行车储备空间,做好人流量较高区域在高峰时段的共享单车短距离调配。

(2) 履行平台维护职责,新旧单车做好置换管理与衔接

共享单车平台一方面应成立单车维护部门,做好主动维护共享单车停放的工作,调配共享单车资源以实现共享单车的时空分布和数量分布的合理化。另一方面,建立激励和信用评价相结合的用户端停车规范化管理体系。首先,通过激励措施引导用户积极参与到有序停放的管理过程中,奖励用户规范停车行为。其次,APP后台建立相应的监督程序,开展用户之间合理停放的互评,将互评结果纳入用户综合得分评价体系中,并反馈到用户的优惠折扣和消费价格制定中。

(3) 用户行为管理与信用评价机制

共享单车目前的使用现状及存在的问题影响了用户的使用满意度。在使用现状方面,共享单车的使用主要集中在一二线城市，而一线城市的共享单车数目已趋于饱和，亟待开辟其他城市市场。另外，有意愿购买月卡等长期会员卡及倾向于使用长期优惠方式的用户较少，共享单车的整体使用频率较低，主要原因是市场上单次消费价格和月卡、季卡价格偏高。共享单车存在的公共问题主要体现在用户使用单车的信用程度较低，乱停乱放问题严重，用户认为完善社会征信体系建设、实施奖惩措施对解决公共问题较为有效。另外，用户要求共享单车在车型及其他性能方面应有较大改进。

　　基于以上现状和问题，用户对共享单车的需求体现在以下方面：对单次消费低价格的需求、对月卡等长期消费卡低价格的需求、对文明使用和管理制度的需求、对共享单车性能服务提升的需求。

　　影响用户使用共享单车满意度和出行意愿的因素较多，涉及价格、优惠激励、使用舒适度、停车秩序、运行管理等多个方面，需要统筹与监督用户、企业和政府各方对共享单车使用及运营的规范性，突破运营中的困境和瓶颈，促进共享单车行业可持续发展。

　　通过调查问卷的结果，研究发现：要解决共享单车的停放问题，除了监管部门和共享单车企业外，用户也应该承担一定义务。用户要自觉将车停到指定的单车停放区域，履行消费者谁消费谁负责的义务。共享单车平台也要维护单车的利益和车身完整，可实行激励政策引导用户把共享单车停到指定区域。政府要进行合理的监控，对单车的分布与停放问题进行监督管理，对乱停乱放的用户进行适当的教育，使共享单车更加完美地融入到用户的日常生活中。

　　共享单车也要做到精准投放，包括时间、空间和数量。可以根据人流密集程度来投放一定数量的单车，做到合理投放。单车平台也要做到维护好单车的零部件，及时置换已损坏的单车，保证用户使用的单车没有故障问题，同时也保障了用户的生命安全。共享单车也不完全姓"私"，和网约车一样，是共享经济的产物。在互联网时代，随着科学技术的不断发展，信息沟通不仅范围更广，同时也变得更加方便快捷，这也为共享经济的发展创造了条件。

　　发展共享单车是一种便民措施，需要规范其经营行为，建立相关的制度及监管机制，对一些针对共享单车而发生的不文明甚至违法行为进行严管，创造良好的社会氛围，促进其良性发展。但法律和制度并不能解决所有问题，还需要积极构建以社会诚信体系为核心的共享伦理，以信用约束来规范人们的社会行为，让每个人都能自觉地尊规则、守秩序、重礼节，把文明当成一种信仰，用共享伦理呵护好共享单车。总体而言，解决共享单车停放问题，既需要共享单车用户具备规则意识和义务精神，也需要社会提供良好的停放环境，同时，共享单车企业要肩负起治理停放乱象、维护城市形象的责任。

4.3 共享单车发展格局中的多方博弈模型

2016 年以来共享单车的发展历程揭示了资本追逐成就了共享单车大规模的扩张和发展。共享经济在单车领域的新业态已经逐步得到社会的认可和青睐，但仍未能实现全面盈利，过于依赖共享单车租金的收入模式需要进行创新。此外，共享单车行业的发展影响了既得利益者和相关利益群体的发展空间，也给城市管理带来了巨大的挑战。当资本风涌的共享单车上半场结束，共享单车行业即将进入精细化运营和规范化管理的新阶段，行业监管将成为下一步发展的重点。

4.3.1 共享单车发展格局中的利益相关者

新出现的网约车颠覆了传统出租车，并成为城市交通出行的新选择。与此类似，新兴的共享单车行业解决了城市交通出行中的"最后一公里"问题，得到了国家和社会的广泛关注。本着"方便，快捷，廉价"的出行原则，大量的共享单车开始涌进各城市之中，共享单车为市民短途出行带来了极大的便利，获得了市民的认可，注册用户和使用用户迅速增加，成为继汽车、公交车、地铁之后的第四大交通出行方式[116]。

然而，共享单车助力低碳出行模式形成的同时，也没能减少该行业面临的多方阻力和政策限制。首先，在共享单车迅速发展的同时，势必会影响城市中其他的交通方式，因为其不可避免地触及了其他交通行业的利益，当利益问题无法调解时，就会演化成为利益冲突。其次，共享单车的发展给社会交通监管带来了巨大的挑战，给城市交通规划带来了额外的压力。因此，共享单车的发展会触及各相关方的利益，主要包括以下几个方面。

(1) 政府

共享单车企业一般属于民营企业，需要得到当地政府的允许才可以进入市场。但是由于共享单车属于新兴行业，政府缺少管理该行业的经验，且相关的法律法规还处于不健全不完善的阶段，所以政府对于共享单车行业的运营规模、后续服务等未能充分了解。这使监管部门无法对共享单车的发展进行适当的指导，如果采取盲目的禁止或允许，必将导致市场混乱。例如，不合理的分配导致某一区域的共享单车占用过多的空间，浪费了公共资源，而其他区域的共享单车资源又十分匮乏[117]。同时，政府面对"公车私用""恶意损坏"等层出不穷的问题，来不及形成一套完善的解决方案。因此政府对共享单车行业的监管工作困难重重。

(2) 公共自行车

作为共享单车的前身，公共自行车其实早已经在各大城市中出现，但是相对来说其发展规模不及现在的共享单车这样庞大，且一般都是由政府出资组建公共自行车运营公司。由于是以公益性为主，同时又主要归政府管辖，其普及度相对有限。

首先，公共自行车的使用方法较为烦琐复杂。市民需要到指定的网点进行办卡、充值、退还押金等，在使用时也需要先到指定的地点进行刷卡，使用完成后需要到固定桩位进行停放、付费等，烦琐的流程与"方便快捷，服务大众"的初心相违背。而当共享单车出现后，人们往往只需要一部手机就可以完成所有的服务流程，不需要固定的网点，也不需要固定桩位，不仅节省了大量资金和时间成本，同时也真正体现出了"方便"这一特性[118]。共享单车极大地代替了公共自行车，使得大量公共自行车被闲置，公共自行车行业的利益受到了前所未有的打击[119]。因此，公共自行车与共享单车之间必然存在矛盾，迫使公共自行车企业谋求转型发展。

（3）出租车与网络约车

在共享单车出现之前，短途出行中公共交通不能到达的地方，人们往往会选择开车或者乘坐出租车的方式前往目的地，特别是网约车的出现使选择汽车出行的市民占比增加。但共享单车出现以后，很多短途出行的市民选择了更为方便快捷廉价的共享单车作为交通工具，使出租车和网约车在短途业务上产生了一定的可替代性，造成了订单量的减少，影响了出租车和网约车的切身利益[120]。

但是由于距离限制，当路程在三公里以上时，骑单车将耗费大量的体力和精力，人们往往还是会选择乘坐出租车或者网约车，所以共享单车和出租车的矛盾并没有同公共自行车那样剧烈。同时共享单车的出现在一定程度上也缓解了交通压力，提高了网约车和出租车的出行效率。

（4）非法营运车

在短途出行市场中，非法营运车，包括黑摩的、电动三轮车等，在部分地区开展出行服务。共享单车出现之前，市民有短途出行的需求但又不便搭乘出租车时，非法营运车为市民出行提供了可选项。各地铁站、火车站等地方聚集了大量的非法营运车辆，这类车辆不被政府认可，往往存在许多交通违法行为，但查处难度又很大，所以政府很难彻底根治这种行为。

共享单车出现后，非法营运车在市场上基本失去竞争力。非法营运车的业务量急剧减少，甚至到了无法盈利的程度，导致相当多的黑车司机被迫放弃这个职业，造成了黑车司机的不满，可能引发恶意损毁共享单车的行为。

（5）自行车销售

共享单车出现之前，有骑行出行需求的家庭都会购买自行车或电动自行车。但是出现共享单车之后，中低端自行车销量大幅度下降，同比减少三分之一，这不仅是因为共享单车可以满足家庭一般的骑行需求，而且不购买自行车也降低了自行车被盗致使资产损失的风险，减少了私家自行车的修理维护费用。因此，被偷窃的风险、维修成本、购车费用在共享单车出现后实现了由个人转移到共享单车公司上的转变。高端自行车因为受众的不同，所以其业务并没有受到十分严重的影响，与此同时，共享单车的大量投入使用，也创造了许多单车修理师的就业岗位。

(6)自行车出租

在许多旅游景区中,都存在着自行车租赁点。这些租赁点往往因为对交通工具的垄断,收费都较高。当共享单车引入后,园区内的租赁自行车业务需求大幅下降。园区租赁自行车的商户除了可能存在破坏共享单车的心理,也可能不允许共享单车园区,因为有些景区和这些旅游类单车出租是合作的关系,引进共享单车就会破坏他们的利益。因此,共享单车对旅游类自行车租赁业务产生了重大影响。

(7)街道管理人员

街道办、城管等行政管理部门要负责维护街道市容环境、管理城市卫生等工作。在大量的共享单车涌进市场后,由于政府没有及时进行适当的管控,加之相关政策的缺乏,导致共享单车占用了过多的公共空间,给街道管理人员带来了巨大压力,增加了很多工作量。

(8)共享单车同业竞争者

共享单车刚刚进入市场,各大共享单车企业把抢占市场份额作为各自最主要的任务。价格战和数量战等策略层出不穷,导致出现了大量闲置的或是损坏的共享单车,对社会财富和资源造成了极大浪费[121]。因此,共享单车同业竞争需要有序引导,形成良性竞争。

4.3.2 政府部门参与共享单车治理意愿的决策分析模型

由于共享单车具有一定的公共物品的属性,共享单车进入市场需要经过地方政府部门的监管。过度投放会造成社会资源的浪费和不必要的利益冲突,因此必须要经过政府监管来更好地规范共享单车的市场经营活动[122]。政府参与具有公共物品属性的行业监管属于其职能的一部分,例如政府参与电力部门的行业监管对于保障民生至关重要[123]。

表 4-1 政府部门参与意愿的决策参数

指标	参数
某地区共享单车投放量不合格率	x
某地区共享单车投放量合格率	$1-x$
监管概率	y
不监管概率	$1-y$
政府部门监管成本	a
合格时政府部门可获得的收益	b
不合格时政府部门可以挽回的经济收益	c
不合格时政府部门面临的惩罚	d
政府部门参与监管获得的声誉收益	e

政府部门在监管的过程中同样会考虑到成本与收益的问题,从而做出最优的决策。政府的

监管概率 y 会受到单车停放不合格率 x 和政府监管成本 a 等因素的影响，模型参数见表4—1。

假定 b>c，合格时的收益大于不合格时的可挽回的经济利益时，政府监管的效益矩阵为表4—2。

表4—2 政府部门参与意愿的收益矩阵

	参与监管 y	不参与监管 1—y
合格 1—x	−a+b+e	0
不合格 x	−a+c−d+e	−d−e

政府期望效用函数可用公式(4—1)表示。

$$U(y,1-y)=(1-x)[y\cdot(-a+b+e)+(1-y)\cdot 0]+x[y\cdot(-a+c-d+e)+(1-y)\cdot(-d-e)] \quad (4-1)$$

4.3.3 结果分析与讨论

为了探求上述效用函数与监管概率 y 的相关关系，对公式(4—1)进行求导，可以得到公式(4—2)。

$$\partial U/\partial y = b(1-x)+e-a+(c+e)\cdot x \quad (4-2)$$

化简公式(4—2)可得到，当 $b>\dfrac{a-e-(c+e)\cdot x}{1-x}$ 时，$\partial U/\partial y>0$，政府期望效用与监管概率呈正相关关系，即当合格时政府可获得的收益大于某一定值时，政府就倾向于进行监管；反之，政府则会没有过多参与监管的意愿。

依据上述条件，本研究提出了以下可提高地方政府进行共享单车行业监管积极性的方案：

(1)增加 b，即可以制定相应的奖励措施提高政府参与监管并促使行业合格达标的所获收益。

(2)减小 a−e，地方政府参与监管得到的声誉收益尽量接近监管的成本，激发市民们对于政府工作的支持，或者是适当降低监管过程中需要付出的成本。

(3)降低 x，增加共享单车投放合格的概率，也可以激发地方政府监管的积极性。

(4)增大 c+e，c 为政府实施监管下投放量依然不合格时可挽回的损失，可采取措施尽量减少与合格时获得的收益的差别。同时提高政府部门参与监管获得的声誉收益。

通过采取上述讨论的途径，可以在一定程度上解决共享单车市场现有的一些利益冲突，降低其不利影响。

4.4 共享单车行业法律法规体系建设

共享单车是一个新生事物,行业监管刚刚起步,行业标准体系还未建立,相关法律稍显滞后,仅凭借用户和企业的两方协调无法有效地进行管理。而共享单车的问题会直接影响城市道路交通管理、卫生管理、经济发展等多方面,因此需要慎重对待,在监管与扶持之间寻求平衡,以达到促使该行业健康发展且便利社会出行的目的。因此,探索共享单车服务各环节中的法律责任关系,需要在实践中总结经验,以便于相关部门出台相应的法律法规和规范性文件。政府相关部门对于民众遵守交通秩序以及诚信意识的培养负有一定的监督和教育的责任[124]。针对共享单车服务过程中的法律问题,我国已有学者在集体智慧的基础上,基于教学活动较为全面地分析了共享单车管理的法律问题,从法律的视角丰富了共享单车规范化运营理论[125]。从国外共享单车运营的发展史来看,其实施共享单车计划的时间远早于我国,且运营主体为政府,一般定义为政府职责,这与我国公共自行车的发展较为相似[126]。我国共享单车的法律法规体系建设可借鉴国外的经验,开展适用于我国交通低碳出行的共享单车监管体系建设。

4.4.1 共享单车使用安全

(1) 人身安全

由于共享单车的使用率较高且为多个消费者使用,与私用单车相比,用户在使用过程中面临的不确定性更大,可能会造成较大的人身安全风险。共享单车的人身安全问题是共享单车使用安全的主要方面,主要涉及共享单车骑行安全事故的鉴别问题。对于这类事故原因,一般可分为单车质量问题(车体质量与磨损)、用户骑行过失、违法骑行、他方责任等。

一方面,共享单车对用户群体没有强制的身体健康、骑车技术等方面的限制,缺乏严格的监督约束,给老人、儿童等部分不具备独自骑行资格的人群提供了潜在的骑行机会。这些情况均会增加用户的人身安全风险[127]。根据《中华人民共和国道路交通安全法实施条例》第七十二条之规定,驾驶自行车、三轮车在道路上行驶的驾驶人必须年满12周岁。共享单车运营企业必须确定使用者的年龄,杜绝不符合年龄规定的用户的使用。这一要求需要全体消费者遵守使用规定,及时关闭智能锁,防止被误用的风险。

另一方面,共享单车的使用频率大大高于私用单车,加之使用者的爱护程度差异很大,其损坏率往往更高。车座破损、刹车失灵或脱落、轮胎漏气、踏板损坏等常见故障均会增加骑行事故的发生概率。不同于私用单车,用户对共享单车的车身状况难以全面了解,特别是当车身存在难以察觉的故障时,骑行中发生意外伤害事故的概率就更高[128]。用户在使用共享单车过程中因单车质量原因发生意外事故导致人身伤亡和财产损失时,运营企业将承担经济赔偿责任,这属于企业运营的责任风险。对于用户骑行时强行载人、在机动车道上骑行、超速骑行、逆行等一些违法违规骑行行为造成的骑行安全事故，需要建立明确的安全事故责权评定与划分标准，强化对用户骑行行为的监督。

（2）财产安全

共享单车财产安全是目前共享单车发展中的热点问题，主要包含共享单车押金和共享单车账户中的预付款充值。中国消费者协会2017年12月发布致酷骑（北京）科技有限公司（以下简称"酷骑公司"）的公开信，指出在2017年8月至12月期间，该协会收到有关酷骑公司的21万人次投诉，而消费者诉求主要集中在退还押金和预付资金，控告其涉嫌集资诈骗等。因押金问题导致的用户权益损失不胜枚举。到2018年，共享单车行业逐步推行免押金模式，而前期占用用户资金进行规模扩张的共享单车品牌一旦无法获得资本加持，企业运营将面临困难，押金的兑付压力诱发了品牌倒闭或者托管运营的现象。

当共享单车公司进入破产程序，押金退还的问题就变得更加棘手，而商品置换商城无法保障用户的押金安全。根据我国担保法第三十三条规定，抵押权设定后，当债务人不履行债务时，债权人有权依照本法规定以该财产折价或者以拍卖、变卖该财产的价款优先受偿。根据我国企业破产法的规定，在资不抵债、无法继续经营的状况下，公司自己或者债权人可以向法院申请破产，法院经审理和裁定后确认的，公司进入破产程序。破产财产在优先清偿破产费用和共益债务后，按照顺序清偿。因此，在共享单车企业破产后，其财产处置的顺序依次为企业员工的工资、抵押的外债、无抵押外债、用户的押金和用户在平台上的其他充值费用。可见，共享单车企业破产程序无法保障用户的资金安全。

4.4.2 共享单车信息安全

共享单车信息安全主要涉及共享单车用户数据的规范管理。2017年5月，在GeekPwn国际黑客大赛上，女黑客"Tyy"仅用短短几秒钟完全破解四款共享单车用户的注册账户和密码，引发各方关注。共享单车由于骑行服务交易的需要，共享平台上汇集了庞大的用户个人信息，其中包括姓名、年龄、手机号、身份证号、支付信息等敏感隐私信息，甚至其定位系统还会暴露用户的实时位置。大数据背景下个人信息泄露事件频发，共享单车用户对于自身信息安全的担忧与日俱增。这些私人信息一旦泄露，很可能给违法犯罪分子提供金融诈骗的机会，从而引发相应的资金安全和人身安全问题[129]。

在某品牌共享单车用户协议的隐私规则中明确指出单车方有权收集金融信息（支付信息）、银行账户及支付账户信息以及个人信用信息，包括但不限于关于任何信用状况、信用分、信用报告信息。其中信用信息、财务敏感信息虽然在注册时用户并未填写相关信息，但是为了获取相关服务，在手机支付等过程中却一定会留下相关信息。在收集信息的范围上，单车用户协议中明确规定企业有权收集用户的行程信息，包括但不限于出发地、到达地、路线、途经地点及里程数信息。根据骑行服务中的定位信息，结合一定的技术分析，就可从收集到的用户行程信息中延伸出用户生活习惯、生活居所、偏好等更为私密的个人信息。在这种方式下，用户几乎处于信息透明状态，个人信息安全岌岌可危。

共享单车企业在其用户协议中，通常对其信息利用的情形给出部分明示，但是随着云技术的发展和应用，用户在提供相关个人信息后，企业对用户个人信息的商业利用行为很难被监管。某品牌共享单车用户协议中明确指出：在不透露单个用户隐私资料的前提下，本公司有权对整个用户数据库进行分析并对用户数据库进行商业上的利用。这一情形使得在不明确商业化利用具体情形下，共享单车企业支配了用户个人信息的商业利用权，使得用户的个人信息的知情权、使用权遭受侵害，更使得庞大的用户信息被置于不确定的开放性互联网空间之中，加大了信息泄露风险[130]。

日益发达的网络技术充分利用信息的流动特性，使得信息共享随处可见。主流共享单车企业对用户信息共享的表现是企业将已获取的用户信息向第三方共享的行为。某品牌共享单车用户协议明文规定，用户授权其在关联公司内部共享用户相关信息，同时也可将信息提供给第三方用于分析和统计；并且会与可能接触到个人信息的合作方签署保密协议，并尽可能督促其履行保密义务，但不对获取用户信息的第三方的行为及后果承担任何责任。从上述协议可以发现，信息会流动到第三方企业。作为信息流动中间环节的共享单车企业，虽然承诺"第三方签署保密协议并尽可能努力督促"以及"承担同等的保护用户隐私的责任"，但对于用户信息泄露的实际追责效力则相应降低。大幅度的信息流动，会导致用户信息进入新一轮庞大的交易链条中，在信息共享中，个人信息安全保护严重缺失，公众信息安全保障存在潜在漏洞，用户数据规范管理问题必须引起重视。

因此，共享单车注册用户的信息安全需要运营企业切实履行主体责任，同时政府管理部门加强信息安全方面的监管。共享单车企业掌握了大量用户的敏感信息，在对这些信息进行采集和使用时应保障用户的合法权益不受侵害[131]。所以，应要求运营企业严格遵守国家信息安全相关规定，并落实网络安全等级保护制度。政府监管部门应该制定严格的共享单车企业收集用户信息的范围目录、收集手段、存储规定和提取信息的方式。

4.4.3 共享单车新业态下的消费者权利与义务

"公地悲剧"成为影响共享单车产业生态链建设的严峻问题。如果某一资源本身是有限的，但对这项资源，每个人都有使用权，却没有权利阻止他人使用，导致每个人都对这一资源倾向过度使用，最后造成资源枯竭，社会总体收益较低[132]。作为准入门槛相对极低的共享单车，从某种程度上来看其属于具有非排他性的公共物品，由于违法成本太低和自身的道德原因，部分消费者存在"搭便车"心理，滥用和破坏共享单车，加私锁、损坏车座、损坏脚踏、损坏二维码等问题频发，使得共享单车陷入"公地悲剧"。因此共享单车行业的发展环境需要行业、公众、政府等多个利益相关者协同参与治理。

共享单车新业态下的消费者享有自由选择单车品牌的权利、享有因单车存在质量问题造成人身伤害而获取赔偿的权利、享有对押金和未使用的租车费用的返还请求权等。这些权利能够保障用户人身、财产安全不受损害、自主选择共享单车服务、因接受共享单车服务受到人身、财产损害时依法获得赔偿的、享有对共享单车服务以及保护共享单车消费者权益工作进行监督的权利。以上权利的获得是受到《中华人民共和国消费者权益保护法》明确保护的。另外，对于消费者信息安全问题，共享单车用户享有知悉其接受服务过程中主要用户隐私信息的合理使用范围和权限的权利。

共享单车消费者的义务主要有：(1)合理使用共享单车。用户必须按照合同约定的方式，或者公司所提供的使用说明书、操作规则等使用共享单车。共享单车消费者应当努力掌握共享单车服务的知识和使用技能，正确使用共享单车，遵守交通规则，提高自我保护意识。某品牌共享单车的用户协议中指出，禁止骑车载人、严禁在危险天气情况下骑行，同时还对自行车及车筐的最大载重作出了说明。在其他品牌共享单车的用户协议中也明确提到"您应合理使用自行车，不得损坏或限制他人使用自行车，包括但不限于：不得砸损自行车、不得破坏自行车、不得对自行车加装私人车锁等"。(2)禁止私自转租、转借单车。合同法规定"承租人经出租人同意，可以将租赁物转租给第三人"，相关共享单车用户协议均提到"严禁转租或转借他人使用"。因此用户不得将自己租赁的共享单车借给他人使用，其中包括家长不得将自己租赁的共享单车让孩子骑行。(3)在租赁关系终止时向公司返还原物。当用户骑行结束，需将共享单车置放于不影响交通位置的地方，方构成返还原物。《中华人民共和国道路交通安全法》第五十九条规定："非机动车应当在规定地点停放。未设停放地点的，非机动车停放不得妨碍其他车辆和行人通行。"某品牌的单车租赁服务协议关于停车地点明确要求共享单车应停放在路边白线、停车架等不影响交通区域的地方，严禁用户停放在小区、地下或室内车库等非公共区域的地方。

私自占有共享单车，变共享为独享的不良行为层出不穷，影射消费者消费义务不清楚且履行不力，社会信用体系亟待建立。这类不良行为一般指通过上私锁、私自扣下、携带车座、喷漆改装等方式违规私自占有共享单车。2019年8月，北京市西城区月坛派出所查获私占共享单车案件，两人因将一辆摩拜单车喷上黑漆疑似非法私自占有，分别被治安拘留五日。对私自占有和改装兜售共享单车等涉嫌盗窃的行为予以处罚是必要的。盗窃罪的追诉标准一般在1 000—2 000元之间，当盗窃行为达到追诉标准的，涉嫌盗窃罪，并可能被刑事拘留，面临法院判刑；盗窃数额达不到追诉标准的行为涉嫌触犯治安管理处罚法第四十九条，可能被处5日以上10日以下拘留，可以并处500元以下罚款；情节较重的，处10日以上15日以下拘留，可以并处1 000元以下罚款。

共享单车被人为故意损坏，包括车座损坏、脚踏损坏、二维码损坏等现象，需要引起共享单车行业管理与执法部门的关注。如图4-6所示，共享单车平台相继出台消费者违规用车的监管机制。滴滴出行共享单车平台《违规用车行为惩罚规则与举报方式》规定，上私锁、私藏单车、破坏车身、破坏车锁、车身贴小广告、喷漆、破坏、涂改、车身二维码等行为属于违规使用共享单车，并在滴滴出行APP单车主页上线用户举报功能。滴滴出行单车骑行不文明惩罚措施如下:对于疑似私占共享单车的行为,用户和用车扫码页面将收到提示信息,继续占用将冻结账号;对于被判定存在私占或破坏单车行为,将依据违规程度给予5—90天不等的账户冻结处罚,情节特别严重者将移交公安机关处理。

图4-6 2019年6月,共享单车平台使用界面的违规提示

4.4.4 法律视角下的共享单车监管困境

第一,各方法律关系界定不明确,责任意识有待加强。互联网租赁自行车属于公司财产,具有私有属性,共享单车企业和用户之间是合同关系,用户一旦发生损毁破坏自行车的情况,应依法承担民事责任。同时,互联网租赁自行车由企业提供给社会公众使用,具有公共物品的部分属性,公众与政府之间是否存在隐性的委托代理关系有待商榷[133]。从排他性来看,所有用户注册扫码即可使用互联网租赁自行车,不具有排他性;从竞争性来看,当自行车投放规模大于需求的时候,私有财产竞争性特征也会向有条件的竞争性或非竞争性转变;从外部性来看,互联网租赁自行车产生的社会效益大于使用者的私人利益之和,具有明显的正外部性。考虑到互联网租赁自行车的准公共物品属性,既涉及私权领域,又关系到公权领域问题,法律关系模糊,若该物品完全交由市场竞争,企业和用户违规行为将难以限制。此外,对违规行为是依法惩处还是进行行政处罚也不明确。

第二,各类风险防范依据不充分,相关法律的制定还需结合实践进行研究。共享单车领域的法律法规的制定往往因为其稳定性和滞后性而存在涵盖不足或缺乏针对性的问题,相较于迅速发展的新型经济模式,司法机关只能在现有的法律框架之内,将多元的市场创新问题压缩为单一的权利义务关系问题,现有法律秩序受到冲击,新的法律规制尚未确立,导致新兴市场风险防范依据不足[134]。一方面风险来自服务提供企业。投放车辆的质量、运营管理、售后服务等环节缺少分类监督依据,对于未成年人使用该车辆和成年人使用该车辆过程中发生安全事故的责任认定和事故处理缺少相应的法律法规或法律解释,用户隐私和信息安全缺少法律保障,企业收取押金、预付资金的账户风险缺少法律规制[135]。另一方面风险来自使用者。用户使用共享单车存在乱停乱放、损毁车辆、偷取设备等违法或违规行为,此类行为的性质难以认定,惩处方式的选择缺少依据;另外规避企业技术限制进行虚假注册的用户,对其存在的安全隐患或造成交通事故的责任追究依据不充分[136]。

4.5 本章小结

4.5.1 完善监管体系,建设权益保障机制

我国互联网租赁自行车市场实行以政府监管为主的多元监管体系,但政府监管存在行政监督职责划分不明确,经济市场缺少行业自律等问题[24]。当前既有的法律框架对互联网租赁自行车这一市场创新和监督规制之间的冲突缺乏良好的协调作用。为破除行政视域下的监管困境,推动监管创新,本节提出如下几方面的行政监管问题。

第一,监管制度滞后,行业监管实施细则需明确。自2016年以来,北京、上海、天津、南京等十多个城市相继出台了互联网租赁自行车管理暂行办法或鼓励共享单车发展的试行意见。2017年5月,交通运输部出台《关于鼓励和规范互联网租赁自行车发展的指导意见(征求意见稿)》,对服务提供企业的营运服务行为、用户资金和信息安全、保障机制建设等方面做了总体要求,明确了基本原则和工作方向。但涉及各级监管部门具体行政职能和职责分工的实施细则不明确,监管各方的角色定位模糊,监管问题出现后不能及时解决。相对于互联网租赁自行车如火如荼的发展之势,地区层面的相关制度的出台明显滞后,导致共享单车企业盲目投放,造成资源的浪费。互联网租赁自行车发展的配套制度尚未确立,如联合奖惩制度、服务提供企业市场准入制度、用户违规行为信息公示制度等,在一定程度上制约了互联网租赁自行车的健康发展。

第二,监管主体不明,多部门联合协调机制急需建立。目前,我国互联网租赁自行车"市场配置+政府监督"的监管原则尚未确立,各级政府部门实行"条块结合,以块为主"的属地化管理。交通运输部门、公安部门、住房和城乡建设部门、公安交通管理部门和城市管理部门在制定发展政策、查处违法行为、维护交通秩序、规划城市自行车交通网络和停车设施建设等方面职责不清,存在权责不明、相互推诿的现象。同时,互联网租赁自行车涉及用户网络注册信息安全,需要电信主管部门、网信部门和公安部门的联合监管;而共享单车企业的资质认证,产品的安全性能检测,市场竞争价位的确定等则需要发展改革、工商、质检、人民银行等

部门实施相关监督检查。但在实际监管中，各方主体并未形成权责分明的联合管理机制，协调难度大，监管成本高等问题是降低监管成效的主要原因。

第三，监管力度不够，无法形成规范化的有效约束。无论是对共享单车企业还是用户，都存在手段单一、范围过窄、办法缺失、技术落后等监管问题。由于我国互联网租赁自行车的监管体系尚未建立，对该类企业的监管主要考量市场准入资格和资金安全，但对营运过程中出现的生产许可、产品质量、车辆投放、人身安全等问题都缺少必要的分类监管。对用户的监管主要局限在对违规违法行为的监督和惩戒等被动监管方面，而对用户行为的主动引导和用户权益的积极保护缺乏必要的措施。

4.5.2 破除经济视域下的监管困境，切实发展共享经济

第一，行业规范缺失提高了监管成本，监管环节亟待优化。2017年5月，上海互联网租赁自行车专业委员会成立，该协会牵头制定了团体标准《共享自行车服务规范》，就互联网租赁自行车的服务软件、维护人员、投保期限和人身伤害赔偿等方面征求了社会意见。但该服务规范尚未引起互联网租赁自行车市场环境的改善，行业自律机制无法对共享单车企业起到有效的规范和约束。同时该协会与中国消费者协会及市场监管部门在互联网租赁自行车各个环节的协作监管成效并不明显，对共享单车企业的监管责任主要落在政府监管上，这无形中增加了监管环节，提高了监管成本。因此要切实提高行业规范约束力度，促使共享单车企业严格遵守，平衡企业义务和政府监管责任，减少监管成本。

第二，信任机制不健全导致监管风险增大，道德约束可发挥一定的效力。信用制度的建立是市场经济的基础，缺少信任不但影响社会资源的有效配置，而且不利于形成良性的市场交易环境。信用是共享经济发展的核心，当下社会失信行为屡有发生，为防止失信就必须对失信行为进行必要的监管，由此就衍生出了在信任机制缺少下的监管风险和监管成本。使用者偷窃车辆、"二维码覆盖"诈骗、私自加锁占有等都是市场交易中缺乏信用约束衍生出的投机行为，互联网租赁自行车的发展正在经历一场信任危机。建立社会信用体系，宣传共享理念，用守信激励和失信惩戒的规章制度和道德规范来约束并改善人们的错误行径，避免私自占有等投机行为的发生。

第三，互联网技术创新可有效降低监管难度。技术创新为互联网租赁自行车的发展提供了监管保障，但"谁来为技术研发买单"成为阻碍新兴产业配套技术发展的桎梏。"电子围栏"技术是解决互联网租赁自行车乱停乱放现象的有效手段，"无桩有站"模式的研究可以从技术上对用户违规停放车辆的现象进行约束。但该技术仍处于研究试点阶段，尚未大规模使用，成效有待观察。部分省市出台的"关于互联网租赁自行车发展意见"要求车辆具备实时定位和精确查找功能，鼓励互联网租赁自行车企业推广带有车辆卫星定位和智能通信控制模块的智能锁，便于追踪车辆停放位置和定位违规使用者，但该项技术不仅仅需要确认最后一位使用者，还需要确定各阶段使用者的骑行路线，才能有效解决违法违规行为的监管难题。

第四，应按规定执行共享单车企业破产后的清偿程序。在共享单车企业经营破产后，涉及清偿相关债务的，在支付破产费用和共益债务后，剩余费用在破产清算中的清偿顺序依次为：债权人和债务人互负债务，抵消债务人财产，《企业破产法》第四十条规定的除外；担保债权，主要涉及三个类别：第一类，破产人所欠职工的工资和医疗、伤残补助、抚恤费用，所欠的应当划入职工个人账户的基本养老保险、基本医疗保险费用，以及法律、行政法规规定应当支付给职工的补偿金；第二类，破产人欠缴的除前项规定以外的社会保险费用和破产人所欠税款；第三类，普通破产债权，即就普通单车用户向经营共享单车的企业支付的押金和在平台上的其他充值费用而言，相对共享单车的经营者而言均属于普通债权，在破产清算中的清偿顺序属于最后清偿的。

4.5.3 信任机制的完善和契约精神的提倡

国民素质的提高是推动共享单车发展的重要因素，如果人人都能遵守共享原则，特别是共享单车行业的骑行行为规范，共享经济才会得到持续发展。维护共享单车的权属问题需要社会公众对公共物品和私人物品进行区分。本质上而言，共享单车共享的是使用权，其所有权由共享单车企业所有。共享单车并不属于公共物品，私自占用共享单车涉及法律问题。除了法律，信用是维护共享单车市场有序运行的重要机制，缺乏信用机制的支撑，共享经济将寸步难行。

共享单车的爱护要建立在共享单车企业和用户之间的契约精神之上，用户要维护并正确使用共享单车，要及时报告共享单车的日常损耗，不得肆意破坏和私自占有。建立完备的守信激励和失信惩戒机制对于新兴的共享单车市场至关重要。信用机制既需要涵盖单车故意损坏、违规骑行、占有单车、违规停车等用户违约行为，也需要对泄露用户信息、维护保养义务、停放管理等平台违约行为进行约束。

4.5.4 共享单车运行综合管理中心建设

一流的共享服务需要有一流的治理体系，要注重在科学化、精细化、智能化上下功夫，共享单车管理问题从被动接收、被迫管理转变为主动发现、智能推送、精准处置、高效联动的智能精准新模式。这一新模式的建立既需要交通部门建立管理平台，也需要共享单车企业通力配合，相互协作。共享单车运行综合管理中心的建设将为共享单车规范化运营提供全方位服务与信息决策。

共享单车运行综合管理中心负责将年度共享单车企业考核结果作为下一年度共享单车市场管理的重要参考，并以此制定共享单车市场空间分配。共享单车企业需要按照交通管理部门的要求和共享单车运行综合管理中心的考核结果进行整改，按分配结果进行投放车辆及其管理，将自行车动态总量、重点投放区域动态总量、承租人信用惩戒信息、自行车停放位置信息，以及其他涉及公共利益的信息实时、完整、准确接入共享单车运行综合管理中心或服务平台。

4.5.5 切实推动共享单车个人信息的自我保护和监管

共享单车个人信息的保护需要技术领域的创新与发展。政府和企业应该通力协作，共同维护用户信息安全。政府首先需要加大对恶意利用技术漏洞进行违法获取用户信息行为的打击力度，其次需要提高共享单车行业的准入门槛，特别是技术门槛，对于不具备技术能力保护用户信息安全的企业采取淘汰措施，强化共享单车企业自行开展用户信息安全核查的责任。企业应该持续加大对于用户信息的保护力度，并鼓励全社会参与到共享单车信息安全的建设进程中。

共享单车用户信息的使用和共享需要制订严格的管理措施。行业协会或者行业自律组织对于推动符合行业发展的用户信息安全规则负有不可推卸的责任。而政府的管控最为重要，应尽快推动共享单车信息安全相关法律法规的完善。首先，政府监管部门需要明确共享单车收集用户信息的目录，严格限制共享单车企业共享个人信息数据，加强对共享单车企业用户服务协议的规制。其次，加强对公众个人信息保护意识的宣传，促进信息安全保护人人参与人人有责。

第5章 共享单车商业模式发展研究

5.1 共享单车商业模式是未来行业竞争的关键

作为曾经的"自行车王国",自行车在中国社会交通体系中的变迁揭示了传统的自行车行业已经无法满足现代快速交通的发展理念。随着机动车的发展,自行车逐步退出历史舞台,我国城镇主要交通工具经历了自行车—摩托车—机动车等演变过程。然而,在共享经济浪潮的影响下,共享经济凭借其独特的运营模式和人性化的服务方式,在各大经济模式中脱颖而出,为人们的生活带来了极大的便利[137]。共享服务的商业模式极大地推动了各行各业的发展,自行车迎来了新的发展契机。共享单车作为数字经济背景下共享经济模式的产物,自进入市场以来便展现出强大的生命力,不断影响和改变着人们的出行方式。

基于"互联网+"的共享单车以方便、快捷、范围广的特点在全国范围内受到广泛关注。2016—2018年共享单车市场规模增速较快,而进入2019年,共享单车市场发展遇到了瓶颈,出现了诸多问题。自2017年6月起,多家共享单车企业出现了用户押金无法退还的情况,数家共享单车企业陆续倒闭,行业领头羊ofo小黄车也因押金和供应链负债问题屡次被起诉,深陷资金链断裂泥淖。而2019年伊始,各大共享单车品牌相继开启涨价模式,单次骑行逐步进入1.5元时代。可以看出,这些问题的出现与共享单车商业模式是密切相关的。

5.1.1 共享经济下共享单车商业模式的构成

新形势下共享单车行业健康发展受阻,激烈的市场竞争迫使其减少了对共享单车商业模式的关注。任何一个新兴行业的发展首先关注的便是市场规模,追求较高的市场占有率。对于共享单车行业而言,各大品牌在发展之初都会着重于市场的快速扩张,而随着行业格局的逐步明朗化,共享单车的商业模式将倍受重视[138]。一般认为,共享单车的商业模式是以满足消费者短途出行为目标的共享单车服务系统,这一系统管理着共享单车企业的自行车资源、资金、品牌、知识产权、人力资源、信息资源等,形成异于其他品牌的独特服务理念。

针对共享单车的商业模式,前人进行了不同方面的研究。杨玉国(2019)以ofo和摩拜单车为例,运用比较分析法分析了共享单车的商业模式、成本结构及发展趋势,深入剖析共享单车经营现状的痛点,从商业模式改善和成本管控两个方面提出了共享单车可持续发展的对策[139]。赵栓文和简洁(2019)以共享单车为例,利用风险矩阵分析方法,对其商业模式进行风险识别,旨在为共享商业模式的风险管理提供新的方案[140]。赵琪(2019)通过对主流共享经济理论及其在商业中的应用进行比较和分析,指明了共享经济的发展需要科技创新的推动,如 GPS 定位系统、LBS 匹配技术等[141]。张红彬和李孟刚(2019)基于对共享经济成因和现状的分析,指明了共享经济具有闲置资源价值最大化的特点,但其商业模式的形成需要政策和平台的支持[142]。然而,共享单车商业模式的可持续发展问题未能引起足够重视,当前对其盈利模式的分析稍显不足,缺少对商业模式运行中所面临的风险识别和管理策略的相关分析。

5.1.2 共享经济下共享单车商业模式特点

从共享经济的本质来看,共享单车商业模式需要建立以共享为基础、高效率利用社会自行车资源实现低碳出行的发展模式[143]。共享经济包含三种本质内容:第一,资源整合,即整合线下闲置物品或服务者,使之以较低的价格提供产品或服务,提高资源利用率;第二,供给者获利,即供给方通过在特定时间内让渡物品使用权或提供服务来获得一定的收入;第三,需求方以低成本获得物品的使用权或服务,且不必花费巨资购买物品,不直接拥有物品的所有权,而是通过租、借等共享的方式使用物品。

共享单车商业模式成功的关键在于成就客户价值、高效的资源利用和可持续的盈利[144]。一般来说,商业模式成功的特征表现在其具备独特的产品价值,难以模仿的经营模式和可持续的财务周转[145]。创新共享单车商业模式需从以下几个方面开展商业运营。第一,保持共享单车各自品牌的独特性,增强企业自我创新性。共享单车企业独特性和创新性的塑造就是不断突破企业自身商业模式,使其有别于其他品牌,做到持续改进。第二,维持品牌的门槛,提升被模仿的难度。例如,在定价策略上,除了常规的单次卡、多次卡、月卡等套餐类型外,企业可运用大数据对客户的忠诚度进行分析,并制定差异化的顾客服务策略。第三,持续推动客户价值的挖掘和满足,实现顾客的诉求。当前,共享单车主要满足客户短途出行的需求,并提供优质舒适的骑行体验,这是最基本的订单资格要素。除此之外,共享单车企业还需不断挖掘客户的潜在需求,例如社交、其他商品消费、多商业互通客户群等。第四,不断整合和嫁接共享单车企业所拥有的各类资源,将整合的资源形成有价值的生产力,与其他领域的企业进行战略合作与资源共享,打造商业共同体。据此,共享单车企业能够打造核心能力群组,并在互联网时代构建基于核心能力群组的商业共同体或商业生态系统[146]。只有这样,共享单车企业才能敏锐地感知和捕捉外界环境的变化,把握住外在商机,并能随着行业环境的变化不断与时俱进,实现商业模式的自我调节和创新发展,形成共享单车行业的生态运营系统。

5.1.3 共享经济下商业模式对传统商业模式的革新

传统商业模式以厂家—代理商—零售商—客户为一条线服务体系,其特点是标准化、规模化、模式化、高效化和层次化。该模式侧重于线下商业运营，进行商品展示，重在获取利润。然而，共享经济的商业模式是在数字经济背景下发展起来的，根据新型的消费方式和消费关系而产生的互联网时代的商业模式[147]。共享单车企业在运营阶段主要是通过其提供的骑行服务获利，成本费用主要用于自行车采购及调度维护、技术研发与网络运营。政府和社会的征信机构、监管机构以及第三方平台等均会为共享单车平台提供相关支持。该模式有利于树立资源共享及回收再利用的发展理念，对于改善我国人均资源相对不足的资源生态现状至关重要。

基于以上分析可以发现，共享单车商业模式的建立是一个持续改进和重构的过程。而当前商业模式的诸多弊病逐渐暴露，其盈利模式的科学有效性未能得到充分验证，制约着该行业的可持续发展[148]。本章第二节将从共享单车商业模式的价值主张、客户细分、关键活动、渠道通路、客户关系、重要资源、合作伙伴、固定成本、收入来源这九个方面，结合数字经济和共享经济的背景对共享单车的商业模式进行深入剖析，明确商业模式的主要构成要素，并提出相应政策建议。第三节分析了共享单车行业盈利模式在不同发展阶段持续变化的现象，对共享单车下半场如何建立科学有效的盈利模式提出了改进措施。第四节分析了共享单车商业模式中存在的风险，就风险规避与管理提出了可行的对策，研究结果致力于为共享单车的可持续发展战略提供科学参考。本研究可为共享单车商业模式的改进提出政策建议，使运营商、商家、用户之间形成协调发展、互利共赢的局面。

5.2 共享单车行业商业模式分析

正如第 3.3 节分析，从服务运作系统的角度来说，共享单车骑行服务包含共享单车发展战略、共享单车服务支持系统、共享单车服务载体三个要素，构成了共享单车服务三角形，该服务系统的核心是共享单车消费者。共享单车服务三角形决定了共享单车行业商业模式的成败在于是否获取了顾客的忠诚度，失去顾客的共享单车品牌将被市场淘汰[149]。

5.2.1 社会共享的价值主张

共享单车致力于提供便捷且经济的短途出行方式，对城市环境保护和低碳交通意义重大，可在一定程度上解决交通拥堵问题，提高公共交通出行效率[150]。然而，市场定位于满足公众短距离出行需求的共享单车虽然建立了共享平台，但并没有将闲散的、过剩的自行车整合起来。共享单车企业多采用自行车供应商代工生产的方式进行自行车供应，通过自行车的市场投放满足社会需求，并收取一定的租赁费用和押金（目前已经是免押金时代），产生现金流量，促进企业循环运作。

基于以上分析，共享单车虽表现出明显的城市低碳出行价值主张，但在闲置资源再利用方面却未能体现出来[151]。首先，容易闲置的个人自购自行车是常见的闲置资源。如果将闲置单车变更为共享用车,提高单车利用效率,共享经济在单车出行领域将显著促进闲置资源的价值最大化。其次,个人自购自行车容易失窃,且需要一定的存放空间,一次性购置造成一定的沉没成本。共享单车随用随取,经济便捷,小投入就能够满足出行需求。最后,共享单车的普及也可有效缓解交通拥堵问题,为人们节省出行时间,营造轻松出行的氛围。由此可见,共享单车的普及确实为单车出行这一低碳交通方式提供了新的形式。

共享单车采用了"无桩共享单车"的停放形式,与政府提供的"有桩共享单车"相比,在停放和存取时更加便捷,即停即用。然而,无桩的使用方式也造成了一系列社会问题,例如存在共享单车停放不合理、单车维修保养难、淘汰率较高等问题。因此,共享单车的价值主张除了环境收益、低碳减排、便捷出行、资源共享等方面,还应该建立社会多方互动、合作治理的社会治理体系[152]。总而言之,共享单车的生态体系的建立需要全社会共同参与,顾客或消费者在该生态体系中占有绝对重要的位置,将直接影响共享单车行业的可持续发展。

5.2.2 年轻化的客户细分

共享单车典型的受众客户主要包括城市白领和在校师生两大类。

城市白领的通勤大多采用公交、地铁等公共交通方式,容易出现从地铁站、公交站到公司、住宅的"最后一公里"的出行空白,这也是城市公共交通方式难以解决的通勤痛点[153]。而共享单车恰恰满足了这样的短途出行需求,实现了公交、地铁等公共交通方式与单车出行方式的无缝衔接,满足了大量城市白领的通勤需求。此外,共享单车的投放量大、随用随取等特点也极大地便利了城市白领的使用。

高校师生也是共享单车的主要受众群体。师生日常的出行路线大多是校内宿舍、教学楼、食堂等,具备短途高频的特点。此外,校内机动车辆行驶不便,且具有较大的安全隐患。因此,除步行外,高校师生更倾向使用单车作为其交通工具。在校园以外的其他区域,学生也具有较高的单车出行需求,且共享单车时尚年轻化的特点迎合了年轻大学生的喜好。由此可见,共享单车十分符合师生的使用需求,从大学校园内发展起来的 ofo 小黄车就是很好的例证。

基于以上分析可以发现,年轻化是共享单车消费者的本质特征。因此,从客户细分市场方面来看,完善及改进现有共享单车商业模式需要企业根据顾客需求的稳定性和依赖程度进行细分客户,抓住年轻客户的消费心理,平衡不同客户群体在品牌价值创造中的作用[154]。

5.2.3 基于客户需求的关键活动

共享单车企业运营的关键活动主要是通过共享单车的投放和维护满足为用户提供分时租赁单车的服务需求。其中对大量损坏单车的维护和实现共享单车的区域调度,使得共享单车集中在用户需求量大的地理区域,如地铁站、公交站、小区门口等,这是关键活动中的难点和重点。而从关键活动方面进行商业模式的创新,实现为顾客创造新价值的终极目标,共享单车行业应该开展其他创新服务价值的活动，避免服务价值的单一化，要以挖掘顾客需求为原动力开展丰富的商业活动[155]。

5.2.4 用户体验与融合的对外渠道

共享单车主要对外交互的渠道是品牌 APP。APP 支持更丰富的交互体验，有着较高的使用率和互动性。一方面可以通过 APP 便利用户的日常使用；另一方面，也可以向用户宣传共享单车的价值主张，推广单车骑行方式。同时，APP 可帮助用户获得更好的单车使用体验，例如，通过获取用户位置，配合共享单车的定位功能，可以有效提升用户寻车效率并能提供目的地附近停放点的相关信息。APP 使用过程中仍需加强用户之间的互动，增强用户的使用体验，提高用户的满意度。

共享单车品牌还采用了明星代言的方式进行广告宣传。以 ofo 为例，将品牌推广与主要受众群体（年轻人）的喜好相结合，与深受年轻人喜爱的代言人签约以作为 ofo 小黄车的骑行大使，抓住年轻人心理，获取了不错的广告效益。借助明星效应，通过微博等媒介进行宣传，提高了共享单车品牌的知名度，让更多的人成为共享经济的消费者与供应者，进而促进绿色经济的发展[156]。

此外，第三方平台也是共享单车正在努力打造的渠道通路[157]。例如，ofo 接入滴滴出行；哈啰单车、ofo 支持支付宝扫码使用。用户可在第三方应用内直接使用该品牌的共享单车，减轻了用户的使用阻碍。

5.2.5 共享单车的客户关系管理

共享单车商业模式的本质是一种互联网自行车租赁服务，这意味着共享单车的消费者不是一次性的交易对象，而是具有长期性的服务特征[158]。因此，除了制定详细的客户细分外，还需要在运营过程中妥善处理与不同客户之间的关系。基于第 5.2.2 节的客户细分结果，针对共享单车服务特点，本节就共享单车服务的客户关系管理提出以下对策。

从顾客满意、顾客忠诚和顾客价值三个要素来看，共享单车服务必须以满意的骑行体验为核心，因此打造舒适的骑行全过程至关重要。按照顾客接触程度划分，共享单车服务流程属于典型的自助式服务，需要线上和线下提供技术支持以协助顾客开展服务流程，具体表现在以下方面：共享单车上配有智能锁，用户可通过使用 APP 扫描二维码进行蓝牙解锁，或者在微信公众号、支付宝、自有 APP 上输入共享单车车牌号进行开锁；共享单车使用结束后一般需要手动完成上锁，平台会自动计费。整个过程属于自助的服务流程，用户在整个租用车的交易服务过程中都不需要与企业及其员工进行联系与互动，只要通过第三方平台完成服务即可。当且仅当服务出现故障、计价错误、车辆损坏等情况时，用户会通过 APP 或电话咨询客服人员进行反馈。

从客户关系管理的技术系统、数据管理和实施策略来看，共享单车品牌需要依据一定的数据分析,制定差异化的营销策略[159]。例如,共享单车 APP 推出一系列红包、免费骑行、折扣券发放等优惠活动,可以有效降低用户的骑行成本,有利于增加用户对品牌的好感度,提升顾客的忠诚度。此外,共享单车品牌还需要与其他商业生态系统建立联合运营的发展策略,将其他商业体系的顾客导流到自身共享单车的消费者群体中,打造商业合作的利益共同体。

5.2.6 重要资源维系与管理

共享单车的两大重要战略资源分别为共享单车本身和品牌 APP,这两者为共享单车服务提供了基本的支持系统。对于提供共享单车服务价值的单车本身,共享单车企业一般委托相应的自行车制造商进行代工生产。自共享单车投入运营以来,为了满足用户的需求,提高用户使用的舒适度,不同品牌对单车的设计进行了各种改进。针对不同类别客户的差异化特征,共享单车设计在细节方面更显人性化,例如根据性别身高的差异,设计便捷易操作的自助式升降车座。

共享单车的另一重要战略资源是 APP。共享单车的经营模式是依托现代化的信息技术,将其服务流程融入相应的共享单车 APP 框架设计过程中。用户首先要下载 APP 并注册,使用单车时需要在 APP 进行操作,因此 APP 的用户使用体验是影响共享单车价值是否实现的关键因素。目前,很多共享单车 APP 存在经常性崩溃、新手教程不完善、扫码无法打开等问题,影响了共享单车的使用效率,这些问题的解决有望为共享单车提供舒适的骑行服务夯实基础。对于具体的共享单车设计思路,本研究将在第 7.3 节进一步展开相关的理论分析。

5.2.7 全产业链和服务系统的合作伙伴

共享单车制造供应链和共享单车服务系统主要有以下合作伙伴。

单车供应商主要是指生产共享单车的厂商,常见的共享单车生产厂商有天津富士达工厂、天津飞鸽、上海凤凰、富士康、天津爱玛、骑达、惠州华庆自行车厂、易豪、雷克斯自行车有限公司等。这些自行车生产商发现了共享单车领域巨大的发展潜力,从而为各个共享单车品牌代工生产共享单车。共享单车投资商,即各路资金方通过资本注资来支持某些品牌。例如,腾讯为摩拜单车提供资金;蚂蚁金服、阿里巴巴等前期为 ofo 提供资金支持,后期转而支持哈啰单车的发展。政府部门主要为共享单车的规范化运营提供政策支持、发展空间、监督管理、综合考评等。

此外,第三方平台和技术服务商也为共享单车的发展提供了支持。第三方平台是共享单车行业生态链的重要合作伙伴,例如,与第三方支付平台(支付宝、微信等)合作打造共享单车 O2O 闭环服务、与其他商业平台开展联合运营等。技术研发商主要为共享单车提供区别于普通自行车的智能技术与相关装置。共享单车品牌通过与各技术研发商进行合作研发,为共享单车提供智能解决方案,例如智能锁、电子围栏等。

5.2.8 降低固定成本，打造轻成本模式

共享单车的成本结构主要由单车投放成本、运维费用、调度费用、研发费用、推广费用等构成。早期的摩拜单车单辆投放成本约为2 000元，运维和调度人员每月需要发放工资。另外，共享单车还需使用智能锁、配备定位系统、深度开发APP和大数据平台，这些需要投入较高的研发费用。共享单车企业品牌还需支付媒体宣传费和补贴用户活动的红包等推广费用。

在投放成本方面，除了本身制造技术的成本，投放数量过多会使成本大增，同时造成资源的闲置，引起诸如过度投放产生的单车停放难题。共享单车的车辆损坏率是影响运营维护成本的重要因素，这与政府对共享单车维护的重视密切相关[160]。社会征信体系的建立有利于为共享单车企业的信用管理提供支持，降低单车的损耗成本。在推广费用方面，因市场竞争激烈，各共享单车将高额的推广费用投入广告、补贴营销和促销等方面。共享单车宣传的"一元骑车"、周末"免费骑车"等活动都需要大量资金补贴，形成共享单车运营维护成本。

5.2.9 扩展收入来源，开拓盈利空间

共享单车的收入来源主要是租赁服务收入、押金及充值收入、广告收入和大数据服务收入。由于行业目前已采取免押金模式，押金收入已经逐步消失。而客户账户储值能够为企业带来一定的预支资金，但因一般采取单次消费即时支付的形式而使这部分资金相对较少。

(1) 共享单车租赁服务收入

共享单车企业按照用户租用单车的时长进行计费，这是共享单车获得资金的主要来源。短时租赁单车使用权代替永久获取单车所有权的方式为共享单车企业和消费者都带来了一定的经济效益[161]。共享单车租赁服务可通过单次卡、月卡、多次卡等多种消费模式来获取租赁费用。

(2) 共享单车押金及充值收入

共享单车发展初期，通过向用户收取押金以获取大量资金，形成了企业的自有资金池，为行业发展带来了巨大的风险[162]。《关于鼓励和规范互联网租赁自行车发展的指导意见》中，明确鼓励共享单车企业采用免押金方式提供租赁服务，并对收取的押金和预付充值资金开设用户押金、预付资金专用账户，确保专款专用，接受主管部门的监管，防控用户资金风险。

随着行业的不断发展，押金难退还的问题引起广泛关注，而企业押金管理中存在的涉嫌非法集资、押金监管不透明等问题随着信用免押金模式的出现得到了彻底解决。目前，共享单车市场上大部分品牌都实行免押金模式，押金资金池所带来的收益已经逐步消失，部分用户的预付充值资金也随着日常消费逐步消失。因此，共享单车行业发展的下半场已经基本不存在押金及充值收入。

(3) 共享单车的广告收入

共享单车广告收入的来源主要包含两个部分：第一部分为品牌 APP 上投放的各种各样的产品以及明星代言的广告等，这类广告收入可为共享单车公司提供资金；第二部分为共享单车车身、车筐等位置植入的广告，在顾客使用共享单车的过程中，吸引更多的人了解广告中的服务或商品。

(4) 基于信息安全的大数据服务收入

当用户的出行数据累积到一定量后，通过对数据的规模化分析，实现精准的共享单车服务和其他社会服务。同时，利用大数据产生的个人信用数据可成为企业对用户进行惩戒或服务的标准。此类大数据服务收入来源还需依据行业信息标准，实现基于信息安全的数据资源合理化利用。

基于以上对收入来源的分析，可知共享单车发展初期的收入来源较为单一，主要来源仅有押金收入和提供单车租赁服务获得的租金，远不足以抵消购买单车、管理单车等业务费用，盈利能力较弱。长期处于负盈利状态对企业的发展具有较大的不利影响，企业可能难以维持经营。为解决此问题，共享单车企业可以与政府合作打造民生出行系统，获得政府政策、管理、经济等方面的支持。

根据收入成本分析，假设某品牌单车投放量为 1 000 万辆，投放成本每辆 1 000 元，运营人员薪酬支出每年 4 800 万元，调度费用每日每辆 3 元，平均单辆年维修费用为 500 元，损坏率约 10%，折旧费用为每年单辆 333 元，强制报废期为 3 年，每次骑行单辆盈利 1.5 元，单辆每日骑行频次为 4 次，则投入一批共享单车后，三年内所需成本约 5.4484×10^{10} 元，租赁收入为 6.57×10^{10} 元。在粗略计算的情况下，共享单车起步价由 1 元上涨到 1.5 元后，可以在 3 年内凭租赁收入回收资本。但现实情况是，共享单车破坏严重、损毁率高，导致维修费用占比较大，存在各项多余支出；同时因价格上涨，对用户使用意愿造成负面影响，导致实际盈利比预期盈利更少。因此，企业应重视广告及大数据等其他方面的收入以弥补租赁资金的不足，同时关注服务质量以提高用户黏性。

5.3 共享单车行业盈利模式分析

从政府主导的公共自行车盈利情况来看，大部分城市的公共自行车系统仍然依靠政府补贴才可维持运营，只有杭州等个别城市能基本实现盈亏平衡，摆脱对政府补贴的依赖。杭州的公共自行车系统主要由杭州公交系统来负责建设和运营，在前期设备建设中，杭州公交集团依靠政府补贴，后期运营中每年的运营成本高达 8 000 万元。由于目前公共自行车系统的公益性，面向终端用户的收费相对较低，其收入主要来自于广告资源和模式输出。例如，杭州公共自行车系统每年的广告收入已经超过 4 000 万元，视科传媒以 2.14 亿元获得了五年的广告经营权(不包括车身广告);而杭州公交集团旗下的金通科技每年依靠对其他区域的技术输出,基本上实现了盈亏平衡。

与公共自行车相比,互联网租赁自行车的盈利模式有望多元化,在租金的基础上,增加广告和大数据服务的收入。从当前政府主导的公共自行车上来看,广告收入是其盈利的重要方面。而对于互联网共享单车公司而言,大数据服务是其优势,应当充分发挥这一特点以获得盈利。

5.3.1 共享单车成本结构及盈亏平衡分析

从企业成本学理论来分析,共享单车企业总成本 TC 由总固定成本 TFC 和总变动成本 TVC 两个要素构成,如公式(5-1)所示。

$$TC = TFC + TVC \tag{5-1}$$

其中,固定成本是指成本总额在一定时期和一定业务量范围内,不受业务量(共享单车使用次数)增减变动影响而保持不变的成本,包括一次性投入固定数量单车的研发费用、制造费用、管理人员薪酬、折旧费用、推广费用等。变动成本是指成本总额随业务量的增减变化而成正比例增减变化的成本,包括调度费用、维修费用等。

共享单车服务通过用户租金、广告、大数据咨询服务等获得相应的收入。假设某品牌共享单车一年内的各项投入所涉及变量、收入来源等参数的设置如表5-1所示,其中收入来源暂不考虑广告收入、大数据服务收入及回收费用、残值等。情景1为单车使用寿命为3年且单车制造成本较高、高折旧的情景,情景2为低成本生产和低折旧的情景。

表5-1 共享单车成本效益分析决策参数设置

参数名称	情景1	情景2	参数说明
车辆投放量	100万辆	100万辆	——
年使用有效天数	300天	300天	除去不宜骑车天数
单辆每次骑行盈利	1.5元	1.5元	依据目前普遍骑行价格
单辆制造成本	800元	500元	依据多数品牌单车制造价格
调度费用	3元	2.5元	每日单辆
职工薪酬	480万元	480万元	每年总薪酬
维修费用	500元	500元	每年平均单辆
损坏率	10%	10%	——
折旧费	333元	95元	每年单辆,用直线法计提
预计使用寿命	3年	5年	

设单辆共享单车每天的使用频次为n,按情景1可计算得共享单车三年租赁收入及总成

本如下：

租赁收入 $=1.5\times n\times 1000000\times 300\times 3=13.5n$ 亿元；

总成本 $=1000000\times 800+3\times 1000000\times 300\times 3+4800000\times 3+500\times 3\times 1000000\times 10\%+333\times 1000000\times 3=46.6$ 亿元。

若使两者相等，则 $n=3.45$。由此可见，企业若想在三年内实现盈利，每辆共享单车的每日使用频次至少为 4 次。然而，目前因共享单车的乱停乱放、破坏严重、维修及调度费用占比高等因素提升了总成本，导致总成本比预算参数高。因此，可以通过增加广告收入和大数据服务收入来缓解租赁收入的压力，扩大共享单车服务的收入来源。按情景 2 计算五年内的租赁收入及总成本可知，单辆共享单车的使用频率至少为 2.2 次/日，才能回收投资成本。

5.3.2 基于工业技术经济学的共享单车投资回报分析

基于共享单车盈亏分析，共享单车的投资回报期采用静态方法进行计算。一般而言，共享单车在市场上的投放使用周期为 5 年左右，在相对较短的投入使用周期内，采用静态方法是可行的[163]。静态投资回收期是指不考虑资金的时间价值的前提条件下回收初始投资所需要的时间，计算公式为：

静态投资回收期 = 累计净现值流量开始出现正值的年份数 $-1+$ 上年累计净现金流量绝对值/当年净现金流量

在满足第 5.3.1 节所设定的各项数据条件下，假设单辆共享单车每日骑行频次为 4 次。第一年，现金流出 20.878 亿元，现金流入 18 亿元，净现金流量 -2.878 亿元；第二年，现金流出 12.878 亿元，现金流入 18 亿元，净现金流量 5.122 亿元，累计净现金流量 2.244 亿元。依据上述参数和静态投资回收期计算公式，可计算得到静态投资回收期约等于 1.56 年。由此可见，若按照情景 1，共享单车每日骑行频次为 4 次，需要 1.56 年才可回收投资。对于共享单车 5 年的使用期而言，较短的投资回收期具有吸纳融资的能力。然而，若要实现共享单车每日骑行频次达到 4 次的目标，对于共享单车运营而言是一个不小的挑战。依据北京市交通委公布的 2019 年下半年北京市"共享单车行业"的运营管理监督情况显示，各大共享单车品牌的日均周转率都在 2.5 次/辆以下，低于 4 次/辆。若按照情景 2，假定共享单车每日骑行平均频次为 2.5 次，经计算可得共享单车静态投资回收期为 2.2 年。无论哪种情景，对于当前共享单车的周转率而言，企业若想取得投资回报和实现盈利都面临较大的运营挑战。

5.3.3 共享单车行业盈利能力的影响因素

共享单车可视为公共交通领域的 PPP 项目，即政府引入社会资本发展城市公共交通，是公共基础设施中的一种项目运作模式。考虑到城市居民出行需求较为刚性，共享单车企业通过合理的商业化运营，不仅可以获得稳定的现金收益，也将具备较强的潜在盈利能力。对于共享单车行业而言，共享单车企业的盈利能力无疑是至关重要的，直接关系到企业的生存与发展。共享单车的运行与一个地区的人民生活水平、人口规模、人们的需求程度和对共享单车的信赖度也有很大关系[164]。因此，本研究选取几个城市对共享单车市场进行数据调查和研究分析。基于此调研，在具体分析共享单车市场现状后，阐明了共享单车盈利能力的影响因素。研究表明，共享单车行业盈利能力的影响因素主要有：发展区域、人流量、用户活跃度、自行车质量、租金收费、企业规模等。

(1) 发展区域

发展区域是共享单车行业盈利能力最客观的影响因素。不同地区的发展水平存在较大差异，在发展水平高的城市中，低碳出行的城市交通问题不容乐观。据统计，目前全国大型城市的拥堵指数普遍偏高，其中一二线城市的拥堵指数几乎都超过20%，如此高的拥堵指数导致了较低的城市出行效率。同时，城市面临着来自于空气污染和拥挤的公共交通环境等多方面的难题，不仅加剧了个人压力，更加剧了交通管理部门的压力。缓解公共交通环境的出行压力已迫在眉睫，而共享单车的出现使这些问题有了新的缓解方式。例如，在北京、天津等城市中，对于上班族和学生来说，共享单车极大程度地便利了他们的生活。人们在日常生活中对共享单车存在较大的需求，引发了对于共享单车较强的消费意愿，企业可以从中赚取部分利润，从而具备相对较强的盈利能力。与之相反，在一些经济发展速度较为缓慢的县城甚至市级地区中，人们自家的出行工具已经满足日常需求，共享单车的需求量小且消费意愿也相对较弱。大量共享单车闲置，失去了其存在的意义，企业自然无利可图，导致盈利能力低下。由此可见，对发展程度不同的区域合理安排共享单车的投入数量是非常关键的。

(2) 人流量

共享单车的使用者是人，所以人流量是盈利能力最主要的影响因素。对不同类型地点的人流量进行观察，当人流量相对较大时，共享单车的用户需求量相对较高，其盈利能力相对较强；当人流量相对较小时，共享单车的用户需求量相对较低，其盈利能力则相对较弱。例如，在地铁站门口、学校门口等人流量大的地方，共享单车的需求量相对较大；而在偏远地区等人流量较小的地方，共享单车的需求量相对较小，从而对盈利能力产生不同的影响。在调查过程中还发现一些其他问题，比如，一些地点的共享单车利用率很低，几乎长期闲置；而一些地点的共享单车使用率极高，单车数量无法满足需求，导致用户在寻找共享单车的过程中面临困难。因此，相关企业对共享单车进行合理的管理和有效的分配是达到盈利能力最大化的有效途径[165]。

(3) 用户活跃度

用户活跃度是共享单车行业盈利能力最根本的影响因素。自行车曾经是中国人的主要出行方式，但随着社会的技术进步，机动车逐渐将其取代成为新的出行方式。然而，在共享单车风潮的影响下，这股已渐渐淡去的自行车情结，在以年轻群体为主力的社会生活圈中重焕生机。骑共享单车上下班、上下学、购物，甚至是短途出游，被越来越多人视为便捷又时尚的出行方式。据《2020中国共享单车市场研究报告》统计,2015年共享单车用户规模仅为245万,2016年猛增至1 886.4万,而2019年则达到38 000万。由此可见,共享单车在公众的生活中占据越来越高的地位,共享单车的用户活跃度也越来越高,从而不断提升共享单车行业的盈利能力。虽然用户活跃度是影响共享单车行业盈利能力的因素之一,但其自身也受到诸多因素的影响,如共享单车的租金、安全性、舒适度、功能、美观度、损坏程度、可获得性等。结合以上影响因素对共享单车进行全方面的优化,能增加共享单车的用户活跃度,进而提高行业的盈利能力。此外,用户活跃度也是共享单车企业进行激烈竞争的主要因素之一。

(4) 自行车质量

自行车质量是共享单车行业盈利能力必不可少的基本影响因素。共享单车的质量不仅仅决定着自行车自身的使用年限,还影响着用户的人身安全。若共享单车质量低下,一方面会增大自行车的维修支出和管理费用;另一方面会降低用户的信赖程度,导致消费者对其需求量下降。这两方面都会致使共享单车行业盈利能力的下降。若共享单车质量高,节约了运维成本,该企业的盈利能力便会相对较高。故从长远角度来看,各共享单车企业向市场投放质量有保障的自行车才会给企业带来长期稳定的利润。同时,做好相关的宣传工作,致力于提高公民素质,杜绝篡改单车二维码、随意破坏自行车、私自上锁等行为的发生,让社会中的每个人都能真正地享受到共享经济给大众生活带来的便利。

(5) 租金收费

租金收费是共享单车行业盈利的主要来源。共享单车企业本质上是城市公共单车的出租方,租金是最主要也是最稳定的收入来源。假设共享单车每日使用频次为4次,单次骑行收费为1元,则一辆单车每日可实现4元收入。如果共享单车的生产成本约为500元/辆,则纯单车成本的回收期在4个月左右。若能够控制车辆损毁率在一个较低的水平,并且保持较低的后期运维费用,共享单车的租金业务将具备巨大的潜在盈利能力。通过上述分析,可以较为清晰地发现对于不同品牌的共享单车而言,其成本回收能力存在一定的差距。当企业定价过低时,其成本回收周期会过长,盈利能力也会很弱;当企业定价过高时,人们需求量下降,用户减少,也会导致盈利能力较弱。故根据各方面实际情况拟定租金收取标准有利于共享单车企业的稳定运行,提升盈利能力。

(6) 企业规模

共享单车企业的规模也是影响企业盈利能力的因素之一。当企业规模较小时,其融资能力、管理能力和运行能力也会相对较弱,这将直接导致客户对该企业共享单车的选择率下降,从而降低盈利能力;当企业规模较大时,其融资能力、管理能力和运行能力等各方面能力都相对较高,并且会不断吸引各类优秀的人才,从而使企业越做越大,其盈利能力也会有很大提升。所以,初创的共享单车品牌,需要在广告、活动、优惠等方面投入较多的资金,通过提高自身的知名度和优惠政策吸引用户,增加用户对共享单车企业的信任度,与此同时不断扩大企业规模，促进盈利能力的持续提升。

总的来看，共享单车行业是否具备盈利能力是决定共享单车企业能否正常运行的最基本因素，所以提高共享单车行业的盈利能力是每个品牌最关键的发展目标。因此，行业发展需要关注影响盈利能力的各个因素，并区分主要因素，打破共享单车盈利瓶颈。第一，共享单车监管部门应该根据地区发展状况、人流量等实际情况对共享单车进行合理的投放数量分配；共享单车企业应通过红包、优惠等方式提高用户活跃度，进而达到盈利的目的；重视共享单车的质量和规模，尽量做到不断发展、不断优化、不断提高。第二，增加消费者与共享单车行业发展之间的良性互动，采取积极的客户关系管理策略。在共享单车的租金收费与定价问题上，共享单车企业单一决定机制无法调动消费者的参与积极性，被告知涨价和主动协商涨价对于消费者内在心理的影响完全不同，企业应进行深入的社会调研和反馈，营造人人参与决策的共享单车发展氛围，在不造成用户流失的基础上促进决策的正常执行。

5.3.4 共享单车定价策略分析

共享单车的消费模式多样，区域差异化定价模式开启。目前，共享单车消费模式主要包括单次卡、时限内的多次卡、月卡、季卡、年卡，相对而言共享单车年卡和季卡的受欢迎程度较低。显而易见，购买年卡需要一次性花费较高的费用，例如，按季卡收费55元计算，年卡需要花费220元，相当于市场上普通自行车的价格。2019年4月，北京、上海、深圳、杭州等地共享单车纷纷开始涨价。以北京为例，摩拜单车骑行15分钟以内收费1元，骑行超出15分钟，每15分钟收费0.5元。按此计算，在北京骑车1小时将收费2.5元。而哈啰单车则从每小时2元调整为每15分钟1元。3个多月后，摩拜调整了在上海的起步价，从1元涨至1.5元。7月份，深圳的摩拜单车起步价也调整至1.5元。

表5-2 2019年4月，共享单车各品牌定价策略

	ofo小黄车	哈啰单车	美团单车	青桔单车	小蓝单车
单次卡	1元/小时	1元/15分钟	1元/15分钟	1元/时	1元/15分钟
月卡	20元	20元	20元	20元	30元
月卡折扣价	8—18元	5—15元	2—10元	2—15元	6—20元
季卡	60元	60元	60元	60元	90元
季卡折扣价	20—55元	15—30元	5—50元	—	18—60元
多次卡	—	30天6次卡6元 30天10次卡10元	30天6次卡6元 30天9次卡9元	3天3次卡2.99元 5天6次卡6元 7天8次卡8元	

注：表格中有些折扣可能是一个范围值。

月卡优惠幅度大，意在增加核心用户的消费黏性。表5-2和表5-3呈现了各大共享单

车品牌关于不同骑行时间的定价策略,定价策略随时间、顾客、优惠券而有所不同。从月卡的初始定价来看,各大品牌的月卡价格差异不大。但是,各大品牌推出的折扣随时间、人群和区域的不同而差异较大,且在一定的范围内变动。月卡折扣对于客户群体的吸引力较高,且有助于增加顾客的使用惯性。此外,多次卡模式能有效增加短期暂时性消费,对于共享单车企业营收而言具有很大的促进作用。目前,因时因地因人设置月卡价格和多次卡的消费模式比较合理,能够形成共享单车企业与顾客之间就价格方面的良好互动。此外,不同人群享受的优惠券折扣差异很大,目前很多共享单车品牌增加了自动续费可享受额外优惠的月卡消费模式。

表 5-3 2020 年 7 月,共享单车各品牌定价策略

	哈啰单车	美团单车	青桔单车	小蓝单车
单次价格	1 元/15 分钟	1.5 元/30 分钟	1.5 元/30 分钟	1 元/15 分钟
月卡	25 元	25 元	25 元	30 元
月卡折扣价	10—14 元	5—12.8 元	10—20 元	6—20 元
季卡	75 元	75 元	60 元	90 元
季卡折扣价	31—26 元	14—37 元	30—55 元	18—60 元
多次卡	7 天 5 次卡 4.8 元 30 天 10 次卡 9 元	30 天 6 次卡 5 元	3 天畅骑卡 1.8—6 元 7 天畅骑卡 3—10 元	—

从单次价格来看,2019 年 4 月,ofo 小黄车和青桔单车的起步价为 1 元/小时,而哈啰单车、美团单车、小蓝单车的起步价为 1 元/15 分钟。哈啰单车每骑行一小时需要 4 元,是原本价格的 2 倍;美团单车和小蓝单车骑行一小时需要 2.5 元。在调价之前,哈啰单车、美团单车均为 1 元/30 分钟,小蓝单车为 0.5 元/30 分钟。在调价之后,哈啰单车价格最高,其次是美团单车和小蓝单车,而青桔单车和 ofo 小黄车价格最低。2020 年 7 月,共享单车单次服务价格已经进入 1.5 元/30 分钟的时代。

从月卡和季卡的价格来看,2019 年 4 月各品牌单车的月卡定价范围大,但季卡定价区间相差较小,折扣价以五折左右居多,还有限时一折,连续包月、次月减价等折扣方式。比起其他单车,小蓝单车的月卡和季卡的价格相对更高。进入 2020 年 7 月,基于用户特质的差异化定价策略对于不同时间、不同客户群体的定价差异很大。

从多次卡来看,因为目前共享单车被随意破坏的现象较为严重,单车质量难以保证,又由于月卡、季卡价格的上调,很多用户认为购买月卡和季卡不具有性价比。而多次卡价格便宜,在给用户提供优惠的同时,能够满足他们的短期出行需求,使用户消费更有安全感;对平台来说,能够保证拥有一段时间的用户群,增加收益。因此,平台为用户提供多次卡的优惠很有必要。多次卡存在多种定价方式。每月使用固定次数的定价方式,如哈啰单车 30 天使用 6 次,花费 6 元;30 天使用 10 次,花费 10 元等。这种定价方式使用时间区间长,平均使

的次数较少,适合在一定时间内使用单车次数较少的用户。固定天数使用一定次数的定价方式,如青桔单车3天使用3次,花费2.99元;5天使用6次,花费6元等。这种定价方式使用时间区间短,平均使用次数较多,适合在短期内频繁使用共享单车的用户。

由以上分析可见,当前关于共享单车的定价存在一定的合理性。由于近期共享单车的骑行价格有持续上涨的趋势,本节对共享单车的涨价原因、定价依据进行如下分析:

第一,烧钱模式结束,免押金时代共享单车成本高涨,而收入来源较为单一。共享单车的成本及折旧费用较低,单从这个方面来看,共享单车具有巨大竞争潜力。但由于其他因素的限制,比如,很多用户更愿意选择公交、地铁等方式来代替15分钟以上的骑行,因此共享单车在15分钟以上的出行距离中竞争力较弱,所获得的收益会减少。而且,"最后一公里"出行的替代方式非常多元,可以步行、骑车、公交、打车等,这也给共享单车带来了巨大的竞争压力。除竞争压力外,乱停乱放、随意毁坏、公车私用等现象也增加了共享单车的各种运维成本。很多企业已逐渐认识到这个问题,开始涨价"造血",使共享单车的发展进入精细化管理、追求持续盈利的阶段[166]。

第二,共享单车定价需依据企业自身发展现状谨慎选择涨价策略。共享单车定价需要以利润最大化为目标,保留自身优势,并提升用户体验。共享单车的涨价会影响用户对共享单车的满意度和需求量,很容易"掉粉",因此共享单车企业和用户的双向选择与博弈,最终会使定价趋于合理。企业可在保证利益最大化的同时,保留共享单车在解决"最后一公里"问题上的优势,使定价小于公交、地铁的价格;同时,还需考虑用户满意度的需求,不断提升共享单车的服务质量,确保单车在涨价的洪流中生存下来。

对于共享单车用户来说,涨价会造成以下可能的反馈。当共享单车的骑行价格上涨时,第一种反馈是认为涨价有利于构建共享单车可持续的发展模式,但涨价金额需控制在合理区间。第二种反馈是部分认同,原因在于未经充分协商的涨价行为虽然带有强制消费或者推销购买月卡的意图,但这已成为各个新兴产业通用的发展模式。第三种反馈是顾客认为价格太高,出行方式转向其他公共交通方式或购买自己的自行车。

持续亏损和行业红利收窄,各大共享单车投资方对行业亏损容忍度逐步降低,这使得抱团涨价似乎成了共享单车各大品牌的共识。美团、哈啰、青桔等主流单车品牌纷纷转换作战思路,提高骑行费用,但实际上共享单车并非一开始就选择涨价的策略。以美团为例,2018年收购摩拜后开始探索新的变现模式,推出了广告服务,并与奢侈品牌路易威登合作。上海美团单车的用户在打开摩拜APP时,会收到来自路易威登展览的邀请。但事实证明,美团单车通过推出广告服务以提升盈利能力的转型发展之路未能成为行业标杆。

5.4 共享单车商业模式风险管理策略

5.4.1 共享单车商业模式的风险分类管理

(1) 信息风险管理

信息安全风险是共享单车行业商业模式风险的主要来源之一。对于共享单车运营来说，基于互联网的自行车租赁业务不可避免地收集了用户的个人信息、财务信息、出行信息等。因此，共享单车商业模式需要保障消费者信息的安全性，维护客户私密信息的安全。当共享单车用户通过第三方平台进行线上支付或其他操作时，输入自己的手机号、身份证号等个人信息会造成用户面临一定的信息泄露风险。如果个人的私密信息被泄露，不法分子很有可能利用这些信息对用户进行骚扰，甚至实施诈骗行为。因此，共享单车企业需要做好维护信息安全的工作。

为了维护共享单车用户的信息安全，需要建立透明的信息管理机制，公开信息使用流向。第一，确定共享单车用户需要提供的信息清单，共享单车行业需要建立信息采集的标准化格式和规定信息清单的条目，所有共享单车企业不得违规收集信息清单以外的其他信息。第二，共享单车行业依据公开的信息清单条目进行分类，划分信息的保密等级，并设定不同等级信息的管理权限和安全权限。第三，重要的信息需要建立加密机制，违规泄露和使用等行为将面临法律法规的制裁。

(2) 社会风险管理

强化共享单车企业的社会责任，并定期对其进行专业性评估。共享经济因采用互联网平台摆脱了对商业组织的依附，使共享单车企业能够顺利进入市场。而共享单车和规范化的共享经济存在一定的区别，共享的商品不是线下的闲散物品，而是由共享单车企业委托单车制造商生产的共享单车。为了抢占市场份额，共享单车企业投入大量资金用于制造产品以扩张市场。当共享单车的投放数量超出用户的出行需求，使用效率便会降低，造成大量共享单车的闲置和浪费。同时，各个共享单车品牌只注重产品的投放量，忽略了产品自身的升级和创新，容易造成共享单车行业的服务趋于低端同质化[167]。

共享单车企业需要肩负起企业的社会责任，根据市场需求投放自行车，建立面向环境的共享自行车设计和提供面向顾客群体的差异化的优质服务。向大众普及安全停放意识，明晰共享单车的消费权责。共享单车的使用全过程以共享单车为载体，完成开锁、骑行、停车等一系列操作流程。而在共享单车消费行为的最终环节中，规范停车是保证共享单车使用的便捷性和企业可持续运营的关键。随着共享单车行业进入精细化运营的新阶段，停放问题将是未来共享单车商业模式必须走出的发展困境。为了脱离这一困境，交通监管部门和共享单车企业需要相向而行，通力合作。交通监管部门需要尽快建立完善的社会信用机制，提倡共享单车消费的契约精神，做好自行车交通出行的发展规划、设施规划、支持政策等。共享单车企业需要引导消费者树立规范停放单车的意识，并在企业内部建立专业的管理部门以负责解决共享单车停放问题。

（3）资金风险管理

以信用免押金模式代替以押金为主的信用消费模式，并建立透明的资金管理机制。共享单车发展初期，由于社会信用体系存在缺陷，共享单车平台采用押金的形式来防范用户故意损坏单车、违规骑行等行为，具有一定的合理性。但是，由于对这一新兴行业资金的监管不到位，用户所支付的押金容易出现被公司挪用的风险，致使用户押金不能及时退还，并演变为共享单车企业的负债。信用免押金模式的开启，极大程度地规避了共享单车平台挪用用户押金的风险，降低了共享单车企业形成大量押金资金池的可能性。因此，信用免押金模式将成为共享单车行业在资金管理方面开展规范运营的行业标准。此外，监管部门应该加强针对共享单车企业对用户资金的定期管理，形成合理的定价机制。

5.4.2 共享单车用户对其商业模式的影响

市场竞争视角下，共享单车品牌更替频繁的原因在于在激烈的市场竞争下服务质量低下的品牌将会被淘汰。而服务质量的判别标准依赖于顾客，并且受到行业管理部门的监管。共享单车服务质量包括消费单价、押金退还的快捷性、骑行体验、APP顺畅度、停车环境等多个方面。从消费者的角度来说，用户具有评判共享单车服务标准的权利。由此可见，共享单车用户可以较为准确地对共享单车品牌运营的商业模式的成功与否进行评判。

服务型制造新思维下，共享单车平台打破了原有简单的自行车骑行服务的固有运营思维，通过创新企业的商业模式来建立向顾客提供具有共享服务内涵的骑行业务模式。共享单车发展初期形成的众多品牌接连退出市场，这与消费者较少使用共享单车而导致的市场占有率低密切相关。市场占有率低下直接造成企业无法获得持续融资，导致该共享单车品牌被市场所淘汰。ofo因押金问题致使用户持续提交退还押金的申请，但绝大多数申请未得到有效兑付，而整个行业正在推行免押金模式。因此，在顾客流失和资金断裂的双重打击下，ofo的企业运营陷入困境。因此，顾客在共享单车商业模式的构建中发挥着评判者的关键作用。

5.4.3 共享单车涨价利弊分析

共享单车行业发展初期，各共享单车企业忙于争夺市场份额。为了快速吸引用户，这些共享单车企业纷纷推出"0元骑行红包"活动，并依靠融资烧钱、押金接续的扩张运营模式在共享单车市场推广中占有一席之地。而随着竞争的激烈化，红包模式的弊病逐渐暴露。当骑行费用无法弥补投入的巨大成本时，企业生存面临巨大的挑战，如果无法继续获得融资，企业将陷入资金链断裂的泥淖中。红包模式无法给予企业持续发展的动力，这种"自杀式"的定价模式不利于共享单车的长期可持续发展,但在重要节假日期间用于提高用户活跃度方面仍然有一些可取之处。

随着资本的逐渐褪去,共享单车市场的融资规模开始缩水。据国家信息中心发布的报告显示,2018年,我国共享经济领域直接融资规模约1490亿元,同比下降23.2%;交通出行融资规模降至419亿元。在此背景下,共享单车企业也重整旗鼓,开展行业的深度调整,采取了抱团涨价的策略。例如,2019年3月21日,小蓝单车开始执行新的计费规则,起步价从1元/小时调整到1元/15分钟,时长费调整为0.5元/15分钟,即在一个小时骑行范围内,小蓝单车提价0.5元;美团单车(摩拜单车)起步价从1元/30分钟调整为1.5元/30分钟。涨价历程揭示了资本的褪去和共享单车行业的深度调整。

共享单车涨价能够为企业带来更多收入,弥补资金的不足,是市场发展的必然选择。在此之前,共享单车企业致力于市场规模的扩张,低估了共享单车市场的负外部性影响,导致其难以承担高额的维修调度费用。企业想要可持续发展,必须把目光转变到提高共享单车质量、增强用户的体验上来,进行精细化管理,而不是靠过度烧钱来获得市场份额。这些转变需要资金的支持,而涨价使共享单车获得更高的收入,并通过盈利来弥补高昂的运营成本,使收支达到平衡。另外,因为共享单车在前期积累了一定的市场份额,短时间内不会产生很大的波动,适当提高价格有利于资本的快速积累,实现共享单车企业的可持续发展。

然而,涨价也为共享单车行业带来了一定的不利影响,驱赶了部分消费者。共享单车涨价后,大部分品牌的单车骑行30分钟的价格变为1.5元以上(涨价前为1元),骑行1小时大约在2.5元以上,哈啰单车的骑行价格甚至涨到了4元/小时,超过了同等距离下乘坐公交车的花费。部分消费者因适应了低价格模式,不能接受较高的价格而失去了消费意愿;另外,有些共享单车企业的服务和质量与提高的价格不匹配,降低了用户的满意度,用户转而选择乘坐公交车和地铁等舒适的交通工具,造成用户的流失。由此看来,若共享单车涨价过度,则容易失去市场。共享单车短途出行的使用范围限制是一把双刃剑,很多用户已经习惯使用共享单车,在较短范围内与其他交通方式相比优势较为明显,可以保证基本的用户群,不必过度担心涨价带来的用户流失,反之亦然。因此,只要保持涨价幅度与用户数量之间的平衡,就能使共享单车进入良性发展的轨道。

共享单车抱团涨价体现出行业正处于发展阵痛期。由于旧模式的诸多弊病,共享单车发展进入了瓶颈期,大部分共享单车企业以涨价换取收益。然而,涨价不是共享单车企业实现可持续发展的最终方法,共享单车企业应不断提高服务质量,提高用户黏性,创新盈利方式,降低运营管理成本,才能从根本上解决行业的弊端。

5.4.4 共享单车行业发展对社会生活和环境保护的影响

共享单车作为共享经济的代表性行业,为经济、人文社会的发展带来了巨大的影响[168]。在共享经济中,人们把自己的富余时间、对社会大众有用的专业技能、"顺便"的服务和拥有物的使用权等分享给有需要的人,充分利用"闲置"的价值。这种与传统经济模式存在较大差距的新型模式,必然会影响大众对消费、信用的认知,从而影响社会环境。

(1) 共享单车推动社会财富观革新

共享单车与社会公众的接触密切度较高,可以有效推动公民素质的提高和良好的社会公德的建立。传统观念中,人们往往会追求物质的富裕和财富的自我拥有。比如,人们往往会以高价购买自行车、汽车等交通工具,形成个人的私有财产。但这些财产的全社会使用频率并不高,从而导致大量资源的闲置与浪费。

共享单车的出现,将共享思维广泛传播。从性能方面考虑,共享单车具有便捷性、安全性、维修性高的特点。其停放点一般设置在地铁口、学校、工作单位附近,方便用户换乘地铁、上下班使用,而且不用担心偷盗问题,也不用承担维修费用。比起共享租房、网约车等其他共享经济模式,共享单车更容易被大众接受,普及性更强。从使用价值方面考虑,私人自行车的优势相对不明显,但共享单车可以做到随骑随停、按时间次数付费,节省家庭支出,减少了对城市土地的占用面积,降低能源消耗,对环境保护具有重大意义。

共享单车所推行的租赁制和月卡制,是与共享经济相契合的模式之一。共享经济的"租赁制"在一定程度上冲击了人们原本思想中根深蒂固的"买断制",改变了人们对社会资源以及个人财富的利用观念。人们会在需要的时候购买月卡,租赁共享单车,以满足当下的需要。这种便利的消费模式,让人们开始摆脱传统观念的束缚,逐步接纳共享思维,形成"共享"的财富观。同时,这种消费观念会反过来影响共享经济的发展,形成良性的循环,使共享经济得以持续发展[169]。

(2) 共享单车有助于推动建立信用社会

共享经济在使社会资源得到充分利用的同时,也存在更加容易被破坏和浪费的隐患,道德风险较高。共享单车的运营是建立在信用基础上的,其发展也将在一定程度上促进社会信用体系的建设,推动公民素质的提高和良好社会公德的建立。但自共享单车出现以来,因押金模式不合理、乱停乱放、随意破坏等原因,引发了诸多社会问题。近年来,政府在努力推进社会征信体系建设,颁布法规条令,在最大程度上约束人们的行为,增强人们的道德意识。与此同时,各品牌的共享单车也逐步建立了信用积分制度,对检举不文明行为的用户给予奖励,惩罚违规用户。若用户遵守骑行规则,则用户的信用积分会增加;相反,若用户违反规则,则会被扣除积分,并纳入个人信用体系中,也会对其他领域的信用产生负面影响。迫于此种压力,人们会逐渐形成良好的品德习惯,提高自我约束能力。而且,随着共享经济规模的扩增,用户数量不断增多,信用积分制度能够发挥更大的效益,形成信用溢出效应。

由此可见,共享单车对社会征信体系的建设具有极强的推动作用。若每个人都能遵守法律规定,自觉约束共享单车消费行为,使诚实守信成为主流,便会减少共享单车的运营成本,降低社会沟通交流的成本,使每个人都成为共享经济的受益者。

(3) 共享单车发展深度促进低碳出行与环境保护

随着我国城市规模的不断扩大以及用户消费水平的提高，城市居民对机动车的需求量及机动车保有量逐年上升。交通部门已成为继工业部门之后第二大二氧化碳排放源，其产生的二氧化碳排放量占全国二氧化碳排放量的8.4%，其中公路交通占比高达81.3%，且该比例还在逐渐上升。根据生态环境部发布的《中国移动源环境管理年报（2019）》显示，2018年全国机动车四项污染物排放总量初步核算为4 065.3万吨，机动车已成为我国大气污染的重要来源，且汽车是其中的主要贡献者。共享单车的发展有利于完善公共交通体系，提高公共交通的占比，其引导的交通出行领域的共享、环保、时尚等理念有助于全社会形成低碳出行的风尚。

在共享单车供应链出现后，2017年全国智能共享单车骑行总距离已超过25亿公里，累计节约4.6亿升汽油，减少碳排放54万吨，相当于17万辆汽车一年的碳排放量，减少了4.5亿微克PM2.5排放，对环境保护贡献极大。目前，我国主要大城市已逐步建成共享单车—公交—地铁绿色出行网络，利用共享单车的接驳优势，在公交站、地铁站附近合理设置停放点，用户可在换乘时使用共享单车，如此可扩大低碳出行范围，有效降低用户对机动车的依赖程度，深度促进低碳出行发展[170]。

5.5　本章小结

共享单车是共享经济发展的产物，借助"互联网＋"提供分时租赁的短途骑行服务。相比于传统自行车，共享单车的商业模式更加新颖，且具有更高的社会价值。然而，当前共享单车的商业模式仍然不够成熟，存在很多制约其长期发展的问题。本章在分析了共享单车商业模式的构成、特点及其影响要素的基础上，全面剖析了共享单车商业模式的内容体系及未来商业模式的革新方向。基于共享单车企业运营的成本结构和利润来源，本章还分析了共享单车行业的盈利模式，讨论了共享单车投资回报和盈利潜力的影响因素，并提出关于定价策略的改进建议，对其商业模式中存在的风险进行分析，主要结论如下：

（1）从价值主张、客户细分、关键活动、渠道通路、客户关系、重要资源、合作伙伴、固定成本、收入来源9个层面对共享单车商业模式的构成要素进行全面剖析，提出了全社会参与治理、多平台协作、压缩单车成本等商业模式重构的建议，对共享单车商业模式的完善及其可持续发展具有重要意义。在经济下行压力增大、负债减缩去杠杆、防控金融风险的新形势下，共享单车行业需更加注重商业模式的创新，实现共享单车使用效率提升和高质量的发展。

（2）共享单车行业盈利模式的分析结果表明：共享单车企业若想在三年内实现盈利，且主要依靠单车租赁服务费的单一收入来源，每辆共享单车的每日使用频次至少为4次，且需要1.56年才能收回投资。因此，共享单车行业若希望实现盈利并收回投资，需要不断提高共享单车的使用频率，这对共享单车的运营提出了巨大的挑战。共享单车行业亟待拓宽收入来源,压缩企业成本。

(3)共享单车商业模式中存在信息安全风险、社会风险和资金风险,成功的商业模式需要共享单车用户的认可及积极参与,也需要社会公德的支撑。针对当前的共享单车涨价潮,本章对其利弊进行分析,并从社会影响和环境保护两个维度讨论了共享单车发展的社会效益。

第6章 共享单车消费者行为研究

共享单车作为共享经济在低碳出行领域的产物,可在一定程度上代替汽车、公交等对大气有污染的交通工具。根据城市大气污染物来源统计,在我国主要大城市中,80%左右的污染物来源于汽车尾气排放。2013年,全国机动车排放的颗粒物达62.2万吨,其中汽车贡献了91.2%,排放量达56.7万吨;2018年,全国机动车污染物排放量增长到4 065.3万吨,其中,汽车排放的碳氢化合物超过80%,一氧化碳、氮氧化物和颗粒物超过90%[171]。据《2017年共享单车与城市发展白皮书》显示,截至2017年3月底,全国摩拜单车用户累计骑行总距离超过25亿公里,相当于往返月球3 300次,累计节约4.6亿升汽油,减少碳排放54万吨,相当于17万辆小汽车一年的碳排放量,减少了45亿微克PM2.5物质的排放。共享单车在节能减排方面的贡献使其具备很大的发展优势,也响应了城市经济可持续性发展新常态的要求。此外,共享单车的投放范围主要集中在市区,基本覆盖了人群流动频繁的生活区、活动区和工作区,与私家自行车相比具有低廉、便捷、可维护性强的特点,在短途出行交通领域发挥着重要作用。

然而,自共享单车诞生以来,其在运营管理等方面的弊病逐渐显现,投放量过剩、押金难退还、乱停乱放、随意破坏等问题严重影响了共享单车消费者的满意度。据统计,自2017年开始,北京市共享单车市场的饱和率长期处于高位,2018年,共享单车在中国各大城市集中投放量超过2 000万辆,大部分共享单车处于闲置状态,共享单车行业在一线城市整体上处于供大于求的状态,同时致使道路拥挤,严重影响交通[172]。从2018年11月开始,共享单车企业ofo陷入经营困境,该平台的用户纷纷申请退押金,到2020年在线排队退押金的人数始终处于千万名之外。共享单车的运营缺陷为用户带来了很大的困扰,因此,从用户出行意愿及满意度的角度探究共享单车存在的问题对促进共享单车行业可持续发展具有重要意义。

消费者作为购买、使用商品或接受服务的载体,是各行各业发展赖以生存的基础。在共享单车领域,消费者以付费的方式获得共享单车使用权,希望获取舒适出行服务的权利。同时,因共享单车为运营服务商所有,共享单车运营服务商一般约定消费者承担一定的减少不必要损耗的义务。共享单车提供的出行服务本质上差别不大,可替代性较强,因此,共享单车消费者享有自主选择共享单车服务商的权利。这种自主选择权决定了共享单车企业需要进行客户分类和需求特征分析,并不断改进自身服务模式来满足顾客多样化的消费需求。此外,运用消费者行为理论对共享单车用户选择行为进行分析可以更好地厘清消费者行为机理,提供考虑用户异质性的差异化服务模式。

为了规范用户行为、提升用户使用共享单车满意度、促进共享单车可持续发展,政府相关部门出台了一系列政策用来规范市场行为,改善共享单车服务质量。2017年8月,交通运输部等10部门联合出台了《关于鼓励和规范互联网租赁自行车发展的指导意见》和《关于促进小微型客车租赁健康发展的指导意见》,两个意见均在实施鼓励发展政策、规范运营服务行为、保障用户资金和网络信息安全、营造良好发展环境四个方面提出了相关具体措施。北京市也出台了《北京市鼓励规范发展共享自行车的指导意见(试行)》《共享自行车系统技术与服务规范》和《自行车停放区设置技术导则》等文件,对共享单车的规范和使用提出要求和意见。2020年,北京市人民政府办公厅印发《2020年北京市交通综合治理行动计划》的通知,倡导以"交通秩序专项整治年"为抓手,按照"优供、控需、强治"总体思路,坚持"慢行优先、公交优先、绿色优先"理念,加大精治、共治、法治力度,加快构建综合、绿色、安全、智能的立体化、现代化城市交通系统,持续提升首都交通综合治理能力和治理水平。在政府、企业、个人等主体共同参与下,这些与共享单车市场相关的公共政策逐渐完善,形成了明确的责任划分,共同保障共享单车的使用秩序[173]。

本章以共享单车消费者满意度为研究对象,从特征分析、行为决策和技术接受等三个方面对共享单车消费者行为及其满意度影响因素进行分析。上述研究是基于两次不同时间的调研结果来进行的模型建立和结果分析与讨论,体现了共享单车不同发展阶段的消费者满意度变化情况,因此,研究结论为进一步开展对比分析提供了很好的科学决策支撑。

6.1 共享单车消费者特征的对比分析

6.1.1 共享单车用户特征分析

我国互联网和移动通信技术的发展为共享单车的快速发展提供了基础。共享单车用户数量不断攀升,但随着共享单车行业监管与运营规范不断提高,大中型城市的共享单车用户数量上升空间已经趋于饱和。根据《中国共享出行发展报告(2019)》,截至2019年8月底,中国共享单车用户注册规模从2018年的2.35亿人增加到2019年的超过3亿人[174]。相比于我国互联网用户规模和人口基数,共享单车发展的潜在空间还有很大,且不同地区的增长空间差别较大。

(1)共享单车用户性别及年龄特征

根据艾媒咨询发布的2018年10月中国共享单车用户画像,共享单车用户男女所占比例分别为52.2%和47.8%,符合我国男性人口略多的特点。共享单车用户年龄分布情况如图6—1(a)所示,各年龄段均有用户使用,31—35岁占比最大,达到28.8%,25—30岁用户占比次之,达 25.2%。根据本研究调研获得的数据显示,共享单车用户人口统计学特征是女性用户占比 56%,男性用户占比 44%,男女性别占比大致持平,女性稍多于男性。受访者的年龄分布如图 6-1(b)所示,12—17 岁的用户占比 4.6%,18—25 岁的用户占比 67.6%,26—35 岁的用户占比 21.6%,36—45 岁的用户占比 4.7%,45 岁以上的用户占比 1.5%。其中 18—25 岁青年占比最大。本研究获取的研究样本与艾媒咨询发布报告的数据基本一致,客户群体的分布以中青年为主。

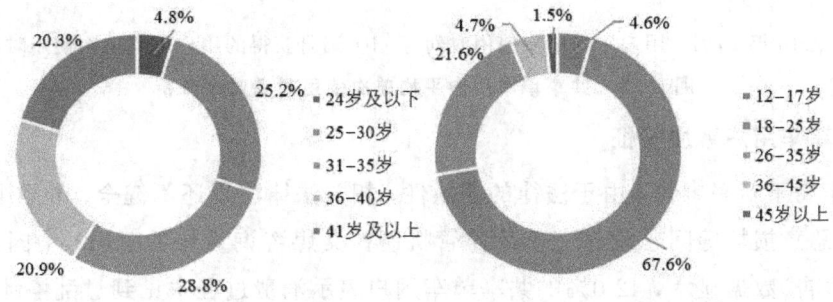

(a) 2018 年 10 月,共享单车用户画像　(b) 调研获得的共享单车用户画像

图 6-1　共享单车用户年龄分布对比分析

(2)共享单车用户出行需求特征

基于艾媒咨询研究报告得到的中国共享单车用户使用频率,如图 6-2(a)所示,45.1% 的用户每周使用频率在 5 次及以下,26.4% 的用户使用频率在 5—10 次。50.8% 的用户平均每次使用共享单车的时间在 10—30 分钟。本研究调研获得的共享单车用户每周使用频率为 0—5 次的用户最多,且占比高达 83.1%,用户平均单次使用时间在 30 分钟以下用户最多,且这类用户超过九成。这些情况与艾媒咨询的报告结果相似,对比结果说明共享单车在一般情况下还不是受访者的出行首选,且用户使用共享单车多用于短途出行。另外,研究结果显示,36.8% 的用户使用共享单车的原因是出于通勤需求,36.7% 的用户使用原因是出于省时需求,22.9% 的用户使用原因是出于休闲需求。

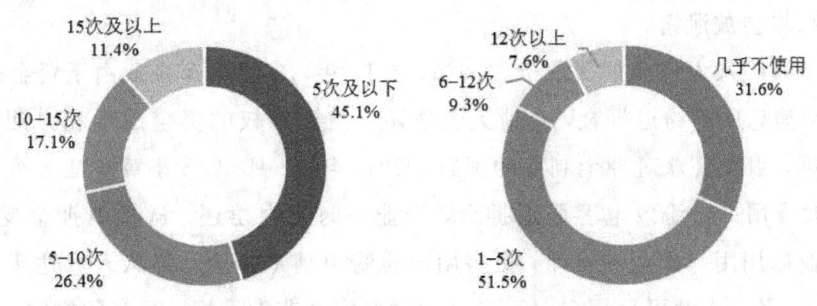

(a) 2018 年 10 月,共享单车用户使用频率　(b) 调研获得的共享单车用户使用频率

图 6-2　共享单车用户每周使用频率对比分析

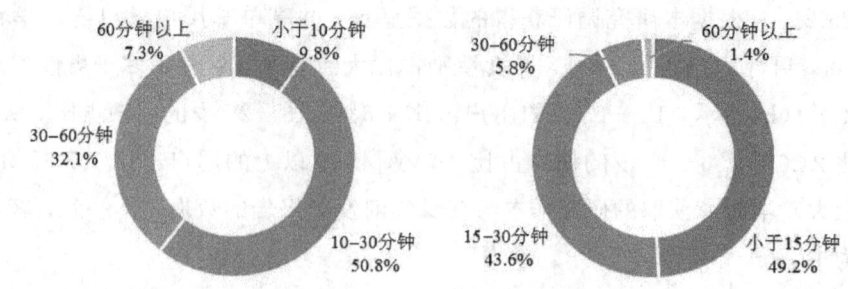

(a) 2018年10月,用户平均单次使用时间　　(b) 调研获得的用户平均单次使用时间

图6-3　共享单车用户平均单次使用时间对比分析

(3) 共享单车用户素质特征

共享单车属于新兴事物,由于法律的滞后性,相关法律法规还不健全,导致上私锁、非规定区域停放、恶意损坏等问题没有完善的监管机制。艾媒咨询发布的《2017中国共享单车夏季市场专题报告》数据显示,42.0%的共享单车用户表示消费过程中见到过乱停乱放现象,且26.8%的用户表示这种不良现象出现次数非常多。69.6%的用户认为造成乱停放现象比较严重的原因是共享单车用户的规则意识薄弱。综合来看,目前部分公民道德规范意识薄弱,道德素养需提高,这对于共享单车这种无人监管的产业发展具有一定的不良影响。此外,这一现象未能得到有效改进,对于用户行为的监督还有待加强。

(4) 共享单车用户危机感特征

互联网发展十分迅速,信息传播的速度也非常快,人们对于自身的隐私安全和财产安全的危机感也逐步提升。网络预约出租车对个人信息安全的影响研究表明,个人信息安全问题越来越被人们重视,政府不对其中的个人信息安全进行监管将会带来严重后果[175]。日常生活中垃圾短信、骚扰电话充斥着人们的生活,个人隐私得不到保障,因此隐私安全问题得到了广泛关注。用户在注册时被要求填写自己的姓名、电话、身份证号等,会增加用户的顾虑。共享单车企业收集了用户大量的信息,即使企业保证用户信息的安全,但一旦网络被入侵,数亿人的隐私将会被泄露。

共享单车曾陷入大规模押金危机。例如,2017年,多家单车企业由于资金链断裂陷入危机,用户得到消息后纷纷退押金,企业无力偿还。由于维权的资金成本和时间成本过高,消费者维权困难,引发公众对押金制度的深思。2018年11月,ofo小黄车法人变动,再次引发用户恐慌,大量用户纷纷致电客服退押金,企业一时无力偿还,从秒退押金变为延迟处理,由此爆出企业挪用用户押金的丑闻,更多用户纷纷申请退押金,排队人数达千万人,涉及押金金额超过10亿。由此可见用户对于自身的财产安全非常重视,存在危机感。

总体而言,共享单车的消费者特征分析结果显示共享单车自身车体架构、商业模式、外部社会环境等三类问题成为影响共享单车用户满意度的主要因素,具体分析如下:

第一,人机协调问题引发共享单车使用过程中的骑行体验不佳、自行车故障乃至安全事故。用户体验感的好坏可以决定共享单车企业能否留住用户,体验感不佳,用户很有可能不会再选择该企业的单车。用户在使用自行车时遇到因车故障而导致的事故,会给用户留下不好的印象,导致用户流失。

第二,商业模式缺乏用户黏性,定价机制无法保证用户忠诚度。当共享单车收费不合理、调整幅度过大或超过用户预期时,用户可能会选择其他交通工具。单纯以价格来进行客户关系管理的策略无法保障企业客户资源的稳定性。共享单车企业的商业模式要找准客户市场定位,以附属价值挖掘客户资源,才能吸引并留住共享单车消费者。

第三,停放问题困扰城市发展,引起社会治理难题,因社会总体信用与监管机制不健全,行业发展面临一定的挑战。共享单车的模式就决定其运营服务商需要在共享单车的管理上花费较多的精力。单车的共享模式需要用户理解并遵守停放规则,需要企业根据用户的车辆流动建立有针对性的维护机制,更需要交通部门为共享单车运营提供良好的发展环境。

6.1.2 共享单车消费者行为特征

共享单车的出行意愿研究以消费者行为理论作为主要的理论基础,包括效用论、消费者均衡、替代效应。消费是人类社会中最基本的经济活动之一,在共享单车出行领域,消费者消费行为的出发点就是满足短途出行的需求。消费者行为理论研究消费者如何在各种商品和劳务之间分配他们的收入,以达到效用的最大化。一般认为,效用是消费所产生的后果对决策人的实际价值。根据以上效用理论,若一个人面临从给定的行动集合(共享单车出行、步行、出租车、地铁、公交车)中选择相应最优出行方式的决策问题,假设给定行动有关的未来状态已知,且这些状态出现的概率可测量,则消费者应该选择对各种可能后果的偏好期望值最高的行动,即效用最大的行动。因此,实现效用最大化是消费者均衡所研究的问题。

运用基数效用理论分析消费者均衡时,消费者实现效用最大化的均衡条件是:如果消费者的货币收入水平是固定的,市场上各种商品的价格是已知的,那么,消费者使自己所购买的各种商品的边际效用与价格之比相等时,可以实现效用最大化。消费者行为不仅取决于商品自身的价格,也在相当程度上受其他商品价格的影响。替代性指能带给消费者近似的满足度的几种商品间具有能够相互替代的性质。在对共享单车出行意愿的研究中,消费者出行时根据自身需要选择交通工具,出租车、公共汽车、地铁、步行都可以作为共享单车的替代品。研究共享单车的替代效应对其可持续发展具有重要意义。以下本节从理性行为和计划行为两个方面来分析共享单车出行的消费者行为理论。

(1)理性行为理论

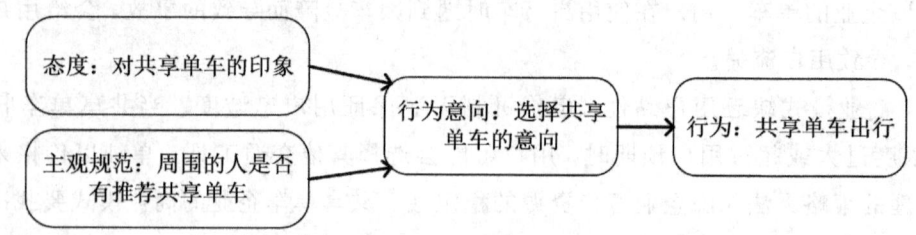

图 6—4 共享单车消费者理性行为理论模型

理性行为理论(Theory of Reasoned Action，TRA)是由美国学者 Fishbein 和 Ajzen 于 1975 年提出，该理论认为人是理性的，在做出某一行为前会综合考量各种信息来推测该行为所产生的后果[176]。共享单车消费者理性行为理论模型如图 6—4 所示。

理性行为理论认为个体的行为是由其行为意向所决定，而个体对行为的态度和主观规范直接共同作用于个体的行为意向。理性行为理论认为行为意向是指个体会有某些行为的行动倾向从而做出的某些行为。

共享单车态度反映了个体对于共享单车的整体印象，即个体对共享单车骑行行为所持有的正面积极或者负面消极的情感，而个体对共享单车骑行行为结果的认识、重要程度、价值高低会直接影响这种行为的态度倾向。

主观规范是反映个体对于身边的人、重要的人希望自己使用某事物的感知，表现为周边的人、信息媒介等是否推荐共享单车的使用，因此主观规范是由个体对他人认为应该如何做的信任程度以及自己对与他人意见相一致的动机水平所决定的。

态度与主观规范两种因素结合起来协同影响共享单车消费行为意向，从而影响个体相应的骑行行为。作为通用模型，理性行为理论只能为共享单车行为研究提供一个基本的研究框架。因不同的研究对象与研究问题都具有独特的属性，所以，在研究过程中要根据共享单车的独特性引入不同的变量，并与普通私家自行车的使用进行对比，将不同的影响因素与理性行为理论结合起来，才能适应研究需要，更准确地认识到个体的真实行为。

(2)计划行为理论

理性行为理论建立在人是理性的假设基础上，个体行为发生前会考虑后果，可以自我控制行为。但是在现实中却存在偏差，因为个体行为并不是完全自愿的，个体行为受种种因素影响制约，是处于控制之下的。所以在现实中，理性行为理论不能对所有行为的情况给出合理的解释。因此，在理性行为理论基础上，通过增加感知行为控制(Perceived Behavioral Control)对行为意向的影响，创新地提出了新的行为理论研究模型——计划行为理论(Theory of Planned Behavior，TPB)[177]。共享单车消费者计划行为理论模型如图 6—5 所示。

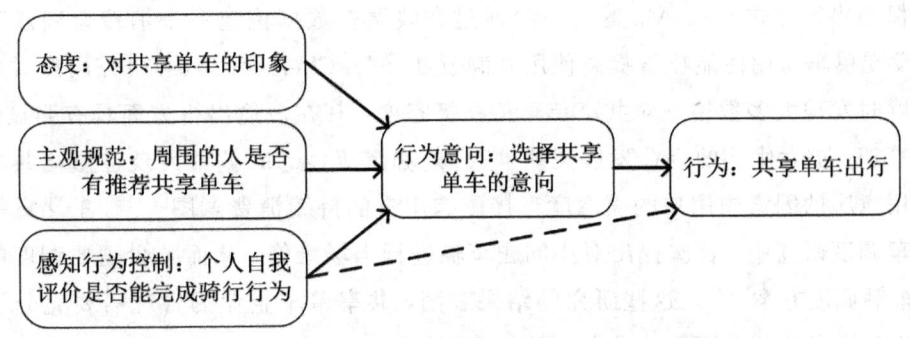

图 6-5 共享单车消费者计划行为理论模型

在共享单车计划行为理论中，除了态度和主观规范以外，影响因素都是通过影响行为意向而间接地影响行为。共享单车行为意向受到三个因素的影响，第一就是用户对于共享单车骑行行为所抱有的态度；第二就是源于外在的会影响个体选择共享单车骑行行为的主观规范；第三就是基于用户自我评价的"感知行为控制"。

TPB 理论更贴近实际情况，能更好地对个体行为进行解释，但是当个体对行为的控制程度很强或是控制因素并非个人所考虑的重要因素时，TPB 理论与 TRA 理论的效果相似。TRA 理论适用于个体的行为意向控制力较强的行为意向预测和分析，TPB 理论更适用于个体的行为意向控制力不强的行为意向预测和分析。目前计划行为理论已经在网购、餐饮、学习等各个现实领域的行为得到广泛应用。众多研究都证明了 TPB 理论对人们的行为意向以及实际行为具有良好的预测作用。

6.2 共享单车用户满意度调研与决策行为分析

精细化管理和专业化客户服务是共享单车行业未来发展的方向。共享单车行业发展初期，共享单车企业主要致力于规模扩张，其采取的价格战策略导致企业亏损巨大且带来了诸多管理难题。如今低价和红包战略已成行业发展的过去式，在当前共享单车用户已经形成了一定的使用习惯，对共享单车服务形成了一定黏性的情况下，决定用户是否愿意继续使用共享单车骑行服务的，便是共享单车企业能否提供符合用户心理预期的优质服务。本节基于问卷调研的方法，试图了解影响消费者满意度的因素及消费者行为决策的各个方面，研究共享单车的治理路径。

6.2.1 共享单车用户满意度多维特征

针对消费者满意度的影响因素，众多学者运用经济学、公共管理学、心理学等学科知识进行了研究。陈传红和李雪燕（2018）基于产品创新扩散、产品服务系统等视角，对影响用户满意度的因素作出了分析，并提出目前社会影响对新产品、新技术的采纳行为有正向显著影响，生态文明、绿色发展的理念深入人心，社会各界纷纷响应低碳出行、绿色出行，将共享单车视作健康环保的出行方式[178]。Ma等(2018)通过在线调查数据构建一个消费者满意度综合评价模型,发现单车易用性能显著提高使用者满意度[179]。Chen等(2019)研究用户对共享单车的使用态度时发现大多数用户对共享单车持积极态度,其在短途出行方面具有明显优势,提出了优化管理,扩大优势的企业发展策略[180]。刘珈琪等(2019)调查发现在影响共享单车用户继续使用意愿的因素中用户的满意度直接影响用户的持续消费意图[181]。王涵霄等(2019)在共享单车调度研究中,首次提出对小问题车辆进行当场维修,从而减少需要调度的单车数量,优化车辆调度方案[182]。这些研究的结果表明,共享单车企业的管理需要充分了解用户评价,因此多维度地调查用户的满意度是很重要的。

问卷调查的方法比较适合研究用户的满意度,能够有效衡量用户对于共享单车的评价。根据载体的不同,问卷调查可分为纸质问卷调查和网络问卷调查。纸质问卷需要在不同的时间、地点,对不同的人发放纸质问卷并回收,具有较高的随机性和可靠性,但是统计与分析结果比较麻烦,成本比较高。网络问卷调查是通过调查问卷网站进行问卷设计、发放、分析,优点是无地域限制,成本相对低廉,缺点是答卷质量无法得到保证。结合这两种方式进行问卷调查,既能保证问卷数量,又能保证问卷质量。本节聚焦共享单车低碳出行意愿及提升路径,研究消费者对共享单车的主观感受和建议,而这些信息直接来源于问卷调研所收集的数据。

满意度影响机理研究可从多方面分析共享单车消费者满意度的影响因素。满意度是消费者进行消费后的满意程度,而满意是消费者对消费的商品或服务的事前期望与实际使用商品或服务后所得到实际感受的相对关系,满意是一个人对消费商品或服务的主观评价,主要体现在消费者的支付意愿、使用行为等方面。影响消费者满意度的因素主要包括消费者个人情况、商品价格、商品及服务质量、消费者的未来预期等。本次调研结合了以上理论对问卷进行设计,考虑共享单车价格、服务质量等方面对用户的影响,保证问卷结构的全面性和科学性。共享单车的出行意愿研究以消费者行为理论作为主要的理论基础,包括效用论、消费者均衡、替代效应。关于消费者行为理论已在第6.1.2节进行了详细介绍。

(1) 共享单车用户满意度影响因素

本次调研既要掌握用户对不同品牌的偏好程度,又要从用户使用共享单车品牌数量和固定的品牌偏好来分析用户黏性,通过分析发现影响用户黏性的因素,为共享单车消费者满意度提升提供决策支持。用户满意度能显著影响用户黏性,一般认为用户对某一品牌越满意,其对于该品牌的黏性越大。

影响用户黏性的因素可分为外部因素和内部因素两部分。外部因素包括共享单车停放问题、单车设计时尚度、计划骑行距离等外在设施与外在环境等方面的因素。外部气候环境也是影响共享单车消费者决策的外部因素,大雨环境下共享单车的消费意愿相对处于较低的水平。内部因素是从企业内部运营的角度分析消费者黏性的影响因素,包括单车骑行舒适度、价格、押金与充值。另外品牌APP的便捷可操作性、共享单车的随时可获得性和优质的客户服务等也是影响共享单车消费者满意度的主要因素。

(2) 调研问题设计

本次调研主要调查共享单车用户使用的行为及出行意愿,共享单车给社会带来的影响及用户对共享经济的参与意愿。基于上述目标,本研究深入了解了共享单车的品牌类型、商业模式及政府出台的相关法律法规等问题,并从用户的角度对这些问题进行对比分析和深入研究,为共享单车的可持续发展提出建议。

共享单车用户的使用行为、使用满意度及现存问题是相互关联、相互影响的。通过调查用户使用行为可以反映出其对共享单车的满意度,而对用户满意度的调查有助于发现单车现存问题及用户的改进需求。因此,在本调研过程中,问卷设计分为四大部分,分别是用户基本信息、用户使用现状、用户满意度、改进意见。

第一部分是用户的基本信息。通过设置问题来调查用户的性别、年龄、受教育程度和收入情况来确定共享单车的主要用户群。

第二部分是用户使用共享单车的现状。通过了解共享单车主要投放区域,用户使用单车的用途、频率、单次骑行时间和主要骑行距离,大致确定共享单车的适用范围,与用户满意度调查的结果进行对比分析。

第三部分是用户满意度。在价格方面,调查用户对单次消费及月卡价格的心理承受能力、用户常用的消费形式及对押金价格的态度;在服务方面,通过了解优惠活动对用户的吸引程度,衡量用户对于不同品牌单车的外观时尚度、骑行舒适度、APP 使用舒适度及客户服务质量的满意度等级,以便于后续进行对比分析。

第四部分是顾客对于共享单车服务的改进意见。从是否愿意使用未关锁单车和能否将单车停放到合理区域的角度,了解用户的道德信用水平;通过用户对单车车型、性能及服务方面的需求反馈,了解共享单车目前存在的问题并提出合理的政策建议;对用户满意度的调查有助于了解用户参与共享经济的意愿及目前共享单车对同行业及出租车短途出行的可替代性。

本次问卷设计所使用的自变量与因变量完全是依据文献资料得出,可保证问卷的客观性和合理性。

(3) 实地调研与网络调查

通过实地调查研究用户使用共享单车的现状,探究用户对其满意度、改进需求、管理经营和使用行为的法律约束等方面可能存在的问题。研究结果可为共享单车低碳出行的科学布局、有序推进、可持续发展工作提供科学依据。

本次调研所用问卷经过了仔细而慎重的设计,大致分为以下三个阶段:

第一,问卷设计阶段:调研团队根据调研主题,首先通过收集资料,实地考察等方式,预先确定了共享单车的运行现状,并决定了问卷的大致方向,对问卷的问题设置提出各自的意见与建议。对同一类型的若干问题采用量表提问的方式,不仅能有效利用空间,也为调查者和被调查者提供了更强的对比性。然后整理制作了第一版调研提纲和问卷。

第二，问卷检查阶段：对问卷内容进行精简，删除一些与调研主题无关或相关性不强的问题，决定了问题之间组织排列的先后顺序。同时由于实地和网络调查存在略微的差距，本次调研对不同发放方式的问卷问题也做出了相应的调整。

第三，问卷测试及改进阶段：研究测试分为内部与外部测试两部分，这样可以避免因调查问卷中的错误或歧义使受访者产生不一致的理解而对调查质量产生影响。内部测试问卷的容量较低，更容易被受访者接受。对于受访者难以回答的问题，调研小组会及时更改为更加清晰的表述，从而有效降低了问题的难度。外部测试主要将问卷发放给身边易于寻找的受访者，根据受访者的反馈修改了一些难于察觉的问题并调整了有理解差异的问题。

本次社会调研分为实地调研和网络调研两部分，实地调研主要集中在北京、天津和沈阳三个城市，回收问卷501份；网络调研回收问卷512份。回收问卷后需要对问卷的有效性及合格率进行区分检查，确保每一份问卷都是有效且合格的。其中，线下有效问卷474份，合格问卷465份；网络有效问卷437份，合格问卷共411份。问卷整理完成之后，调研小组进行了问卷数据录入和比对，对结果进行分析和讨论。在剔除无效问卷和不合格问卷后，本次调研一共收集了876份合格问卷。

此次调研的总体样本量很大，已达到数万乃至数十万、数百万，此时，最低样本量与顾客的总数已无必然联系，而主要受到误差和置信水平的影响，计算公式如下所示，其最低样本量的确定以表6-1"一定误差和置信水平下的最小样本数量表"为主要依据。根据样本量公式（6-1）可以得到在允许误差2%、置信水平75%取样时，本调研所得到的有效样本量符合调研要求。

表6-1 一定误差和置信水平下的最小样本数量表

置信水平 允许误差	75%	80%	85%	90%	95%	99%
1%	3307	4096	5184	6766	9604	16590
2%	827	1024	1296	1692	2401	4148
3%	358	456	576	752	1068	1844
4%	207	256	324	423	601	1037
5%	133	164	208	271	385	664
7.50%	59	73	93	121	171	296

样本量计算公式：

$$n = \frac{z^2 \sigma^2}{d^2} \tag{6-1}$$

其中：

n——代表所需要样本量；

z——置信水平的 z 统计量,如 95% 置信水平的 z 统计量为 1.96,99% 的 z 为 2.68;

σ——总体的标准差,一般取 0.5;

d——置信区间的 1/2,在实际应用中就是容许误差,或者调查误差。

6.2.2 共享单车用户满意度影响因素调研结果分析

6.2.2.1 共享单车用户满意度不同维度差异性

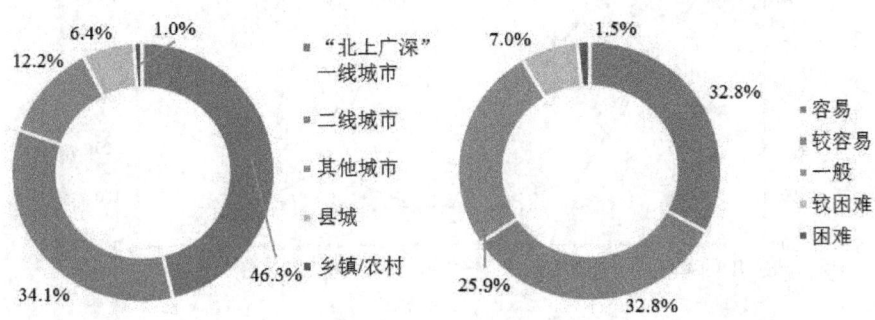

(a)共享单车使用地区分布　　(b)共享单车获取的难易程度

图 6-6　共享单车使用地区分布和共享单车获取的难易程度

如图 6-6(a)所示,46.3% 的用户通常在"北上广深"一线城市使用共享单车,34.1% 的用户在二线城市(省会、副省级市等)使用,仅有 1.0% 的用户在乡镇/农村使用。由此可见,共享单车的用户主要集中在一二线城市,其他城市也存在一部分用户,但县城和乡镇农村地区几乎没有。可推知共享单车的目标用户主要集中在一二线城市,而县城和乡镇农村不适宜发展共享单车。如图 6-6(b)所示,有 65.6% 的用户认为获得共享单车较为容易,已占半数以上。2017 年 6 月,共享单车日骑行次数近 1 800 万次,月活跃用户量达 3 264 万,全国多个中大型城市共享单车保有量达到较高水平,市场增速将逐步放缓[183]。图 6-6 的调查结果可说明一线城市共享单车投放量已趋于饱和,共享单车应扩展其他城市市场,实现均衡发展。

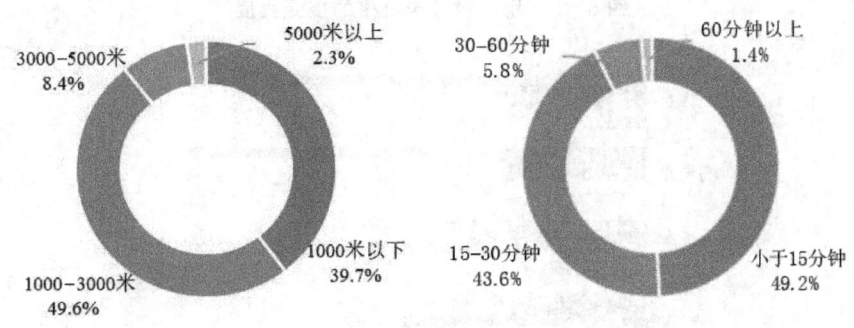

(a)共享单车用户单次骑行距离　　(b)共享单车用户单次骑行时间

图 6-7　共享单车用户单次骑行距离与骑行时间

由图 6-7 可以看出,出行距离在 3 000 米以下的用户占比为 89.3%,单次骑行时间在 30

分钟以下的用户占比92.8%，可见共享单车主要用于半小时以下短途出行。在用户可接受的单次骑行最高价格方面，大多数用户可接受的单次骑行最高价格为1元。这说明在骑行时间低于30分钟的情况下，用户的心理价位为单次骑行1元，此时处于消费者均衡状态，即花费1元用来骑行30分钟以内路程可使消费者获得最大效用。

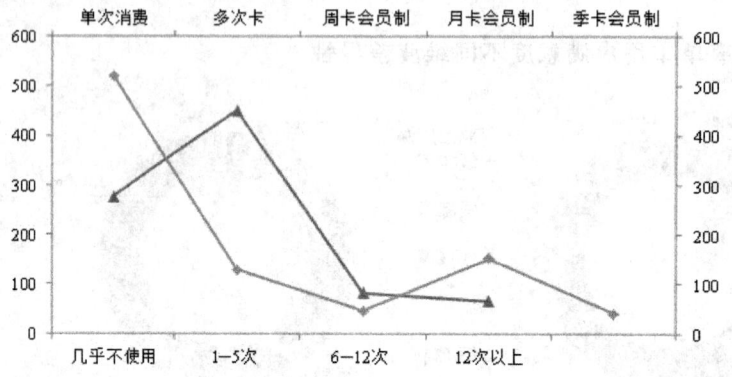

图6-8 每周使用频率与消费形式关联关系

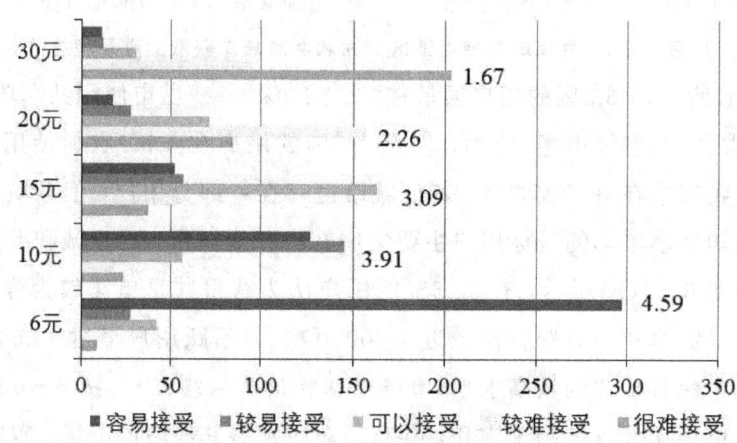

图6-9 用户对月卡价格的接受程度

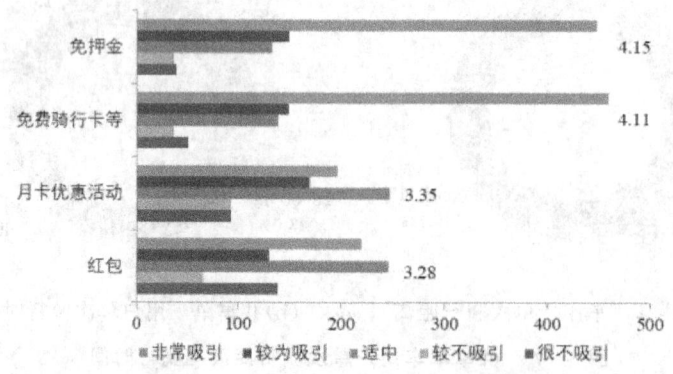

图6-10 不同优惠活动对用户的吸引程度

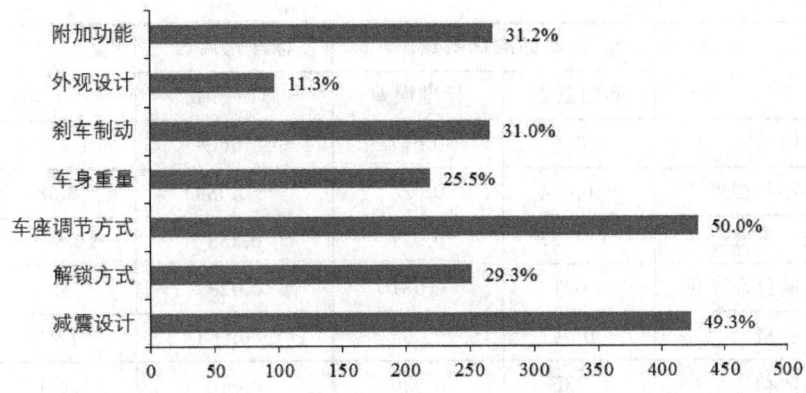

图 6-11　共享单车用户对于骑行服务的改进需求

图 6-8 中，倾向于单次消费与每周使用频率较低的用户占比较高，而倾向于购买长期会员卡与每周使用频率较高的用户占比较低，这反映出消费方式与骑行频率具有一定的关联性；图 6-9 中，用户对 6 元的月卡价格接受程度最高，为 4.59 分（总分 5 分），而对 30 元的月卡价格接受程度仅有 1.67 分；图 6-10 中，免押金和免费骑行卡等优惠活动对用户的吸引程度较高。结合以上统计结果可以看出，倾向于单次消费、偏好于使用单次优惠活动的人数较多，反映出用户使用共享单车频率较低的现状。而目前市场上的月卡价格多高于 6 元，与用户可接受的价格不符，使长期使用共享单车的用户付出的成本高于他们的心理预期，易导致该部分群体流失。图 6-11 反映了用户对共享单车车型改进及其他性能提升的需求。对车型改进的需求中，占比最多的是车座调节方式及减震设计，分别为 50.0% 和 49.3%；而选择外观设计的人数最少，说明多数用户更看重单车的骑行舒适度。

6.2.2.2　共享单车用户满意度影响因素分析

由定性分析结果可知，共享单车的使用频率与多种因素有相关关系，如主要消费形式、获得共享单车的难易程度等。针对各类相关因素，可建立多因素回归分析模型。模型结果如表 6-2 所示。

表 6-2　影响共享单车使用频率因素分析

	非标准化系数		标准化系数	t 值	P 值
	回归系数	标准误差	回归系数		
（常量）	1.332	0.182		7.299	0.000
性别	−0.155	0.058	−0.091	−2.668	0.008
年龄	−0.015	0.126	−0.004	−0.116	0.908
受教育程度	0.301	0.099	0.104	3.055	0.002
收入水平	0.075	0.074	0.035	1.010	0.313
骑行距离	0.001	0.037	0.001	0.019	0.985

续表

	非标准化系数		标准化系数	t 值	P 值
	回归系数	标准误差	回归系数		
骑行时间	0.076	0.044	0.060	1.715	0.087
获得单车难易程度	−0.074	0.028	−0.089	−2.689	0.007
主要消费形式	0.227	0.021	0.353	10.671	0.000
可接受单次骑行最高价	0.021	0.031	0.023	0.689	0.491
月卡价格	−0.041	0.033	−0.044	−1.218	0.224
优惠活动	0.035	0.030	0.042	1.181	0.238
外观时尚度	−0.067	0.044	−0.074	−1.500	0.134
骑行舒适度	0.109	0.046	0.128	2.350	0.019
服务质量	0.018	0.039	0.023	0.456	0.648

共享单车用户满意度影响因素回归模型公式为：

$$y = \alpha + \sum_{i=1}^{4} \beta_i d_i + \sum_{j=1}^{10} \gamma_j x_j + \varepsilon \qquad (6-2)$$

α——常量；

ε——随机误差项；

y——因变量，即用户使用共享单车的频率；

d_i——虚拟变量，模型中的性别、年龄、受教育程度、收入水平，因此 $i = 1, 2, 3, 4$；

x_j——自变量，在该模型中分别有骑行距离、骑行时间、获得单车难易程度、主要消费形式、可接受单次骑行最高价格、月卡价格接受程度、优惠活动吸引程度、外观时尚度、骑行舒适度、服务质量，因此 $j = 1, 2, \cdots, 10$；

β——虚拟变量回归系数，反映虚拟变量对因变量的影响程度；

γ——自变量回归系数，反映自变量对因变量的影响程度。

由模型结果可知，性别、用户收入水平、获得单车的难易程度、主要消费形式、骑行舒适度对共享单车的使用频率影响是显著的（$p < 0.05$），可结合该研究结果对共享运营政策及车型调节进行改进。

6.2.3 共享单车用户消费行为决策的其他因素分析

消费者在选择共享单车出行前，可能因为出行距离、骑行价格、单车的时尚度和易获得性等因素产生不同的感知控制，进而影响消费者选择共享单车出行这一消费行为是否发生。共享单车适用于短距离出行，对于较长的路程用户大多不会选择骑行；价格因素对用户是否选择共享单车出行的影响也较大，一旦超过用户的心理价格，用户也会放弃；另外时尚度和易获得性等因素也是共享单车企业不能忽视的因素，美观便捷的单车更容易受到消费者的青睐。上述因素中消费者的主观感受较多，共享单车企业在运营管理时，不仅要考虑单车的调度解决用户可获得性问题，更要主动考虑到消费者的使用感受，增加时尚度、便捷性等选择，契合消费者的需求。这样的共享单车才能更吸引消费者，增加共享单车在便捷出行方面的竞争力。

6.2.3.1 共享单车用户共同参与共享单车治理的意愿

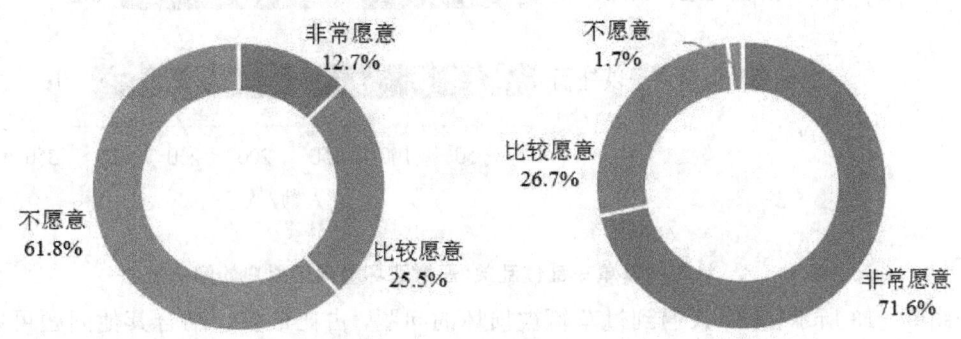

(a) 用户使用未关锁单车的意愿　　(b) 用户参与停放管理的意愿

图 6-12　用户使用未关锁单车和参与停放管理的意愿

如图 6-12 所示，有超过半数的用户不愿意使用未关锁的共享单车，然而仍有 38.1% 的用户愿意使用，占有较高比重，绝大部分用户愿意将共享单车停放在合理区域。结合以上统计数据可以看出，大部分共享单车用户具备良好的规则及诚信意识，但仍有部分用户缺乏公共意识，这说明我国整体国民素质有待提高。

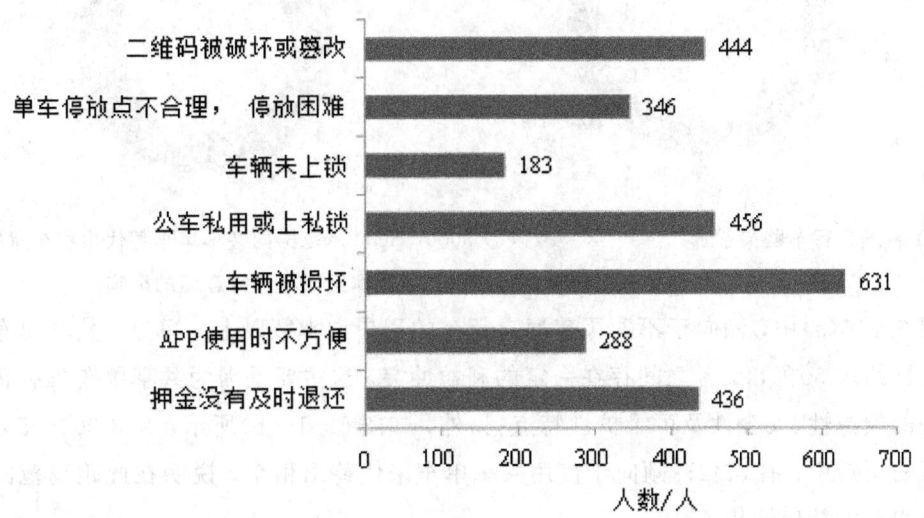

图 6-13　用户使用共享单车时遇到的问题

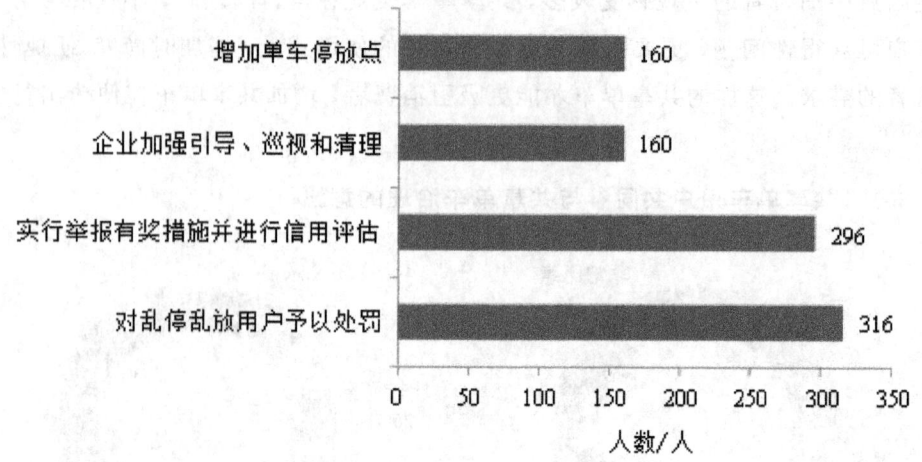

图 6—14 针对共享单车乱停乱放、恶意毁坏等问题用户的解决意愿

如图 6—13 所示,631 人遇到过车辆被损坏的问题,占比最多。结合其他问题可以看出,共享单车行业存在的信用问题颇多,并未得到有效解决。如图 6—14 所示,针对共享单车乱停乱放、恶意毁坏等问题,用户认为采取奖惩措施、完善社会征信体系的方式更为有效。

6.2.3.2 共享单车行业对同类和不同行业的替代性

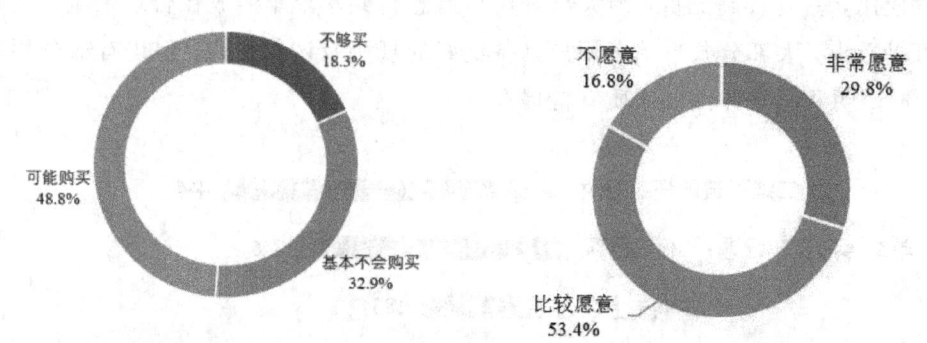

(a) 普通自行车购买意愿　　(b) 3000—5000 米范围内共享单车替代出租车意愿

图 6—15 共享单车对普通自行车购买意愿和出租车出行意愿的影响

在图 6—15(a)中,倾向于不购买普通自行车的用户占半数以上。可见,共享单车对同行业的替代性约占 50%,二者之间存在一定的利益冲突,这主要是因为共享单车具有普通自行车不具备的便捷性、安全性及可维护性特点;另外,如图 6—15(b)所示,在 3 000—5 000 米范围内出行的用户中,有 83.2% 倾向于使用共享单车来代替出租车,说明在此距离范围内共享单车对出租车的替代性较高。

6.2.3.3 用户参与共享经济积极性

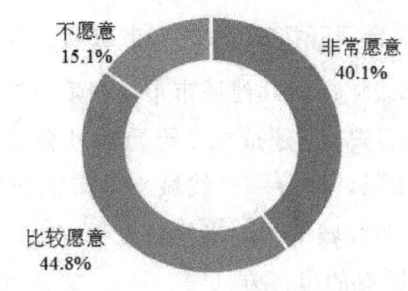

图 6—16 用户参与共享经济的意愿

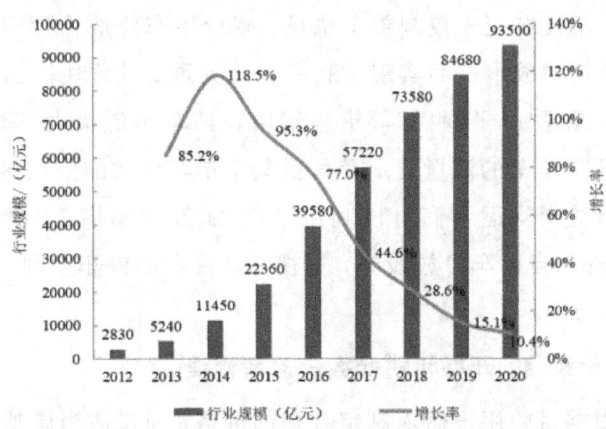

图 6—17 中国互联网共享经济市场规模及预测

如图6—16所示，84.9%的用户有愿意参与共享经济的倾向，结合图6—17中日益扩大的互联网共享经济市场规模可推断出，大部分用户有参与共享经济的积极性。而没有参与意愿的用户，可能是因为周围的共享经济环境还没有形成规模，或是认为当前的共享经济环境存在着较多问题，共享性、便捷性等优势不能充分发挥。不过，随着互联网共享经济市场逐渐成熟，有参与意愿的用户可能会更积极主动地参与共享经济，没有参与意愿的公众也很有可能被共享经济的优势所吸引。消费者都积极参与共享经济，可以为共享经济提供动力，促进共享经济平衡发展。

6.2.4 共享单车消费者黏性培养的政策建议

(1) 以青年人群为品牌发展定位，体现共享单车时尚特点

青年人群是共享单车的消费主力，据调研统计，青年用户占共享单车用户总市场的七成以上。因此，共享单车企业应重点关注青年人群的诉求，建立以青年人群为定位的品牌发展战略，着力于开拓以青年人为主的通勤族和校园单车等市场，推动城市低碳出行。除社交媒体宣传之外，还应建立多样化的品牌传播方式体系，积极尝试与校园及通勤单位合作，参与其活动赞助及其他有助于建立公共关系的项目，树立独特的品牌形象；除此之外，也不能忽视其他人群的消费需求，保障用户均衡和持续增长。

(2) 按城市类型精准布局，合理开拓三、四线城市市场

共享单车企业蜂拥至一二线城市而其他城市市场严重空缺，使一二线城市出现大量闲置的共享单车，这不仅导致了供需失衡，还造成了严重的社会资源浪费。为解决此问题，共享单车企业应以城市类型精准布局，维持一二线城市单车供需平衡，合理开拓三四线城市市场，促进资源的高效配置。三四线城市的单车投放也不宜操之过急，应结合宣传活动缓慢引导，循序渐进，逐渐改变市民原有的出行方式[184]。

(3) 建设大数据资源共享平台，调控投放量及合理调度

合理的调度方案，不仅有利于控制单车总量，减少单车停放占用空间，提高单车日均骑行次数，同时也对企业削减成本进而实现盈利有着至关重要的作用。通过建设交通大数据资源共享平台，在停车点设置"电子围栏"等措施解决目前单车流量大、调度难问题，同时还可以实时监控不同区域共享单车的流量情况及可供共享单车停放的空闲区域，进而合理控制投放量和车辆调度。除此之外，运营商可以利用APP实施奖励措施，鼓励用户进行"自觉调度"。同时，政府也应规划自行车停放设施，重视零散便利的停车空间，多渠道挖掘自行车停放资源。

(4) 实施稳健的定价策略，开展和耕耘客户关系管理

共享单车企业要根据目前用户需求制定合理的价格，通过适当调整优惠方式引导消费方式，增加共享单车的额外效用。过度的涨价不仅会带来严重的客户流失问题，也不利于新客户的参与，因此要根据成本及用户心理价位合理制订消费标准。因用户对低消费价格有较高的需求，可适当降低当前的单次消费价格和月卡价格，减少以单次消费为主的用户群流失；另外，目前使用共享单车的群体多为单次消费，应该通过适当增加月卡优惠活动次数、提高月卡优惠力度等活动，引导人们从单次消费转为长期消费，提升用户使用共享单车的频率。

此外，企业应把工作重点从市场扩张向更加注重企业管理、提升服务转移，利用信息及互联网技术向客户提供创新式的个性化交互方式和服务，提升客户关系管理水平。在产品方面，应加大研发力度，不断更新环保经济的车型设计，针对用户对不同性能的提升需求开发新产品，提高用户黏性；服务方面，应优化已投放共享单车的售后服务，及时处理用户的使用问题。

(5) 完善社会征信体系建设，加大社会秩序监督力度

推进共享单车信用制度建设和价格信用建设，促进行业守信自律。互联网租赁自行车企业服务质量信用考核和社会公示制度能保障共享单车行业的良性发展，通过明确奖惩措施，对信用高的用户给予适当的奖励，而对不文明用车的用户进行必要的惩罚。激励用户参与企业的优化运营，提高公共服务质量和市场监管水平。另外，应在共享单车停放点安排监管人员,加大巡视力度,及时制止用户的不文明行为并引导更正。

(6)宣传共享单车环保性与共享性,出台与普及相关政策

坚持"慢行优先、公交优先、绿色优先"的理念,传播低碳出行方式的重要性。企业通过增加宣传共享单车环保低碳性的广告活动,既能吸引更多用户参与低碳出行的行动,又能扩大企业的盈利空间。另外,政府应陆续出台有关共享单车运营管理、行为规范的政策,并加大政策宣传力度,号召更多用户自觉遵循骑行道德,自觉遵守骑行规范。

6.3 基于技术接受模型的共享单车消费意愿研究

随着互联网技术的快速发展,共享经济模式在各行各业得到了较快发展,共享单车作为一种新兴事物应运而生。共享单车消费意愿的研究对于共享单车这一新事物的长远发展至关重要。本研究基于 TAM 模型在用户对新系统接受因素研究中的成熟理论,结合共享单车行业特点,以及前人的研究成果,提出了关于共享单车用户使用意愿影响因素的 9 个假设,构建了本研究模型。根据研究模型,结合理论上比较成熟的量表法,设计了本次调研的预调查问卷,并进行了小样本调查,根据小样本调查结果和问卷反馈进行修正,最终完成本研究的最终调查问卷。

6.3.1 基于技术接受模型的共享单车消费意愿评价

6.3.1.1 研究方法

本节对于共享单车消费意愿的评价研究涉及模型理论和评价方法的选择。技术接受模型(Technology Acceptance Model)是 1989 年 Davis 在运用 TRA 理论和 TPB 理论的基础上所提出的一个模型[185],该模型相对于 TRA 理论和 TPB 理论将主观规范这一因素从理论中去除,并提出两个主要决定因素,感知有用性与感知易用性,并重新修正了影响因素之间的关系,具体关系如图 6-18 所示。感知有用性,即个体认为使用某个技术对其工作或生活中效率的提高程度;感知易用性,即个体在使用某个技术前认为该技术使用的容易程度。

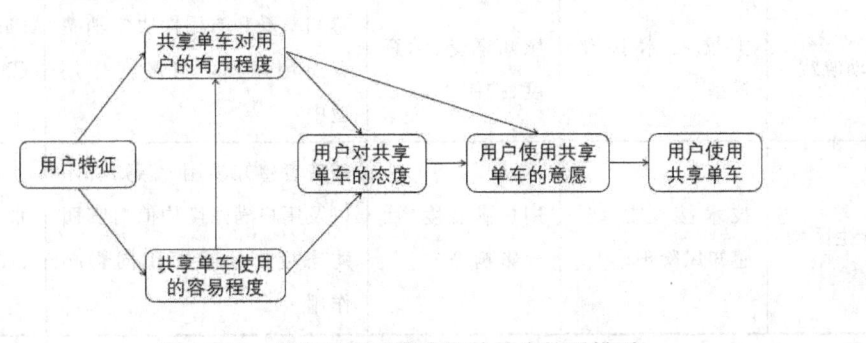

图 6-18 共享单车消费意愿的技术接受模型

该模型认为：使用意愿决定个体对于新技术的使用行为；使用态度和感知有用性决定用户使用意愿；使用态度的决定性因素是感知有用性和感知易用性，感知易用性可以直接影响感知有用性。

个体在面对新技术使用时，会受到许多外界因素的影响，所受到的影响因素和影响程度也会因为个体不同存在差异，这些因素不仅会影响个体对于新技术的感知有用性，还会影响感知易用性。这两种情况会影响个体对直接使用新技术的判断，产生积极或者消极的使用态度，当个体产生"使用这个新技术会提升我的工作效率"或者"这个新技术使用很方便"的感知时就会产生积极的态度，反之则会产生消极的态度。新技术的使用方便与否也直接影响个体对新技术有用与否的感知。通过有用性与易用性的感受产生对技术的使用态度后，个体的使用意愿就会受到个体使用态度和感知有用性的影响产生使用倾向，这种使用意愿的倾向就会最终决定个体是否使用新系统或技术的使用行为。

技术接受模型最早是对计算机的接受因素进行市场评估，其产生与信息技术接受行为有着密切关系，它以其特有的对用户技术感知测量的特点，应用于涉及人们对新平台、新系统或新技术的接受行为研究中。随着技术接受模型的不断发展，其应用领域也变得更加广泛。基于技术接受模型的用户使用意愿研究的部分研究实例如表6－3所示。根据表6－3所示，技术接受模型已广泛应用于网络教学、移动游戏、手机银行、电动汽车和网络购物等多种领域，越来越多的学者开始使用拓展或整合模型来应用技术接受模型。鉴于本研究的共享单车使用行为涉及新技术的用户行为，符合技术接受模型的应用条件与理论内涵，并且已经有学者将技术接受模型与其他模型进行整合来研究共享单车用户使用意愿，并取得了较好的实证结果。因此本研究以技术接受模型为基础，结合前人研究以及共享单车的特点，构建研究模型框架，通过问卷调查数据分析的方式研究用户的共享单车使用意愿的影响因素。

表6－3 技术接受模型研究领域分布

研究对象	理论模型	影响因素	结论	作者
网络教学	技术接受模型	自我效能感、技术复杂性、主观规范等	自我效能感、主观规范和技术复杂性对感知有用性和易用性都呈现积极影响	张思和李勇帆（2014）[186]
移动游戏	扩展技术接受模型	感知享受、满意度、控制力	感知享受和有用性决定消费者使用意图，满意度作用适中	Park等（2014）[187]
大学生团购	技术接受模型、感知风险理论	用户满意度、社会影响等	消费者感知易用，感知有用以及用户满意度均值对其团购态度产生显著正向影响作用	张圣亮等（2015）[188]

续表

研究对象	理论模型	影响因素	结论	作者
手机银行	技术接受模型、结构方程模型	感知风险性、感知易用性、移动技术	移动技术促进手机银行发展,同时提高顾客感知易用性	Saji and Deepa (2018)[189]
电动汽车	技术接受模型、保护动机理论	感知严重性、易感性、感知奖励、反应效能等	感知有用性及感知易用性对购买意向有显著的积极影响,而感知奖励和反应成本对于购买意向有显著的消极影响	王月辉和王青 (2017)[190]
网络购物	技术接受模型	感知有用性、感知易用性、社会影响及信任	社会影响、信任、感知易用性和感知有用性对使用网络购物的态度具有显著影响	Reyes-Mercado and Rajagopal (2015)[191]

本节采用的研究方法包括文献研究法、问卷调查法和实证研究法。

(1)文献研究法

查阅有关共享经济、共享单车、用户行为与技术接受模型等相关方面的文献与资料,了解目前有关共享单车运营模式的国内外研究现状。根据上述资料,找出现有研究的不足,并参考互联网数据以及相关报告,为本节的研究假设奠定理论基础与提供事实依据。

(2)问卷调查法

问卷法是目前国内外社会调查中较为广泛使用的一种方法,在市场营销研究中应用也非常广泛,是社会科学调研的一种可靠的研究方式。问卷调查法可以简单、直接、清楚、准确地了解到用户意向,便于量化和统计数据。本研究使用问卷调查法,借鉴前人理论与测量表,针对共享单车用户消费意向研究的特点制定相应的问卷。

(3)实证研究法

实证研究方法指的是研究者通过调研收集样本的观察资料,对研究假设进行验证。采用的数据分析软件为 SPSS 21.0、AMOS 24.0,对通过问卷调查得到的数据进行描述性分析来确定样本的合理性,通过相关分析、结构方程检验和单因素方差分析来验证假设,对研究模型进行修正,得出相关结论,给企业提出针对性建议。

6.3.1.2 基于技术接受模型的共享单车消费意愿研究模型

(1) 研究假设

①共享单车用户使用意愿正向影响使用行为

行为,即个体采取的实际行动。本研究中,使用行为(Use Behavior,UB)即用户决定并使用共享单车的行为。用户面对共享单车时,会根据共享单车的特性以及自身或外界条件来决定是否使用共享单车。

使用意愿(Usage Intention,UI)即用户使用共享单车的倾向。TRA、TAM 模型中认为个体在采取某行为前会产生一种行为倾向,这种倾向可以预测用户后续的消费行为,理论中将这种倾向称为行为意向,并认为个体的行为是由其行为意向所决定,本研究中,用户的使用意愿是指在用户使用单车行为前的一种使用倾向。

在 TRA、TPB 和 TAM 理论中,通过用户的使用意愿可以推测出用户是否发生使用行为,这种使用意愿直接影响其使用行为。在后续的用户行为研究中,国内外众多学者证实,在用户网络购物[192]、移动图书馆[193]、网络社群[194]、政务微信[195]和 B2C 电商网站[196]等多种新技术产品上,用户的使用意愿是使用行为的先决条件。无桩共享单车在近几年进入用户视野的,对于用户来说,这种新兴事物还比较陌生,在用户接受共享单车并使用前,会根据其特点来判断一系列状况从而产生使用倾向。因此本研究假设用户在发生共享单车使用行为前会受到其使用意愿的影响。

假设 1:共享单车用户使用意愿正向影响使用行为。

②共享单车用户感知有用性正向影响使用意愿

感知有用性(Perceived Usefulness,PU)即用户对共享单车是否有用的感知,是否对自己的骑行选择产生正面积极的影响。在 TAM 模型中,感知有用性是影响使用意愿最为重要的因素之一。共享单车作为用户眼中的新事物,用户会通过企业互联网推广、目击其他用户使用共享单车的过程、通过周边朋友谈论等渠道了解到共享单车的功能,当用户通过了解并认为共享单车可以对其产生帮助时,用户就会产生使用共享单车的倾向。

相对于用户传统的出行方式,共享单车在特定的场景有其自身特有的优势,主要体现在短途出行当中。在短途出行中,自行车是有效节约时间和体力的出行方式,但使用共享单车可以避免管理与保养等问题;相对于机动车出行方式,共享单车使用范围更加灵活,在出行高峰时期可有效避免交通拥堵,并且无桩停放、随用随停的特点可以避免出现没有停车位的问题;出租车的出行方式虽然可避免找车位的问题,但相对于共享单车,使用成本还是较高。选择共享单车与公共交通作为互补的出行方式可大大提高出行效率。所以本研究在影响使用意愿的因素上定义了感知有用性。

根据 Davis 的 TAM 理论模型,感知有用性对用户使用意愿有积极的正向影响。国内学者王艳玲(2020)的研究表明,用户感知有用性对跨境电商平台消费意愿具有正向的影响[197]。

原欣伟(2018)在研究人们参与虚拟社区对创新产品使用意愿影响中发现,人们对创新产品有用性的感知对创新产品采用倾向具有正向影响[198]。还有一些学者在其研究中都得到了感知有用性对用户使用意愿有积极的影响结果[199,200]。共享单车作为一种出行工具,用户在使用后会对自身的使用体验有一个心理感受,如果使用后认为其提高了自己的出行效率,是有用的,那么用户可能会继续使用共享单车。所以本研究假设:

假设2:共享单车用户感知有用性正向影响其使用意愿。

③共享单车用户感知易用性正向影响感知有用性和使用意愿

感知易用性(Perceived Ease of Use,PEOU)是用户对使用共享单车容易性、方便性的感知。在TAM模型中,感知易用性也是影响使用意愿的重要因素。现在共享单车所面对的一二线城市用户生活节奏非常快,共享单车使用的方便与否会直接影响用户的使用意愿,如果共享单车让用户感觉使用不方便,提高了自己的时间成本,那么用户就会对共享单车产生"没用"的感知,也就是共享单车的感知易用性通过影响感知有用性而间接影响使用意愿。

共享单车的易用性体现在多方面,例如寻车便利性、骑行舒适度、停车便捷性、支付快捷安全性等。共享单车用户寻车主要通过两种方式:一种是直观观察寻找附近是否有可用的车,另一种是通过APP地图定位附近单车,无论哪种方式都需要用户付出一定的时间,寻车易用性与企业的投放数量与覆盖区域大小有关;用户骑行易用性体现在骑单车的体验上,单车的轻便性、车轮、链条、座椅、车把等基础功能的完善,车铃、座椅可调、车筐及后座等附加功能的完备,以及共享单车的质量等,都会影响骑行易用性;共享单车用完即停,无需停车桩,只要在合法区域即可,停车方便与否主要与企业的运营区域有关。共享单车支付方式只限于线上支付,这是共享单车运营模式上的必然选择,那么线上支付方式的多样性是影响用户支付方便的主要影响因素,共享单车的支付易用性体现在企业与银联、微信、支付宝等合作关系上。用户一般会倾向于使用方便而不烦琐的事物,所以本研究在影响用户使用意愿的因素上定义了感知易用性。

根据TAM模型,感知易用性对用户使用意愿有直接的正向影响,因为感知易用性对感知有用性有直接的影响从而间接影响使用意愿。盛光华等(2019)采用技术接受模型构建共享单车用户持续使用意愿模型,发现感知易用性和感知有用性在消费者创新性与使用态度之间起多重中介作用[201]。李雅筝(2016)在研究用户持续使用在线教育平台影响因素时发现,感知易用性对感知有用性及用户使用意愿的影响十分显著,教育平台使用容易,操作方便,则用户使用该平台的意愿也更强[202]。因此本研究提出假设:

假设3:共享单车用户感知易用性会正向影响感知有用性。

假设4:共享单车用户感知易用性正向影响用户使用意愿。

④共享单车用户恶劣环境抵抗性影响其感知易用性和使用意愿

恶劣环境抵抗性(Harsh Environment Resistance,HER)即共享单车对恶劣环境的适应能力。共享单车作为室外使用的产品,用户在使用共享单车前会根据气候环境状况来判断是否适合选择共享单车这种出行方式。

用户使用共享单车受气候环境影响体现在天气、气温、空气污染等方面。雨、雪、风、高温、低温、空气污染等环境因素对室外产品的使用会产生不好的影响,当天气不适宜骑车时,用户的使用意愿就会下降,共享单车不具备抵抗这些不良天气的设备,会使用户觉得共享单车在气候不好的时候不方便用,即降低了用户对共享单车的感知易用性。所以,本研究在此定义了恶劣环境抵抗性的影响因素。

国内学者曹小曙(2019)在研究西安降雨和污染天气对公共自行车使用强度影响后得出结论,降雨与污染强度的不同,对公共自行车使用强度的影响也不同[203]。不同个体在降雨和空气污染下的单车使用强度也不同,主要是因为降雨和空气污染等天气特征,主要通过影响用户决策来影响使用强度变化,同时站点建成环境、用户出行偏好与天气特征一起,共同作用于出行决策。共享单车与公共自行车有很大的相似之处,所以本研究在这里提出假设:

假设5:共享单车恶劣环境抵抗性正向影响用户感知易用性。

假设6:共享单车恶劣环境抵抗性正向影响用户使用意愿。

⑤共享单车用户感知使用成本负向影响使用意愿

感知使用成本(Perceived Cost,PC),即用户在使用某新系统或者技术时要付出一定的成本,用户会对付出的成本有一定的考虑。用户在使用共享单车时也会有一个成本感知,会根据成本的合理性来决定是否要使用共享单车。

用户在使用共享单车时会付出一定的成本,在本研究中该成本特指经济成本,包括租金和押金两部分。目前大部分共享单车租金为每小时1元,由于运营成本较高,北京城市的小蓝单车、摩拜单车分别于2019年3月21日和4月8日将计费规则调整为起步价1元,超出15分钟后每15分钟收费0.5元。摩拜等部分企业已经免押金,部分单车押金99—199元不等。低使用成本能更吸引用户使用,用户都希望使用成本越低越好。因此本研究中定义了感知使用成本因素。

国内学者张文(2018)在研究泰国大学生网购意向时得出感知价格影响泰国大学生的网购意向,最终影响泰国大学生的购买行为,如果网购的价格优势较高,泰国大学生可能更愿意网上购买产品[204]。吴莹(2018)在研究共享单车用户满意度时通过实证研究发现共享单车满意度受到用户感知成本价值的影响[205]。无论是经济成本还是非经济成本,都对共享单车的满意度有影响。顾客对共享单车的成本感知价值越高,即共享单车定价高、押金高、促销活动不合理、押金退还时间慢,对共享单车的满意度越低。由此得出共享单车的成本价值负向影响满意度。因此,本研究将感知成本列入影响因素,并提出以下假设:

假设7:共享单车用户感知使用成本与用户使用意愿负向相关。

⑥共享单车用户感知激励正向影响使用意愿

感知激励(Perceived Motivation,PM),企业为吸引用户,增加流量,获取市场会不定期举办一些低价促销、礼品赠送、返现等营销活动,用户受到消费激励更愿意去参与或者使用某产品,这种用户对激励活动的感知即感知激励。

共享单车初期,企业为获取用户市场,会通过红包车、打折月卡、免费骑行周和分享好友得优惠券等激励活动吸引用户。在优惠活动期间,用户可能会因低廉的价格而更愿意去使用共享单车。因此,本研究定义了感知激励因素。

Higueras-Castillo 等(2019)在研究消费者对购买电动汽车的态度时发现,消费者购买电动汽车或混合动力汽车的主要动机是信任和外在激励,感知有效性对购买意图影响最为显著[206]。Xu 等(2017)在对双十一期间消费者网上购物影响因素的研究中得出结论:感知激励和社会影响是最重要的两个因素,购物券发放、满额促销等激励方式都会刺激消费者的购买欲望,从而影响消费者购买行为[207]。Chang 等(2019)在研究绿色营销、感知动机和激励对行为意向的影响时也得到类似相关结论[208]。共享单车企业也有促销活动,因此,本节验证这是否会使共享单车用户受到活动激励,所以本研究假设:

假设 8:共享单车用户感知激励会正向影响用户使用意愿。

⑦用户基本情况对用户的使用意愿及共享单车特性感知存在影响

用户特征包括性别、年龄、学历、收入、出行偏好等。不同情况、经历的用户对于新事物的接受程度和新事物特性的感知也不同。

张春华和温卢(2018)在分析高校学生网络游戏消费行为影响因素时,通过实证研究发现,高校学生的网络游戏消费行为呈现出分化的态势:男性玩家游戏网龄时间比女性玩家长。相比本科生和研究生及以上学历群体,专科生偏向选择使用多种工具参与游戏,且每天花费在网络游戏上的时间较多[209]。陈渝等(2014)在研究中表明,对于某种系统的使用,习惯是直接影响用户行为的一个很重要的因素[210]。如果用户使用某系统养成了习惯,产生重复的行为,这样能减少不必要的付出来学习。共享单车与自行车和城市公共自行车使用类似,在短途出行中,倾向于自行车和城市公共自行车的个体对共享单车的接受程度和使用倾向也会更强。综合以上前人研究结果,本研究提出假设:

假设 9:用户基本情况对用户的使用意愿及共享单车感知存在影响。

(2)基于技术接受模型的共享单车消费意愿模型框架

为研究共享单车用户使用意愿的影响因素,本节基于技术接受模型(TAM)构建了共享单车用户使用意愿影响因素模型,同时引入了恶劣环境抵抗性、感知使用成本、感知激励三个外部变量和用户特征,最后根据前文假设连接变量间影响关系得到基于技术接受模型的共享单车使用意愿的研究模型,如图 6-19 所示,方框代表变量,箭头所指代表影响关系。

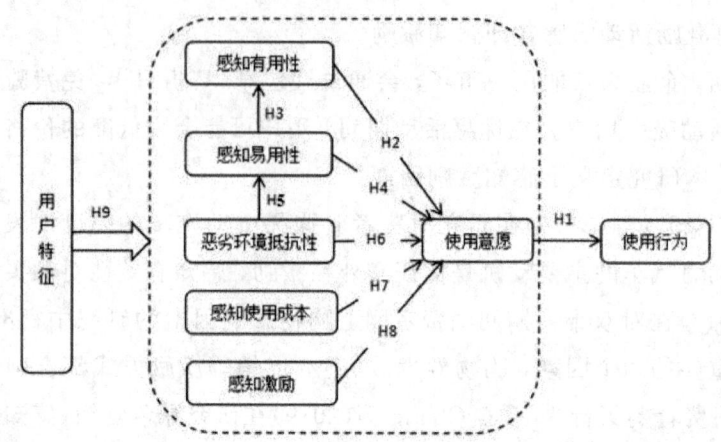

图 6-19 基于技术接受模型的共享单车使用意愿影响因素研究框架

6.3.1.3 数据来源与检验

本节对于共享单车消费意愿调研数据的检验分为量表检验（信度和效度）和变量相关关系检验两个方面。正式调查量表信度检验与小样本信度检验方式相同，主要参考指标为Cronbach's α 值和CITC值，SPSS输出结果如表6-4所示。

表6-4 样本信度检验结果表

变量		矫正的项总计相关性（CITC）	项已删除的Cronbach's α	Cronbach's α
使用行为	UB1	0.708	—	0.799
	UB2	0.708	—	
使用意愿	UI1	0.904	—	0.950
	UI2	0.904	—	
感知有用性	PU1	0.748	0.807	0.861
	PU3	0.692	0.849	
	PU4	0.792	0.754	
感知易用性	PEOU1	0.667	0.612	0.767
	PEOU2	0.677	0.598	
	PEOU4	0.619	0.675	
恶劣环境抵抗性	HER1	0.567	0.580	0.700
	HER2	0.533	0.601	
	HER3	0.543	0.569	
感知使用成本	PC1	0.812	0.793	0.866
	PC2	0.854	0.775	
	PC3	0.832	0.782	

续表

变量		矫正的项总计相关性(CITC)	项已删除的Cronbach's α	Cronbach's α
感知激励	PM1	0.661	0.853	0.854
	PM2	0.698	0.821	
	PM3	0.824	0.697	

根据信度检验结果，各题项CITC值都大于0.5，所有的Cronbach's α值都大于0.7，并且删除每一项都会使Cronbach's α减小，说明量表总体信度较好，问题设置的一致性比较理想。

效度检验也是评价调研问卷资料的重要步骤，信度与效度同时通过检验才能认定问卷是有参考意义的。本研究的调查问卷的效度检验使用探索性因子分析法。探索性因子分析法的分析工具为SPSS。因子分析是把多个变量表示成各因子的线性组合，区分为少量不同的成分，来表示数据的结构，通过因子分析能确定某些题项的不合理性，从而对题项进行修改或剔除。效度分析是检验问卷设计合理性的重要步骤，对于问卷调查的数据结合有重要的意义。

在对数据做因子分析前，需要进行KMO(Kaiser-Meyer-Olkin)检验和Bartlett's球形检验来验证数据是否适合做因子分析。KMO值用于检验变量间的相关性和偏相关性，取值在0—1之间。KMO值接近于1，表明变量间的相关性强，偏相关性弱，因子分析的效果好。实际分析中，一般认为KMO值在0.7以上时效果可以接受；当KMO值在0.5以下时，表明不适合应用因子分析法。Bartlett's球形检验是一种数学术语，用于检验相关阵中各变量间的相关性，即检验各个变量是否各自独立，显著性水平在0.05以下可以接受。SPSS输出结果如表6-5和表6-6所示。

表6-5 变量KMO和Bartlett's球形检验结果汇总

变量	KMO	Bartlett's球形检验		
		近似卡方	自由度	显著性
使用行为	0.5	46.896	1	0.000
使用意愿	0.5	114.874	1	0.000
感知有用性	0.776	100.702	3	0.000
感知易用性	0.765	59.552	3	0.000
恶劣环境抵抗性	0.795	39.345	3	0.000
感知使用成本	0.845	35.499	3	0.000
感知激励	0.876	99.844	3	0.000

由上表可知，除使用行为与使用意愿KMO值为0.5，所有变量KMO值都高于0.7，使

用行为与使用意愿题项数量为 2，所以 KMO 固定为 0.5，因此认为该量表变量 KMO 值符合要求。所有 Bartlett's 球形检验显著性水平都处于 0.001 以下，完全符合小于 0.05 的要求。说明量表完全可以进行探索性因子分析。根据表 6-6，各变量因子载荷均在 0.5 以上，并且没有题项自成一个因子，表示样本效度很好。

本节使用 pearson 相关分析法对变量之间进行相关分析，相关分析用来研究变量间是否存在正向或负向的关系，是后文开展结构方程检验的前提条件，变量间关系的密切程度通过相关系数来体现，由于各个变量是通过观测变量来描述的，所以将每个维度下的观测变量求和平均之后所得到的值来表示潜变量，以此求得各个变量的相关系数。Pearson 相关系数公式如下：

表 6-6 变量因子载荷结果汇总

变量	题号	因子载荷
使用行为	UB1	0.924
	UB2	0.924
使用意愿	UI2	0.976
	UI1	0.976
感知有用性	PU4	0.916
	PU1	0.891
	PU3	0.855
感知易用性	PEOU2	0.880
	PEOU4	0.846
	PEOU1	0.765
恶劣环境抵抗性	HER1	0.824
	HER3	0.818
	HER2	0.749
感知使用成本	PC3	0.867
	PC2	0.748
	PC1	0.704
感知激励	PM3	0.932
	PM2	0.866
	PM1	0.840

$$r = \frac{N\sum x_i y_i - \sum x_i \sum y_i}{\sqrt{N\sum x_i^2 - (\sum x_i)^2}\sqrt{N\sum y_i^2 - (\sum y_i)^2}} \qquad (6-3)$$

N——样本数量；

x_i——第一个变量的第 i 个数据；

y_i——第二个变量的第 i 个数据。

相关系数的绝对值越大，表明变量间相关性越强；相关系数绝对值越接近于1，表明相关度越强，相关系数越接近于0，相关度越弱，相关系数的正负表明正相关或负相关关系。通常情况下通过下表6-7取值范围判断变量的相关强度：

表6-7 变量相关强度判别结果分类

相关系数	相关强度
0.8—1.0	极强相关
0.6—0.8	强相关
0.4—0.6	中等程度相关
0.2—0.4	弱相关
0.0—0.2	极弱相关或无相关

变量间相关分析SPSS输出结果如表6-8所示。根据假设模型间的变量关系，从表中可以看出使用意愿与使用行为($r=0.839$)、感知易用性($r=0.457$)、感知使用成本($r=0.489$)、感知激励($r=0.416$)在0.01水平显著相关，且都处于中等程度相关；使用意愿与感知有用性($r=0.709$)在0.01水平呈强相关；使用意愿与恶劣环境抵抗性($r=0.315$)则在0.01水平呈弱相关；感知易用性与感知有用性($r=0.455$)在0.01水平呈中等程度相关；感知易用性与恶劣环境抵抗性在0.05水平显著相关，相关程度为弱相关($r=0.235$)。根据分析结果，模型中变量间具有一定的相关关系。

表6-8 变量间相关系数矩阵

变量	使用行为	使用意愿	感知有用性	感知易用性	恶劣环境抵抗性	感知使用成本	感知激励
使用行为	1						
使用意愿	0.839**	1					
感知有用性	0.099	0.709**	1				
感知易用性	0.021	0.457**	0.455**	1			
恶劣环境抵抗性	0.230	0.315**	0.263*	0.235*	1		
感知使用成本	0.263*	0.489**	0.208	0.324**	0.133	1	
感知激励	0.142	0.416**	0.528**	0.426**	0.294*	0.296*	1

注：** $p<0.01$，* $p<0.05$。p值表示拒绝原假设的显著性水平，p值在统计学上有三个显著性水平检验的标准，分别为$p<0.001$，$p<0.01$，$p<0.05$，当$p<0.05$时，表示可以接受原假设，p值越小说明显著性越明显。

相关分析是路径分析的基础，主要研究各变量间相关程度，不能推测变量间关系的具体形式。因此，将运用结构方程检验方法研究各个变量之间关系的显著性。

6.3.1.4 基于结构方程模型的共享单车消费意愿影响因素分析

结构方程检验是一种验证性分析方法，要求必须有理论或者经验法则才能构建假设模型图。结构方程检验的主要目的是验证变量之间是否存在因果关系，是对一组可观测变量间线性系统方程组的因果关系形式，也可以看成是多组回归方程式组合而成[211]。

图 6-20 中 X_1 到 X_6 代表 6 个变量，变量之间的箭头代表变量间的影响关系，这种影响关系是已知或者假设出来的，通过结构方程模型分析，以上变量间的影响关系可以利用三组线性回归方程式表示：

$$X_4 = \beta_{40} + \beta_{41}X_1 + \beta_{42}X_2 + \beta_{43}X_3 + \beta_4 e_4$$
$$X_5 = \beta_{50} + \beta_{51}X_1 + \beta_{52}X_2 + \beta_{53}X_3 + \beta_{54}X_4 + \beta_5 e_5 \qquad (6-4)$$
$$X_6 = \beta_{60} + \beta_{61}X_1 + \beta_{62}X_2 + \beta_{63}X_3 + \beta_{64}X_4 + \beta_{65}X_5 + \beta_6 e_6$$

β_{40} —— 变量 X_4 的常量系数；

β_{50} —— 变量 X_5 的常量系数；

β_{60} —— 变量 X_6 的常量系数；

β_{ij} —— 变量 i 到变量 j 的路径系数；

e_4 —— 变量 X_4 的残差。

e_5 —— 变量 X_5 的残差。

e_6 —— 变量 X_6 的残差。

结构方程模型分析，路径系数越大表明影响强度越大，路径系数影响性参考如表 6-9 所示。

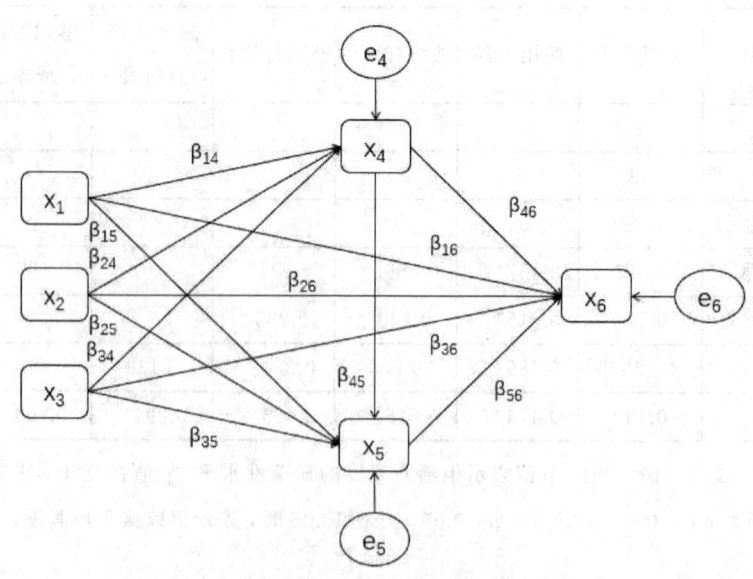

图 6-20 路径关系示意图

表 6-9　路径系数相关程度参考表

标准化路径系数 β	相关程度
0.8—1.0	极强影响
0.6—0.8	强影响
0.4—0.6	中等程度影响
0.2—0.4	弱影响
0.0—0.2	极弱影响或无影响

(1)结构方程模型构建

基于前文所提出的共享单车用户使用意愿为影响因素的假设及模型，本研究通过 AMOS 模型验证软件构建结构方程模型，计算各个变量之间的路径系数及其显著性表现，结构模型如图 6-21 所示。

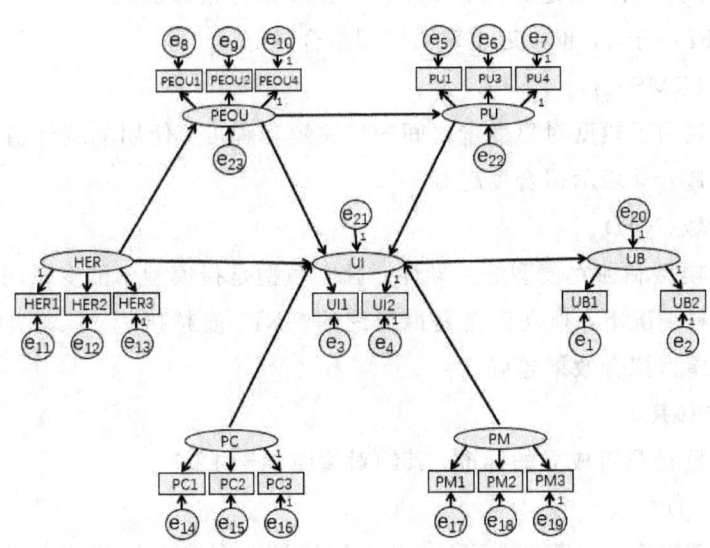

图 6-21　AMOS 构建结构方程模型

本研究关于影响用户使用共享单车意愿的内部因素主要研究了感知有用性、感知易用性、恶劣环境抵抗性、感知使用成本以及感知激励 5 个变量。在结构方程模型图中，变量以椭圆符号表示，题项数据用方框表示，残差项以圆圈表示，单向箭头指向表示变量间的影响关系，由此构建出变量间的关系结构图。

使用行为的题项数据包含 UB1、UB2；使用意愿的题项数据包含 UI1、UI2；感知有用性的题项数据包含 PU1、PU3、PU4；感知易用性的题项数据包含 PEOU1、PEOU2、PEOU4；恶劣环境抵抗性题项数据包含 HER1、HER2、HER3；感知使用成本题项数据包含 PC1、PC2、PC3；感知激励的题项数据包含 PM1、PM2、PM3。

(2)结构方程模型评价指标

①卡方值自由度比(CMIN/DF)

卡方值自由度比,即卡方值除以模型的自由度,卡方自由度比值越小表示模型拟合越好,一般情况下卡方自由度比值介于1—5之间。

②拟合优度指数(GFI)

拟合优度指数代表对显变量方差的解释程度。其值代表了模型拟合方差和协方差可解释数据方差和协方差的情况。GFI小于1,越接近1表明模型拟合越好。

③调整拟合优度指数(AGFI)

调整拟合优度指数是根据模型的自由度对拟合优度指数的调整,AGFI小于1,越接近1表明模型拟合越好。

④比较拟合指数(CFI)

比较拟合指数是用来促进在竞争模型中间选择最好的拟合度,这些竞争模型可以在参数化程度和潜在变量间关系的设定方面有所不同。比较拟合指数被认为是一个单一模型总体值的最佳近似值。CFI小于1,越接近1表明模型拟合越好。

⑤均方根残差(RMSEA)

均方根残差,表明了模型对显变量之间的相关解释程度,使用的统计值是相关的拟合残差。均方根残差值越小,表示拟合度越好。

⑥规范拟合指数(NFI)

用于反映假设模型和独立模型的差异性。独立模型是指模型中的变量间不存在任何的相关性,同样数据资料情况下,独立模型是最简约的。NFI值越接近1,表明独立模型与假设模型间差异越大,模型拟合效果越好。

⑦临界比(t 或 C.R.)

临界比是判别路径是否成立的标准,其绝对值应大于1.96。

⑧显著性水平(p)

p值表示拒绝原假设的显著性水平,p值在统计学上有三个显著性水平检验的标准,分别为 $p<0.001$,$p<0.01$,$p<0.05$,当 $p<0.05$ 时,表示可以接受原假设,p值越小说明显著性越明显。

⑨路径系数(β)

路径系数介于0~1之间,路径系数越大表明影响强度越大。

6.3.2 共享单车消费意愿的结果分析与讨论

6.3.2.1 共享单车消费意愿影响路径分析

(1)结构方程拟合结果

本研究模型通过结构方程模型分析得到了各项拟合指标,研究模型的AMOS系统运行输出拟合结果和评判指标见表 6－10。按照拟合指标的评判标准，CFI、RMSEA、NFI 比较接近标准临界值，但总体来看各项指标均达到了评判标准，说明模型拟合可以接受。

表 6－10　模型拟合评价指标

指标	模型指标	参考标准	参考来源
卡方值自由度比 CMIN/DF	1.415	1—3	姚秀丽(2010)[212]，徐连(2011)[213]
拟合优度指数 GFI	0.862	＞0.8	
调整拟合优度指数 AGFI	0.874	＞0.8	
比较拟合指数 CFI	0.906	＞0.9	
均方根残差 RMSEA	0.078	＜0.08	
规范拟合指数 NFI	0.809	＞0.8	

(2)路径分析结果

本节构建的结构方程通过路径分析的方法分析了共享单车感知有用性、感知易用性、恶劣环境抵抗性、感知使用成本和感知激励对用户使用意愿的影响，从而验证假设是否成立。AMOS 分析模型数据路径分析结果如图 6－22、表 6－11 所示。

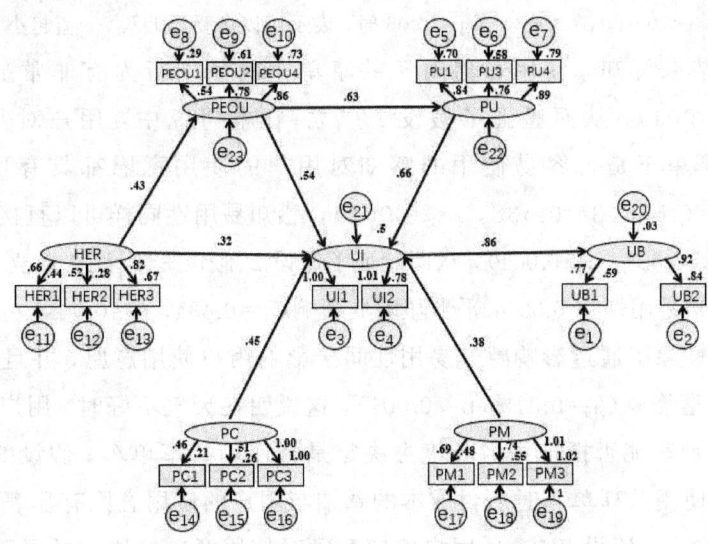

图 6－22　结构方程检验 AMOS 输出结果

根据研究模型路径分析结果，使用行为和使用意愿所受因素的影响可以用线性方程表示如下：

$$UB = \beta_1 + 0.859 \times UI \tag{6-5}$$

$$UI = \beta_2 + 0.658 \times PU + 0.538 \times PEOU + 0.319 \times HER + 0.451 \times PC + 0.382 \times PM$$

表 6-11 模型路径系数、t 值及 p 值

变量路径			标准化路径系数 β	t	p
感知易用性	←	恶劣环境抵抗性	0.434	2.011	0.044
感知有用性	←	感知易用性	0.628	4.239	***
使用意愿	←	感知有用性	0.658	6.414	***
使用意愿	←	感知易用性	0.538	4.782	***
使用意愿	←	恶劣环境抵抗性	0.319	5.644	***
使用意愿	←	感知使用成本	0.451	5.832	***
使用意愿	←	感知激励	0.382	2.919	0.007
使用行为	←	使用意愿	0.859	3.077	***

注：*** $p<0.001$；p 值表示拒绝原假设的显著性水平，p 值在统计学上有三个显著性水平检验的标准，分别为 $p<0.001$，$p<0.01$，$p<0.05$，当 $p<0.05$ 时，表示可以接受原假设，p 值越小说明显著性越明显。

从表 6-11 结果可知，使用意愿对于共享单车的使用行为有非常显著的极强影响（$\beta=0.859$，$p<0.001$），从而验证了假设 1 成立；在本研究中，用户对共享单车是否有用的感知与对共享单车是否容易使用的感知对用户的使用意愿都具有积极的、正向的、显著的强影响（$\beta=0.658$、$\beta=0.538$，$p<0.001$），感知易用性同样可以直接对感知有用性产生中等强度影响（$\beta=0.628$，$p<0.001$），从而验证了假设 2、假设 3、假设 4 成立；路径分析中，恶劣环境抵抗性对感知易用性在 0.05 水平上显著弱影响（$\beta=0.434$，$p=0.044$），原假设 5 成立；此外，恶劣环境抵抗性除了通过影响感知易用性间接影响用户使用意愿，并且可以直接对使用意愿产生弱强度显著影响（$\beta=0.319$，$p<0.001$），这说明在天气不好时，用户对共享单车的使用意愿会根据共享单车能否抵抗恶劣环境去决定是否使用共享单车，假设 6 成立；根据路径分析结果，用户对使用共享单车时所付成本的感知与用户的使用意愿有显著的中等强度影响（$\beta=0.451$，$p<0.001$），假设 7 成立；用户感知激励对使用意向的影响的显著性水平在 0.01，存在弱影响（$\beta=0.382$，$p=0.007$），这表明用户对于共享单车的营销活动的激励感知对用户自身共享单车的使用意向显著相关，假设 8 成立。

6.3.2.2 共享单车消费意愿影响因素关联度分析

单因素方差分析（One-way Analysis of Variance），用于两个及两个以上样本均数差别的显著性检验。单因素方差分析是用来研究一个控制变量的不同水平对观测变量是否有显著影响。

本研究使用单因素方差分析方法检验不同性别、年龄、学历、收入和出行偏好的群体对使用意愿(UI)、感知有用性(PU)、感知易用性(PEOU)、恶劣环境抵抗性(HER)、感知使用成本(PC)和感知激励(PM)六个变量间是否存在显著影响。

(1)性别的单因素方差分析

表6-12 性别的六个因子单因素ANOVA

	使用意愿	感知有用性	感知易用性	恶劣环境抵抗性	感知使用成本	感知激励
概率p	0.714	0.777	0.751	0.042	0.811	0.675
F值	0.135	0.081	0.102	4.287	0.058	0.177
平方和ST	0.079	0.042	0.058	2.565	0.030	0.096
自由度df	1	1	1	1	1	1
均方ST/df	0.079	0.042	0.058	2.565	0.030	0.096

性别差异对恶劣环境抵抗性(HER)单因素方差分析结果p值为0.042，在0.05水平下存在显著性差异，对使用意愿(UI)、感知有用性(PU)、感知易用性(PEOU)、感知使用成本(PC)、感知激励(PM)五个变量不存在显著性影响。

(2)年龄的单因素方差分析

表6-13 年龄的六个因子单因素ANOVA

	使用意愿	感知有用性	感知易用性	恶劣环境抵抗性	感知使用成本	感知激励
概率p	0.393	0.148	0.817	0.726	0.705	0.673
F值	1.013	1.840	0.312	0.439	0.469	0.516
平方和ST	1.751	2.723	0.540	0.846	0.739	0.846
自由度df	3	3	3	3	3	3
均方ST/df	0.584	0.908	0.180	0.282	0.246	0.282

年龄对所有因素单因素方差分析结果p值均大于0.05，因此年龄差异对使用意愿(UI)、感知有用性(PU)、感知易用性(PEOU)、恶劣环境抵抗性(HER)、感知使用成本(PC)、感知激励(PM)六个变量不存在显著性影响。

(3)学历的单因素方差分析

学历差异对使用意愿(UI)单因素方差分析结果p值为0.007，在0.01水平下存在显著性差异，对使用意愿(UI)、感知有用性(PU)、感知易用性(PEOU)、恶劣环境抵抗性(HER)、感知使用成本(PC)、感知激励(PM)五个变量不存在显著性影响。

表 6-14 学历的六个因子单因素 ANOVA

	使用意愿	感知有用性	感知易用性	恶劣环境抵抗性	感知使用成本	感知激励
概率 p	0.007	0.220	0.931	0.237	0.631	0.957
F 值	7.610	1.475	0.211	1.421	0.647	0.162
平方和 ST	21.440	2.935	0.496	3.476	1.356	0.364
自由度 df	4	4	4	4	4	4
均方 ST/df	5.360	0.734	0.124	0.869	0.339	0.091

(4) 收入的单因素方差分析

表 6-15 收入的六个因子单因素 ANOVA

	使用意愿	感知有用性	感知易用性	恶劣环境抵抗性	感知使用成本	感知激励
概率 p	0.715	0.956	0.995	0.221	0.024	0.732
F 值	0.580	0.213	0.079	1.445	10.239	0.558
平方和 ST	1.520	2.976	0.528	3.424	18.368	0.376
自由度 df	4	4	4	4	4	4
均方 ST/df	0.380	0.744	0.132	0.856	4.592	0.094

收入差异对感知使用成本(PC)单因素方差分析结果 p 值为 0.024,在 0.05 水平下存在显著性差异,对使用意愿(UI)、感知有用性(PU)、感知易用性(PEOU)、恶劣环境抵抗性(HER)、感知激励(PM)五个变量不存在显著性影响。

(5) 出行偏好的单因素方差分析

表 6-16 出行偏好的六个因子单因素 ANOVA

	使用意愿	感知有用性	感知易用性	恶劣环境抵抗性	感知使用成本	感知激励
概率 p	0.033	0.627	0.853	0.442	0.641	0.662
F 值	8.135	0.081	0.102	0.287	0.057	0.167
平方和 ST	9.081	0.054	0.078	2.735	0.046	0.089
自由度 df	1	1	1	1	1	1
均方 ST/df	9.081	0.054	0.078	2.735	0.046	0.089

出行偏好差异对使用意愿(UI)单因素方差分析结果 p 值为 0.033,在 0.05 水平下存在显著性差异,对感知有用性(PU)、感知易用性(PEOU)、恶劣环境抵抗性(HER)、感知使用成本(PC)、感知激励(PM)五个变量不存在显著性影响。

单因素方差分析结果总结:

本研究通过对用户的性别、年龄、学历、收入和出行偏好五种用户特征进行单因素方差分析,探究了其对假设变量的影响。最终根据数据结果,用户性别特征在0.05显著性水平与恶劣环境抵抗性(HER)存在影响,用户学历特征在0.01显著性水平与使用意愿(UI)存在影响,用户收入特征在0.05显著性水平与感知使用成本(PC)存在影响,用户出行偏好特征在0.05显著性水平与使用意愿(UI)存在影响。其余特征与其他变量间不存在显著性影响。

6.3.2.3 结果讨论

本研究基于技术接受模型,针对共享单车产品建立了用户共享单车使用意愿影响因素的假设模型,在信度分析、效度分析效果较好的基础上,对问卷数据进行了相关分析和结构方程检验。从而对假设模型进行验证,基于验证结果,对假设模型进行修正,并对变量间的影响关系开展进一步的调整说明。修正后模型如图6-23所示。

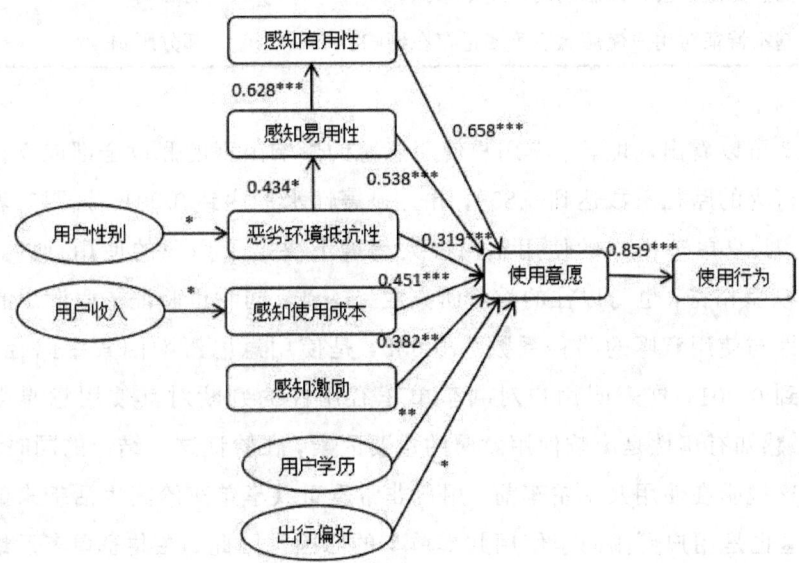

注:*:$p<0.05$,**:$p<0.01$,***:$p<0.001$;p值表示拒绝原假设的显著性水平,p值在统计学上有三个显著性水平检验的标准,分别为$p<0.001$,$p<0.01$,$p<0.05$,当$p<0.05$时,表示可以接受原假设,p值越小说明显著性越明显。

图6-23 基于技术接受模型的共享单车消费意愿影响路径修正结果

最终模型的共享单车变量用方框表示,用户特征用椭圆形表示,单向箭头代表变量间的影响关系,变量间的数字为路径系数,路径系数的大小代表影响关系强弱,*、**、***符号代表影响关系的显著性,分别对应在0.05、0.01、0.001置信水平下显著相关,置信水平越低表明影响关系越显著。

本研究中,首先通过SPSS、AMOS数据分析软件对共享单车用户使用意愿问卷数据进行了信度检验、效度检验,检验结果表明问卷的可信度良好。其次通过相关分析、结构方程检验来验证用户使用意愿影响因素之间的假设关系。最后通过单因素方差分析,分析了用户特征对变量间所存在的影响关系。通过软件数据的分析得到的假设检验结果如表6-17所示。

表 6-17 假设检验结果

假设	影响强度	结论
假设1：用户的使用意愿正向影响使用行为。	极强影响	成立
假设2：用户的感知有用性正向影响用户使用意愿。	强影响	成立
假设3：用户的感知易用性正向影响感知有用性。	强影响	成立
假设4：用户的感知易用性正向影响用户使用意愿。	中等强度影响	成立
假设5：恶劣环境抵抗性正向影响感知易用性。	中等强度影响	成立
假设6：恶劣环境抵抗性正向影响用户使用意愿。	弱影响	成立
假设7：用户的感知使用成本与用户使用意愿负向影响。	中等强度影响	成立
假设8：用户的感知激励会正向影响用户使用意愿。	弱影响	成立
假设9：用户基本特征对用户使用意愿等变量存在影响。	部分影响	成立

从表 6-17 可以看出，共享单车用户使用意愿的影响因素的假设全部成立。共享单车使用意愿与使用行为的路径系数达到 0.859，并且显著性水平达到 0.001，说明二者之间存在极强的影响关系，共享单车用户的使用意愿极大程度上决定了用户的使用行为。这与 TRA、TPB 和 TAM 模型相符，也与以往的学者研究成果一致，同时也验证了假设 1 的成立。

感知有用性与使用意愿的路径系数为 0.658，是使用意愿影响因素中路径系数最大的，显著性水平达到 0.001，这表明用户对共享单车有用性的判断对其使用意愿影响最大。在 TAM 模型中，感知有用性是影响使用意愿的重要因素，在验证这一结论的同时，也验证了假设 2 的成立。这说明在使用共享单车前，用户非常看重共享单车给其生活带来的便捷和出行效率的提高，这也是用户更倾向于使用共享单车的原因。因此，在共享单车后续升级完善的流程中，首先应将重点放在提升共享单车的有用性上，以吸引更多用户。

感知易用性与使用意愿的路径系数为 0.538，显著性水平达到 0.001，为中等强度影响关系；感知易用性与感知有用性的路径系数为 0.628，显著性水平为 0.001，为强影响关系。感知易用性对使用意愿的影响强度仅次于感知有用性，并且会直接影响感知有用性，这与 TAM 模型中的感知易用性是重要影响因素和感知易用性直接影响感知有用性相符，同时也验证了假设 3、假设 4 的成立。这表明，用户在使用共享单车时，在判断其有用性的基础上，也非常看重共享单车的易用性，共享单车作为用户眼中的新事物，寻车、骑行、停车的便捷性，支付安全性等因素都会直接影响用户的使用意愿。因此，提升共享单车的易用性也是吸引用户的重点。

恶劣环境抵抗性与使用意愿的路径系数为 0.319，显著性水平达到 0.001，为弱影响关系；恶劣环境抵抗性与感知易用性的路径系数为 0.434，显著性水平为 0.05，为中等强度影响关系，验证了假设 5、假设 6 的成立。实证研究结果表明，恶劣环境抵抗性对用户使用共享单车的意愿有直接影响，共享单车是一种室外使用的产品，其对环境变化的应对能力会影响用户在恶劣环境时使用共享单车的体验，从而影响用户使用意愿，恶劣环境抵抗性对使用意愿为弱影响关系，可能是因为没有类似单车产品可以抵抗恶劣环境，用户对共享单车抵抗恶劣环境的性能没有抱有太大期望；根据研究结果，恶劣环境抵抗性对感知易用性有直接中等强度影响，说明共享单车对环境的适应能力也会影响共享单车的易用性；另外研究结果还表明，不同性别的用户对恶劣环境抵抗性存在差异性，男性的强壮和女性的柔弱使女性相对于男性更加在意环境影响。

感知使用成本与使用意愿的路径系数为0.451，显著性水平达到0.001，为中等强度影响关系，验证了假设7的成立。用户在使用单车时要付出一定的押金与租金，在前人的一些研究中，感知使用成本与使用意愿间一般存在负向的影响关系，这种关系在共享单车使用意愿影响因素的研究中也得到了证实[214]。共享单车企业运营成本高，相比于公交车、地铁等有政府补贴运营资金的出行方式有较大的劣势，因此自2019年3月起，多数单车品牌纷纷提高了使用租金，从每小时1元调整为前15分钟起步价1元，之后每15分钟0.5元。共享单车用户单次使用成本在1—2.5元，略高于一线城市公交出行1—2元的成本，用户可能会认为费用较高。另外，不同收入的人群对感知使用成本存在差异性，可能是因为收入越低，就越在意生活成本付出。

感知激励与使用意愿的路径系数为0.382，显著性水平达到0.01，为弱影响关系，验证了假设8的成立。共享单车企业会采取骑行红包、优惠、月卡等营销手段吸引新用户、增加老用户黏性，根据研究结果，共享单车用户感知激励会正向影响用户使用意愿。但感知激励与使用意愿之间的路径系数并不是很大，表明其影响关系较弱，原因可能在于共享单车企业前期扩张市场投入成本较高，在市场基本稳定后便减少了相关营销活动，用户也基本有了自己的品牌偏好，企业的营销激励活动便逐渐减少。

根据单因素方差分析结果，除用户性别与恶劣环境抵抗性、用户收入与感知使用成本存在差异外，用户基本特征中的不同学历和出行偏好对使用意愿也存在差异性，验证了假设9的部分成立。不同学历对使用意愿存在差异，可能是受教育水平越高，对于智能手机、移动支付等技术越了解，越能接受共享单车这种新事物[214]。而在出行偏好方面，短途出行喜欢用自行车与否对是否愿意使用共享单车有影响，因此本研究判断日常喜欢使用自行车的用户更愿意去接受共享单车这种自行车替代产品。

6.3.3 共享单车用户使用意愿影响因素的案例分析

本节通过数据分析，验证了影响共享单车用户使用意愿的影响因素，根据结构方程检验路径分析结果可知，对共享单车用户使用意愿有影响的因素的影响强度大小为感知有用性＞感知易用性＞感知使用成本＞感知激励＞恶劣环境抵抗性；在用户的基本特征中，用户性别对恶劣环境抵抗性有显著影响，用户收入对感知使用成本有显著影响，用户学历和出行偏好对用户使用意愿有直接显著的影响。本小节根据 M 单车的发展历程与运营现状来归纳共享单车企业对用户使用意愿的影响。

(1) M 单车的有用性是用户使用的前提

用户使用 M 单车，最注重的问题是 M 单车的实际效用，如果 M 单车具有全面的功能，能为用户提供相应的服务，让用户出行更便利，满足了用户生活方面的需求，那么用户就会感受到 M 单车的有用性，进而提高用户的使用意愿，用户就会选择使用 M 单车。

首先，M 单车为用户提供了新的出行方式。在 M 单车出现之前，用户短途出行的选择有步行、个人自行车、公共自行车、公共交通和私家车/出租车，而这些出行方式都存在着一定的局限性。步行适用一公里左右的较短距离；自行车需要保管维护，而公共自行车需要定点还车；公共交通需要等待，并且不能满足在目的地下车的需求；私家车与出租车的出行成本较高。这时就需要一种省力、省时并且可以直达目的地的出行方式来满足用户的短途出行需求。M 单车的出现很好地解决了这些问题，其费用低廉、使用方便且随用随停，为用户提供了一种从未体验过的出行方式。另外，用户使用 M 单车的出行效率很高，用户在短途出行时，以 3 公里为例，步行所使用的时间大概为 40 分钟，而使用 M 单车只需要 15 分钟左右，可节省约 60% 的出行时间。目前很多上班族采用"共享单车＋地铁"的通勤方式，每天用在从家到地铁站和公司到地铁站的出行时间约为 40 分钟，如果使用 M 单车，那么每天就可以节约 25 分钟的时间。这就让用户体会到了 M 单车对于提高出行效率的重要作用。

其次，M 单车丰富了用户的日常生活。M 单车创立之初就是主打时尚潮流品牌，造型新颖，颜值一流，橙色与银色的潮流搭配为城市增添了时尚元素。一时间大街上年轻人使用 M 单车的身影随处可见，有网友在网络社交平台上感叹："M 单车引领街头时尚"。大量网友晒出与 M 单车的合照发布在自己的社交平台，就连国际时装周的模特取景背景都有 M 单车的元素出现，一部分年轻人甚至将 M 元素加入到自己的婚纱照和毕业照中。2017 年 8 月，M 单车与迪士尼合作，推出定制版米奇车和米妮车，前后轮加上了卡通形象，车头前带米妮蝴蝶结，定制版单车造型可爱，受到女性用户的广泛关注。M 单车也曾与央视频道联合推出"厉害了我的国"定制单车，为喧嚣的都市带来清新的正能量，为用户的生活增添一分色彩。

(2) M 单车的易用性是用户使用的关键

用户是否会继续使用 M 单车，关键在于 M 单车对于用户使用是否便利，如果 M 单车在寻车、使用、还车上都很方便，不用花费过多的时间去弄清楚 M 单车的使用方法，使用便捷且体验好，那么用户就会感知到 M 单车的易用性，就会增强其使用意愿。

首先，用户寻找 M 单车很方便。如果用户在需要 M 单车的时候，不能第一时间找到单车或者不知道怎样可以找到单车，那么就会降低其使用 M 单车的意愿。M 单车目前的市场占有率接近一半，投放量很大，在城市繁华区域一般都可以见到 M 单车。如果用户在附近看不到 M 单车，可以打开 M 单车 APP 找车，主页面就是用户当前位置的地图，用户附近的单车在地图上以橙色的圆点表示,用户可以根据地图所示的单车位置直接去寻找单车。点击地图中的单车,地图会显示从用户位置到单车位置的最佳路线,M单车为用户提供了预约功能,在这个界面点击预约用车并点击确定,系统会将这辆单车为预约的用户保留15分钟,用户可在这段时间内前往使用。其次,用户使用M单车很方便。在解锁方式方面,从最初只支持M单车APP内扫码解锁到后来与腾讯合作,开放了微信小程序和微信支付九宫格入口,极大提升了M单车的易用性,用户量直线上升,后续又支持美团扫码解锁、蓝牙解锁等多种方式,让用户使用更加方便。在单车使用方面,M单车的用户使用体验非常好,M单车完全自主设计,自投入使用以来,一直对单车产品进行升级,提升用户体验,目前已经在市场上投放过5种型号的单车。从第一代的车身沉重、无车筐、座椅不可调和二代材质质量较差、寿命很短等问题受到用户吐槽后,改良到三代轻骑版,是目前市场上能见到的最多的一代单车,再到第四代风清扬版和五代New Lite版,车身更加轻便,加深了车筐,座椅调节更方便。此外,M单车所有型号的单车均使用实心轮胎。由此可见,M单车非常注重用户体验,单车设计在提高单车易用性方面投入了很多精力,用户口碑一直比较好。

最后,M单车还车与支付环节方便快捷。还车与支付是用户使用单车的最后一个环节,传统公共自行车需要停放在固定位置,用户会觉得麻烦而不愿去使用,M单车对于停车没有过多要求,只要是运营范围内、不影响秩序的公共空间即可,M单车无桩停放的特点极大提高了用户的感知易用性。M单车仅支持线上支付的支付方式,可通过微信、支付宝等多种方式支付,高效便捷,用户先通过以上支付方式对钱包进行充值,关锁时系统自动结算,无需再进行其他支付步骤,对于用户来说支付非常方便。

(3)M单车的使用成本是用户的重要衡量因素

用户在使用M单车时需要付出一定的经济成本,用户对使用成本的感知会对用户的使用意愿产生影响,如果使用成本过高,用户的使用意愿就会降低,如果成本合理,用户就会有使用的倾向。

成本分为押金与租金两部分。在押金方面,由于一代经典版制造成本高,M单车投放初期所收的押金为299元,是整个行业押金收取最高的,其他品牌收取的金额一般在99—199元之间,300元对于学生这类收入较低的用户群体感知使用成本过高,因此M单车起初并不是用户首选。2018年7月,M单车宣布在全国范围内实行无门槛免押金制度,是行业内首个取消押金的品牌。同年10月ofo小黄车被爆出挪用押金的丑闻,在此之后,大量用户纷纷使用免押金的M单车,M单车的用户量直线上升。M单车实行免押金制度,全额退还用户押金,赢得了用户的信任,降低了用户的使用成本,增强了用户的使用意愿;在租金方面,M单车从之前每小时1元上调为骑行15分钟以内起步价1元,超出时间每15分钟0.5元。对此部分使用时间较短的用户认为涨价对其使用单车影响不大,会继续使用,而另一部分用户则认为每小时2.5元的价格比乘公交车还贵,以后可能会减少单车的使用次数或使用未提价的其他单车品牌。调查结果显示只有一成的用户使用成本未受到影响,近五成用户每次使用成本提高了50%，三成用户每次使用成本提高了50%—150%。综上，M单车在单车租金成本方面对用户的吸引力较弱。

(4) M单车的激励活动是影响用户的潜在因素

企业通过开展营销激励活动来刺激消费者消费和增加用户黏性是非常常见的，营销活动可以让用户感受到激励作用，增强消费者的消费意愿或使用意愿，特别是在互联网发展迅速的现在，信息传播速度极快，营销激励所产生的效果非常显著。对于共享单车行业也是如此，企业为获取用户市场，会不定期举行激励活动。

2017年是共享单车行业发展最迅猛、竞争最激烈的一年，用户数量爆发的同时多家单车品牌也打起了价格战。2017年2月，M单车在上海等地区实行免费骑行。后期不断推出充值优惠活动、早10时至下午4时骑行免费、红包车活动，优惠力度不断。在这场价格战中，M单车的营销活动对用户的激励作用很大，获取了大量用户。虽然M单车在这场价格战中存活下来，且具有较高的市场占有率，但是损耗了大量资金。在企业激励活动过后，共享单车企业纷纷趋于理性，用户的共享单车品牌偏好也已经基本形成，用户的注意力还是放在了单车使用体验方面。

(5) M单车的恶劣环境抵抗性对用户使用意愿存在一定影响

根据研究结果，共享单车的恶劣环境抵抗性对用户的使用意愿存在弱影响，艾媒咨询的《2017中国共享单车夏季市场专题报告》数据显示，在夏季气温较高时，只有29.1%的用户会照常使用共享单车，因此，环境越恶劣，用户的使用意愿就越低。但目前市场上的共享单车并不具备应对高温、低温、风雨和空气污染等恶劣环境的功能。在这种情况下，哪家企业能对单车做出应对恶劣环境的改进，哪家企业就能抢得获取用户的先机，占去更大的市场份额。

6.3.4 对共享单车消费意愿提升的启示

(1) 优化单车及配套设施，提升用户体验

根据本研究和对M单车的现状分析，共享单车的有用性和易用性对用户使用意愿的影响程度最大，要提升用户的使用意愿，共享单车首先应在提升用户感知易用性与有用性方面采取改进措施。

首先，增强单车有用性，为用户提供更舒适的骑行。M单车已经对单车产品进行了多次升级，每次升级都获得了用户的好评。因此，共享单车企业应加大研发力度，研发更轻便且耐用的单车。用户的需求和标准是不断提高的，在满足用户基本要求的基础上，可以考虑增加一些附加属性，根据有关共享单车用户需求调查，用户对单车减震功能的需求最大，其次是解锁方式与车座调节方式，另外还有减轻车身重量、增加车后座、设计多种风格等需求，夜灯、水杯架、雨伞架等附加功能也为用户使用意愿加分不少。

其次，通过提升单车易用性增强用户的使用意愿。对于现有的共享单车及配套产品，企业可以对用户移动端的使用体验进行优化，支持更多扫码开锁的入口，例如支付宝扫码、智能手机自身扫码等。优化定位系统及导航系统，支持离线定位、离线用车等功能。优化支付系统，可以随时支付和增加自动扣款功能。提供更好的用后服务，加快客服响应速度；另外对于单车易用性方面，可以增加停放点，增大运营区域。及时回收和维修损坏的单车，加大破坏单车的惩治力度，降低市场坏车率。

(2) 降低使用成本，将用户利益最大化

共享单车企业实行免押金政策，采用信用积分的制度筛选优质客户。最初收取299元押金的M单车已将押金退还给了用户，赢得了用户的好评与信任，获取了大量用户。现在市场上的主流单车品牌都已经实行免押金政策。免押金是共享单车发展的必然趋势，押金信用制度可以通过芝麻信用绑定、押金随用随交、用完即退等方式替代，防止企业随意挪用押金的同时也维护了用户的消费权益。

从租金方面来看，每小时1元的收费标准不足以满足企业日常运营开销，更无法盈利，并且M单车已经将收费标准提高。租金收取方式上，企业可以采取将租金与使用时长或者使用距离挂钩，采用多区间收费方式，将用户利益最大化。Velib公共自行车与巴黎市政府达成协议，每年获取400万欧元政府支出用于维修废旧单车。共享单车与公共自行车一样，作为一种公共交通方式，缓解城市机动车拥堵且绿色环保，具有一定的公益性质，企业可以争取与政府合作，获得政府的资金及政策支持，节约的成本用于补贴用户。

(3) 加大营销力度，开展不同客户群的针对性营销，提升用户感知激励

市场上大部分共享单车属性基本一致，单纯的骑行服务未能体现差异性，因此共享单车企业间是可互相替代的关系，在使用体验相同的前提下，如果没有营销手段，那么对于用户来说用哪种单车都是一样的，根据问卷调查结果，有30.7%的用户使用两种及以上品牌的单车，用户黏性不强，意味着共享单车企业随时都有可能流失用户。

营销活动可以使用户感受到激励作用，M单车在进行营销活动的时间里迅速获得了大量用户，但"烧钱"补贴用户的物质激励方式不是长久发展之计。共享单车企业在物质激励之外，可选择精神激励，把使用共享单车打造成绿色、健康、时尚的生活方式，并开展共享单车骑行赛、共享单车摄影比赛等活动，给用户带来美好的心理享受，以此增加用户的参与度和用户黏性。

共享单车企业应做更细化的市场调研，根据不同用户人群的特点进行针对性营销。例如，学生用户群体有校友圈群体大的特点，可以通过学生内部推荐用户送月卡的手段达到用户裂变的目的；白领群体共享单车的使用需求时间存在早晚高峰的特点，针对这个特点，推出高峰月卡套餐，月卡比普通月卡廉价，但是免费骑行仅限早晚高峰时段。这类方案能够在很大程度上满足顾客差异化的需求，以用户需求为导向，同时也拓展共享单车与其他商业体合作开发的可能性。

(4)恶劣天气及时养护,减少坏车率

目前的技术水平无法使共享单车很好应对极端天气,研发出能抵御极端恶劣天气的单车成本较高,但是针对一般恶劣天气情况,可以做出能力范围内的改进。例如,在夏季,可以将黑色的坐垫换为浅色,避免吸收过多热量导致用户不能舒适骑行,以改善用户的骑行体验。另外,在技术水平达不到要求的情况下,可以从另一个角度来看待这个问题,既然恶劣天气会极大减少用户的使用次数,那么反观这种情况,恶劣环境时正是养护单车非常好的时机,在雨季、冬季、炎热夏季等不适宜骑车的恶劣环境的时节,用户的需求量会减少,并且恶劣天气单车损耗更快,如果在这时大量投放会增加大量无谓的调度成本,这时应该回收保养单车,在气候环境适宜时再投放保养好的单车,既降低了单车损耗,又减少了市场上坏车率,改善用户使用体验。

6.4 本章小结

本章针对共享单车消费者满意度和消费意愿分别开展两次实地调研,从共享单车用户特征和消费行为两个方面进行特征分析,了解共享单车消费者的基本特点和消费需求。第二节首先对消费者满意度及其影响因素进行了剖析,基于分析结果进行问卷设计,并开展共享单车用户满意度调研与结果分析。第三节建立了基于技术接受模型的共享单车消费意愿分析框架,运用数据分析工具 SPSS 和 AMOS 逐一验证了模型的假设。本章所回收的问卷采用信度检验与效度检验显示问卷信度与效度良好,样本描述性分析进一步梳理了样本情况和样本合理性。

共享单车消费者满意度研究结果表明,共享单车行业目前主要受众为中青年人群,用户参与共享经济积极性高;未来发展区域可转向其他未饱和城市,并把握其对其他行业替代性优势,扩大市场需求。将图表与模型结合分析可知,共享单车主要消费形式与骑行频率关系显著。有意愿购买长期会员卡及倾向于使用长期优惠方式的用户较短期少,共享单车整体使用频率较低,造成此种现象的主要原因是市场上单次消费价格及月卡、季卡价格高出用户心理价位。

共享单车存在的公共问题在一定程度上影响用户的使用意愿。车辆损坏、公车私用、二维码篡改等问题严重,用户信用水平有待提高;另外,采取奖惩措施、完善社会征信体系对监督共享单车使用秩序较为有效。用户对共享单车的需求主要体现在以下方面:单次消费低价格需求、月卡等长期消费卡低价格需求、文明使用和管理制度需求、共享单车性能服务提升需求。影响用户使用共享单车满意度和出行意愿的因素较多,涉及价格、优惠激励、使用舒适度、使用秩序、运营管理等多个方面。对用户需求的研究可更具针对性地解决行业竞争加剧的问题。

共享单车消费意愿分析结果表明:通过相关分析和构建结构方程路径分析对技术接受模型假设进行验证,根据路径系数得出变量间的影响强度关系,验证了假设1—8的成立,采用

单因素方差分析法分析用户基本特征对变量间的影响关系，验证了假设9的成立。根据分析结果修正本研究的理论模型，并得出最终的影响共享单车用户使用意愿图景。根据上述研究结果，结合M单车的发展历程与运营现状，从感知有用性、感知易用性、感知使用成本、感知激励和恶劣环境抵抗性五个方面来分析影响M单车用户使用意愿的因素。其次，根据对M单车的分析结果对其他同类企业的发展提出了"优化单车及配套设施，提升用户体验""降低使用成本，将用户利益最大化""加大营销力度，针对性营销，提升用户感知激励""恶劣天气及时养护，减少坏车率"这四点发展建议。

第7章 共享单车使用满意度提升策略研究

7.1 共享单车使用满意度影响因素综合分析

随着低碳出行理念的传播与互联网时代共享经济模式的发展，共享单车凭借其环保、便捷、价廉的特点在国内得到迅速普及。但由于发展机制不成熟，运营管理策略不当，规范化运营面临挑战，导致近年来共享单车的热度锐减[47,215]。在此新形势下，结合行业发展现状，基于消费者行为理论、满意度影响机理等，以共享单车用户为研究对象，通过对共享单车使用现状、满意度及用户出行意愿等因素进行调查，为共享单车企业、政府监管、共享单车产业链提出合理可行的政策建议，共同推动低碳出行方式的普及。就共享单车使用满意度而言，其影响因素主要包括自行车自身因素、用户黏性、停车问题等方面。

人机协调问题引发共享单车使用过程中的骑行体验不佳、自行车故障乃至安全事故。共享单车发展初期，众多品牌均采取积极扩张的规模化发展策略，红包、补贴、优惠等激励政策成为吸引消费者选择品牌服务的主要策略[166]。在此策略下，顾客对于骑行服务的主观感受成为影响共享单车使用满意度的主要因素之一。骑行体验不佳、单车故障发生频繁、坏车无法及时维修等成为这一阶段的主要问题。因此，共享单车企业需要根据用户对于坏车的及时反馈和骑行体验的评分来对自行车本身进行人因工程学的分析，促进人机协调。

商业模式缺乏用户黏性，定价机制无法保证用户忠诚度。自行车作为解决城市公共出行"最后一公里"的低碳出行方式，便捷性和价格是判别其发展模式是否成功的关键因素。便捷性考验的是共享单车服务系统包括骑行服务获取的便捷性、APP使用便捷性、单车骑行便捷性、停车服务便捷性等多个方面。通过分析共享单车用户在不同定价下的承受能力可以发现，单次骑行最佳定价为1元[92]，单纯依靠骑行服务获取企业盈利的商业模式无法在客户中形成有效的消费黏性，也无法显著提升用户的品牌忠诚度。

停放问题困扰城市发展，引发社会交通治理难题。因社会总体信用体系与监管机制不健全，行业发展面临一定的挑战[216]。当共享单车经历了激烈的市场竞争之后，行业内的品牌集中度较高，盲目扩张的策略已无法适应现实需求。此外，因规模化扩张导致的城市无序停车问题极大地影响了共享单车的行业形象，规范化运营和行业监管促使共享单车下半场转向转型发展之路，企业需与政府管理部门及社会公众一同建立共享单车全民参与治理的新模式。

因此，本章首先基于两次对消费者满意度的调研结果，从精准投放、监控管理、盈利定价等方面对共享单车产品服务满意度提升战略进行研究，提出了可实施的政策建议。其次，基于消费者对于共享单车骑行体验的反馈信息，本章建立了基于人因工程学的共享单车工业设计舒适度评价及优化分析体系，从共享单车服务系统的构成、共享单车服务"硬件"和"软件"等多维度提出共享单车工业设计和服务系统改进的思路。最后，就共享单车停放问题，本章以共享单车潮汐现象发生率较高的地铁站为例，分析了共享单车停放区域布局原则和区域停车设施规划设计，构建了基于重心法的共享单车供需平衡模型，为解决共享单车停放问题提出了可行的建设方案。

7.2 共享单车服务满意度提升战略研究

精细化管理和专业化客户服务是共享单车行业未来可持续化发展的方向[217]。共享单车上半场竞争的是市场份额和规模，而目前共享单车市场上的融资额逐步降低，市场品牌中美团单车、哈啰单车和青桔单车三家独大。随着行业监管和规范化运营力度的加大，未来共享单车行业需进行精细化管理，创新发展商业模式，增强企业盈利能力。提供专业化的客户服务，增加用户黏性，用一流的服务维系用户对于品牌的忠诚度，不定期推出价格优惠活动，全面促使用户参与到共享单车行业发展的变革浪潮中。在共享单车服务的考核工作中，上海市规定市交通行政管理部门应该根据共享单车运营企业的政策响应程度、用户满意度、车辆使用、车容车况、车辆数字化备案、未注册投放等内容进行考核。

7.2.1 共享单车精准投放与旧车置换管理

(1) 共享单车使用潮汐现象的原因

潮汐原指自然界发生于沿海地区、在月球和太阳引力作用下形成的海水周期性涨落的现象。现实社会中受到潮汐现象的启发，根据社会要素的变化，其在诸多领域得到了应用。例如潮汐车道，即根据早晚交通出行高峰导致的车流量差异，对有条件的道路设置一个或多个车辆行驶方向规定随不同时段变化的可变车道。常见的类型是早间时段进城车流量大，因此潮汐车道变为进城车道，进城车道增加而出城车道减少。

在共享单车领域，主要客户群体是上班族、学生等年轻人。以上班族为例，上班族在工作日对共享单车出行需求是从居住地到最近的交通枢纽进行周转，以及到达离工作地最近的交通枢纽后再通过共享单车骑行到上班地点。可以看到，共享单车容易出现早晨时段大量聚集在地铁站和写字楼周边的混乱状态，而在晚间随着上班族回到居住地，居民区的共享单车数量大幅增加。因此，共享单车用户在工作日的生活作息规律是导致上班族使用共享单车产生潮汐现象的主要原因。对于其他共享单车应用场景而言，较为普遍的是利用共享单车实现从地铁站或公交站点到达办公场所、娱乐场所、景区等。对于第二类典型的共享单车消费群体，校园中常见的共享单车潮汐现象发生地主要是宿舍周边、教学楼和餐厅附近，且以宿舍楼最为常见。因为在教学楼附近的共享单车均可在教学活动结束后再次为学生群体所使用，而宿舍区的共享单车容易因学生在宿舍休息导致阶段性暴增，造成宿舍区出行通道堵塞。

(2) 共享单车使用潮汐问题的解决办法

共享单车发展初期，因单车数量相对较少，潮汐现象并不显著。进入2017年，各大共享单车品牌急速扩张市场，城市共享单车的投放量剧增，使用数量也随之升高，潮汐现象较为显著，并引发社会各界的广泛关注。针对共享单车的潮汐现象，从用户骑行距离的视角来看，大多数顾客将共享单车作为一种代步工具，骑行距离普遍在3000到5000米之间。因此，常规的避免共享单车潮汐现象发生的方案可从单车端、APP、定价等方面入手以提高顾客的使用频率。理论上讲，较高的日周转率能够显著降低潮汐现象发生的概率以及潮汐现象发生的峰值水平。

从共享单车维护的视角来看，只依赖于用户的自发行为来避免潮汐现象显然是不够的，高效的共享单车维护与调度能够通过人工干预的方式缓解或解决共享单车潮汐问题。高效率地避免共享单车潮汐现象的发生还需从以下几个方面来做好数据分析工作。第一，非隐私信息的收集，主要包括工作大致地址、居住大致地址、中转地铁站、公交站点、一般骑行的时间段等数据，且需要对这些数据进行脱密处理，同时也需保障信息的使用安全。第二，基于大数据模型确定某一地区理想状态下各时间段的共享单车使用需求及其流动方向和流量大小，推演出共享单车在各个时间段内的精准投放位置。第三，根据大数据模型的分析结果，确定共享单车运营维护团队在各个时间段的单车搬运数量和搬运工人数量。第四，城市地铁站点具有客流量大的特征，应重点做好地铁站附近的共享单车"潮汐效应"的应对措施。解决地铁站附近共享单车潮汐问题，首先需要做好地铁周边交通设施的再规划和布局，即找到当前地铁周边存在的交通设施空当，并对已有设施进行合理规划；其次是确定共享单车停放点并加强早晚高峰的监督和管理，根据实时监测情况进行单车灵活调配。总之，结合共享出行大数据的单车智能化调度能够有效缓解共享单车"潮汐效应"。

(3) 共享单车旧车置换管理

共享单车存在一个报废期限，一般在3—5年[119]。各地对共享单车行业出台了相应的管理办法，某些地区规定了每一辆共享单车最长的使用期限。例如，《上海市互联网租赁自行车管理办法》规定每一辆共享单车最长的使用期限不能超过3年。除了使用期限以外，共享单车企业进行置换时需要向各地区的监管部门报备后才能启动车辆置换工作。

各地采取的共享单车车辆置换工作方案各不相同。对于共享单车投放量过大、超出本地区可容纳能力的地区多采取减量置换的方式。以广州市为例，该市通过督促运营企业逐步压减全市单车存量，建立与企业服务水平相挂钩的车辆配额管理机制。自2017年8月29日广州市明令禁止共享单车投放以来，经过一年的规范化管理，广州市的共享单车数量减少了10万辆。对于已确认需要报废的回收车辆，部分品牌将会统一回库返厂，交由再生行业的专业合作伙伴回收拆解并进行下一步的无害化处理，实现废旧车辆的100%回收。对于轻微损坏的共享单车将统一入库进行维修翻新，经维护清理后，再次调度投放到有骑行需求的区域。大部分智能锁、太阳能板、轮组都会在回收和通过检测后重新投入使用。合肥市则采取了在配额内置换旧车、绝不增量的工作方案。自2020年3月开始，哈啰出行将置换共享自行车6万辆、助力车3万辆，并于2020年6月底完成；摩拜单车将置换共享自行车8万辆，于2020年12月底前完成；滴滴出行将原"街兔"品牌助力车统一置换为"青桔"助力车。

7.2.2 共享单车实时监控与停放管理

(1) 共享单车实时监控与维修机制

共享单车停放问题不仅仅是一个管理难题，也是一个技术难题。无疑，共享单车实时监测技术与大数据分析技术的应用能够显著提升共享单车平台的运营效率，防止自行车聚积和乱停现象的产生。中国信息通信研究院于2018年1月发布了共享单车大数据管理平台，可实时监控单车使用状况。该平台的建立将推动各政府部门全面提升共享单车智能化和精细化的管理能力，为共享单车行业的健康有序发展提供有力支持。为加强政府对互联网租赁自行车企业的有效监管，北京市共享自行车监管和服务平台已于2018年9月份投入试运行，可通过接入各互联网租赁自行车品牌的实时车辆数据，实现对各企业车辆运行的动态监测和日常监管。根据北京市互联网租赁自行车行业2019年下半年运营管理监督情况显示，该平台已接入北京摩拜科技有限公司(摩拜单车)、杭州青奇科技有限公司(青桔单车)、上海钧丰网络科技有限公司(哈啰单车)、东峡大通(北京)管理咨询有限公司(ofo单车)和北京梦想蜂连锁商业有限公司(便利蜂单车)等5家企业的车辆动态信息。以接入数据质量验证、统计车辆周转率、活跃度等指标来衡量各运营企业的服务效果，分析结果将用以督促各企业继续完善数据接入，确保进一步实现精细化管理。

共享单车服务满意度的提升需要开展单车定期和反馈式维护工作。定期维护是根据企业自有信息来开展的周期性的主动式车辆维护工作，例如通过对运行三年以上的自行车开展定期检查、车辆性能检测等。反馈式维护是指基于用户反馈信息的被动式维护，依据共享单车APP后端程序收集用户对于共享单车的报修信息，汇集共享单车损坏信息，开展共享单车后期维护和淘汰工作。

(2) 共享单车助力以人为本的城市交通设施与停放管理模式

共享单车的发展对我国构建城市低碳交通体系，完善城市公共交通体系等方面提出了更高的要求。随着机动车逐步成为我国城市交通体系的主要组成部分，道路体系中预留的少量自行车道显然不利于共享单车的发展，且存在人行道和自行车道重合的情况，对共享单车的发展造成了极大的阻碍[96]。自行车停放点的普及与宣传也是实现共享单车可持续发展的重要因素。因此，共享单车堵塞公交车进出口、占用机动车道等现象的发生，既有企业投放量过大、用户停车不规范的原因，也有我国现存交通体系未充分考虑非机动车出行要素的客观原因。将共享单车作为城市公共交通的重要部分，且考虑到公交站等作为共享单车常见的密集地，对其周边建设相应的共享单车停放设施应该得到政府对城市公共交通规划的支持。

建立以人为本的城市交通设施停放管理模式，需要通过城市交通政策、城市道路规划、综合交通信息平台、非机动车停车设施规划和城市绿地系统规划等五个方面为共享单车出行提供指导和支持。第一，城市交通政策制定过程中需明确定位互联网租赁自行车是分时租赁营运的非机动车，是城市绿色交通系统的重要组成部分，是方便公众短距离出行和公共交通接驳换乘的重要方式。大力发展绿色出行、完善公共交通体系等可作为支持共享单车行业发展的政策支柱。第二，城市道路规划方面，对于部分道路缺乏独立的非机动车道，或者非机动车道的宽度不够的情况，可通过缩减机动车道、利用机动车道闲置空间等方式增加自行车的车道空间，保障自行车路权。第三，大数据创新应用于城市交通领域，构建大交通信息共享平台，提高综合交通信息平台中对于共享单车信息的集成，例如，在公交线网规划方面，强调共享单车对于公交系统的接驳作用，规划共享单车接驳公交线路的路线，促进共享单车与公交系统协同发展。第四，非机动车停车设施规划方面已在前文中详细说明，不在此赘述，本章第四节以地铁站周边设施规划为例研究了共享单车停车设施选址的问题。第五，城市绿地系统规划方面，主要考虑公园绿地空间与共享单车骑行之间的纽带关系，以城市绿道建设为突破口，结合沿河绿地建立骑行空间，推动共享单车在低碳交通方式中的发展。

7.2.3 共享单车盈利模式优化管理

共享单车行业发展进入下半场，盈利模式优化迫在眉睫。在第 5.2 和 5.3 节中提到，共享单车的盈利来源包括骑行服务费、押金与充值类收入、广告收入、大数据开发收入等四类。其中，基本单车出行服务收费和广告收入是目前盈利的主要来源。除骑行服务价值、广告收入以外，其他附加价值的发现对于共享单车盈利模式的完善至关重要。正如前文所讲，利用大数据分析进行数据引流，推广线下资源带来的收益也较为可观，这一块盈利空间有待进一步挖掘。多商业生态体联合运营也是未来建立商业合作，获取客户资源的有效途径。

高黏度的定价模式选择、进行客户分类差异化管理对于实现可持续盈利模式具有重要的意义。首先，价格黏度决定了共享单车盈利来源中单车出行服务收费的可持续性。价格黏度越高，客户稳定性越高，从而能够抢占市场，为单车品牌争取到足够多的用户。其次，打造面向 B 端定制化服务，实行客户分类差异化管理，有利于扩展共享单车的适用场景。例如，景区专用旅游类单车、游乐场专用游玩自行车等都是可建立定制化服务的适用类型。

压缩企业运营和单车调度成本，做好引导用户自觉维护的工作。采用大数据分析提高单车运营和调度的有效性，降低单车运营维护成本。针对单车故障和损坏车辆的维修成本问题,探索轻成本路线,采用自行车制造商售后站模式,减少单车维修零部件的采购成本。加大共享单车用户文明用车宣传力度,杜绝私自占有、公为私用、恶意损毁车辆等违法行为,降低因单车乱停乱放导致的维修成本。

7.3 基于人因工程学的共享单车工业设计舒适度评价及优化

随着互联网技术的快速发展,共享经济模式也展现出极强的发展势头,共享单车作为一种新兴事物应运而生[218]。共享单车的出现,对于城市交通以及环境保护方面都产生了积极的影响。2015年,ofo小黄车在北大校园悄然兴起。2016年,美团单车(原摩拜单车)势如破竹地进入一线城市。随后,各大共享单车品牌在中国各大城市相继登陆,开启了城市低碳出行的新篇章。与"有桩共享"模式相比,以美团、ofo为首推出的基于互联网共享的"无桩共享"模式更加简单易用[118],用户只要通过手机APP就可以快速定位到周围的共享单车,扫码即可使用。随着共享单车在我国一二线城市的普遍投放以及三四线城市的逐渐普及,越来越多的市民将共享单车作为短途出行的首选交通工具。尤其是在倡导绿色出行、低碳生活的今天,共享单车更是一种健康环保的出行方式,不仅简便快捷,还能有效避开出行高峰期的拥堵。它为解决"最后一公里"问题而出现,但也因使用、管理不合理以及发展规划不够完善等问题对社会产生了一些负面影响。

自行车的历史已经超过了一百年,虽然共享单车经历了快速普及和发展,并且共享单车的结构及用户界面设计也更加完善,但从人因工程学的角度来看,现在的共享单车设计仍然存在诸多需要改进之处。本节基于用户的信息反馈,运用比较分析和人因工程学的研究方法,对共享单车的系统结构、服务系统设计及骑行舒适度等问题进行研究,对共享单车整车制造、服务系统存在的问题提出优化方案。本研究的内容为共享单车硬件和软件系统在人因工程视角下的改良和创新,并以ofo单车、美团单车、哈啰单车及青桔单车为例进行设计实践和对比分析,在现有共享单车系统的基础上提出改进措施和未来发展的展望。

7.3.1 共享单车工业设计舒适度评价方法

7.3.1.1 问卷调查法

问卷法是目前国内外社会调查中较为广泛使用的一种方法[219]。研究者用这种可控式的测量方法对所研究的问题进行度量,从而搜集到可靠的资料。问卷法大多用邮寄、个别分送或集体分发等方式发送问卷,由调查者按照题目所问来填写答案。一般来讲,问卷较之访谈表要更详细、完整和易于控制。本研究采用在线问卷调查的方法,就满意度、舒适度、外观和缺陷不足等方面对ofo单车、美团单车、哈啰单车及青桔单车进行问卷调查,收集用户对于共享单车整个服务系统的反馈。

7.3.1.2 人因工程分析法

人因工程学，又称工效学，是近几十年发展起来的一门边缘性交叉应用学科。它综合应用生理学、心理学、医学、卫生学、人体测量学、劳动科学、系统工程学、社会学和管理学等学科的知识和技术，在对人、机器、技术和相关环境深入研究的基础上，发现并利用人的行为方式、工作能力、作业限制等特点，以提高生产（包括日常生活中人的活动）的效率、安全性、健康性、舒适性和有效性[220]。本节将运用人因工程学的相关知识理论，从外部构造及APP使用两方面对共享单车进行系统优化分析，找出共享单车服务系统中存在的问题并对已知问题提出改进方案。

7.3.1.3 比较分析法

比较分析方法是自然科学、社会以及日常生活中常用的分析方法之一。比较研究法就是对物与物之间和人与人之间的相似性或相异程度的研究与判断的方法。比较研究法可以理解为是根据一定的标准，对两个或两个以上有联系的事物进行考察，寻找其异同，探求普遍规律与特殊规律的方法。在调查资料的理论分析中，当需要通过比较两个或者两个以上事物或者对象的异同来达到对某个事物的认识时，一般采用比较分析方法[139]。本节将以ofo单车、美团单车、哈啰单车及青桔单车为例，从外部结构、功能及APP使用等方面对不同共享单车品牌进行比较分析，找出各自的不足之处并加以优化改进。

7.3.2 共享单车产品结构系统对比分析

7.3.2.1 共享单车外部结构对比

共享单车按照车身大小的结构框架可分为：车架、车胎、脚蹬部件、前叉组件、链条、飞轮等几大类，如图7-1所示。在自行车的车架、轮胎、脚踏、刹车、链条等25个配件中，不同共享单车品牌的基本部件缺一不可，虽构件的种类差别不大，但构件的材质各不相同。其中，车架是自行车的骨架，它所承受的人和货物的重量最大。按照各配件的工作特点，大致可将其分为导向系统、驱动系统、制动系统。

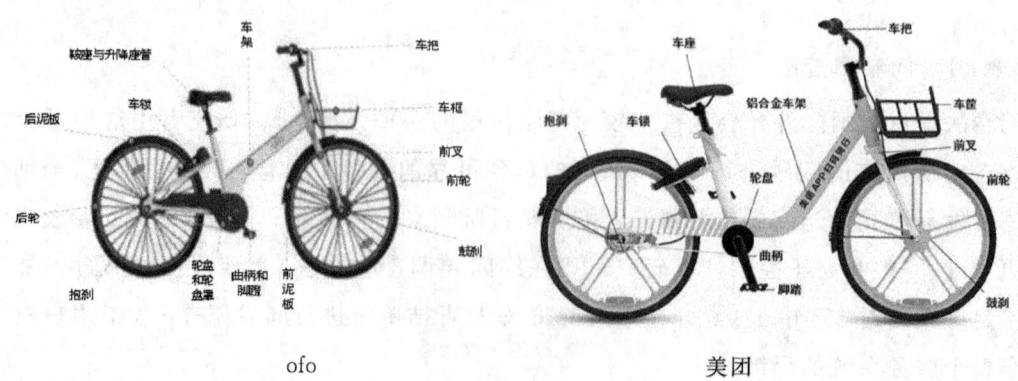

ofo　　　　　　美团

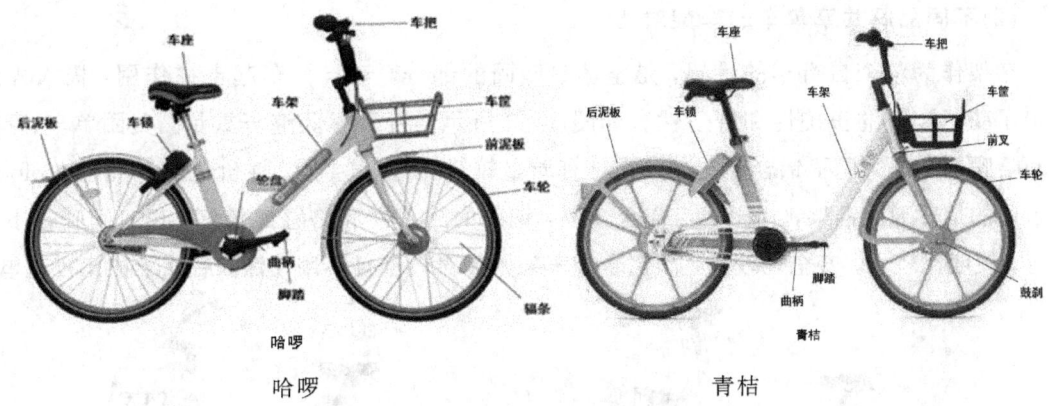

图7-1 不同品牌共享单车的车型结构对比

(1)不同品牌共享单车的车轮对比

如图7-2所示，哈啰单车和ofo小黄车在轮毂方面都采用传统辐条设计。相比于一体轮，辐条轮质量更轻，强度更高，润度更好，选择性更广。最重要的是万一发生意外轮子变形，可通过辐条释放张力得到一定程度的矫正，安全性更高。轮胎方面，美团单车与青桔单车都采用免充气防爆胎，安全性能比较好，而ofo小黄车和哈啰单车采用了传统充气轮胎。在易维护性和耐损耗程度上，免充气防爆胎占了很大优势，基本上不会漏气，而传统轮胎却存在漏气的可能性，影响使用舒适度。

图7-2 不同品牌共享单车的车轮对比

(2) 不同品牌共享单车的车架对比

车架作为整个自行车的骨架，是整车最坚固的部分，对自行车起支撑作用，极大程度上决定了骑行姿势的正确性和舒适性。如图 7-3 所示，为了降低整车重量，美团单车、青桔单车和哈啰单车都采用了铝合金车架，它具有质量较轻、耐空气氧化、性价比高的特点。ofo 小黄车采用的是普通的钢架，相比于铝合金车架，钢架的耐久性和路感比较好，长时间骑行不容易疲劳，硬度比较大，安全性较高，而铝合金车架则相对较轻且不用喷漆，后期维护比较简单。

图 7-3　不同品牌共享单车的车架对比

(3) 不同品牌共享单车的车座对比

如图 7-4 所示，ofo 和美团的车座表面材质类似，均配备弹簧坐垫。不同的是，美团的车座不可快拆，而 ofo 的车座则可调节高度、可快拆；美团单车的车座比 ofo 的车座稍窄，更贴合人体，骑行感觉更加舒适。青桔配备的坐垫面积大，高回弹性记忆海绵的材料够厚，软硬适中，能为身体提供良好的支撑力，保证舒适的骑行感受；哈啰单车更是采用赛车手级新型可靠调节座椅，率先采用真空一体发泡坐垫，打造沙发级车座，坐感更舒适，同时兼顾人性化和单车品质特性。

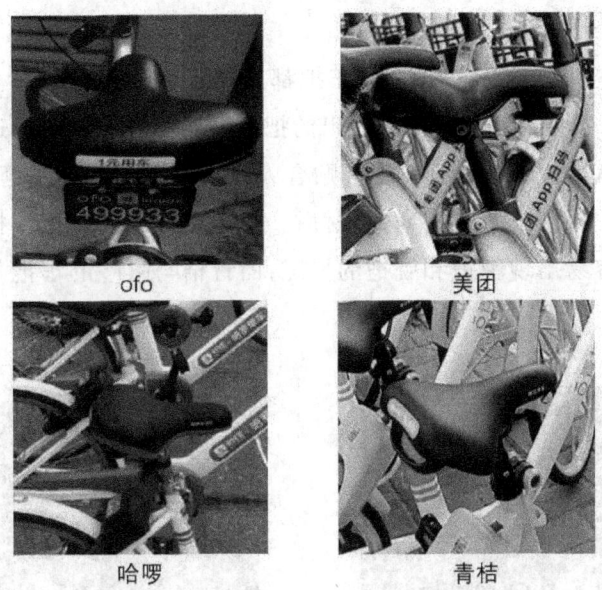

图 7-4 不同品牌共享单车的车座对比

(4)不同品牌共享单车的刹车系统对比

如图 7-5 所示,美团与哈啰单车在前轮采用鼓刹,后轮采用新型的碟刹,极大地保障了骑行安全。而 ofo 小黄车只在后轮安装了鼓刹,前轮则是传统的 V 刹。青桔单车的刹车片和刹车线的设计也与众不同:刹车片藏在车轮外部,刹车线内走于车把中不易磨损,避免了因刹车线外露导致的骑行剐蹭的隐患。与其他单车相比,ofo 小黄车采用的刹车方式比较传统,成本低,调整容易,但刹车效果一般;美团、哈啰与青桔更注重安全,采用的刹车结构更为复杂,成本比较高,刹车灵敏,但也会因过于灵敏造成使用不便。

图 7-5 不同品牌共享单车的刹车系统对比

(5) 不同品牌共享单车的车把对比

如图7-6所示,美团与ofo小黄车的车把都采用了人体工学设计,但在把手的设计上,ofo小黄车充分考虑了手型的因素,其设计出的把手贴合人手,握感舒适;而美团的车把非常简单,顺着钢管的形状做成了圆柱形,没有贴合人手,时间久了容易磨损手掌。青桔与哈啰使用的是一体型车把,采用了6061铝合金材质。普通自行车的车把和把立是用螺丝固定的,风吹日晒老化松动,容易出现歪把和脱把的情况;而青桔与哈啰的车把与把立一体焊接成型,不易受损,更加安全。

图7-6 不同品牌共享单车的车把对比

(6) 不同品牌共享单车的传动系统对比

如图7-7所示,青桔单车采用的是无链条的轴传动。轴传动稳定性高,免于维护,且采用密闭安装的方式,使用寿命长,但由于其加工要求精度高,成本较高。而美团、哈啰与ofo小黄车采用的是传统的链传动,链传动是一种普遍的传动方式,因其稳定的传动比、较高的传动效率为人们所熟知,但其传动平稳性较差,易磨损,不耐久,且在骑行过程中容易发生"掉链子"的情况,安全性不高。

图7—7 不同品牌共享单车的传动系统对比

(7) 不同品牌共享单车的车锁设计对比

如图7—8所示，美团、哈啰、青桔和ofo小黄车在车锁设计上具有较大区别。美团、哈啰及青桔单车采用电子锁且内置GPS，用户扫码即可自动开锁，按时计费，并且只有锁车以后才能自动还车。这样的设计可以降低车辆失窃的风险，且可避免类似ofo用户先在系统上还车，但实际车辆未还的情况发生，但有时会导致扫码无法开锁，稳定性有待提高。而ofo则采用了机械密码锁，用户需要扫描二维码或者输入车牌上的数字才能获取数字密码，然后手动开锁，优点是稳定、不容易出问题，缺点是安全性不高且密码单一、容易让人利用漏洞。在二维码的设计上各品牌单车也有所不同，ofo车牌上的二维码和数字没有保护措施，容易被刮花，导致用户无法获取密码，而摩拜单车的二维码上面覆盖了一层透明塑料，不易被刮花。

ofo

美团

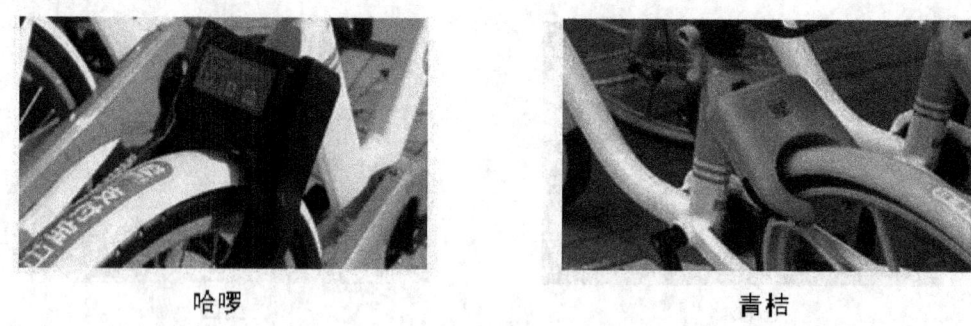

哈啰　　　　　　　　　　　　　青桔

图 7-8　不同品牌共享单车的车锁设计对比

7.3.2.2　不同品牌共享单车的软件系统对比

共享单车软件系统是指连接用户和服务器的终端，也就是手机上的 APP。对美团单车、哈啰单车、青桔单车和 ofo 小黄车 APP 运行情况进行对比，分析用户使用过程中出现的问题及系统 bug，对系统界面及功能进行改进，可以提升用户满意度（注：ofo 由于押金问题，APP 的职能已转向押金的退返，本研究所进行的对比仅从单车使用的各方面进行）。

(1) 功能框架

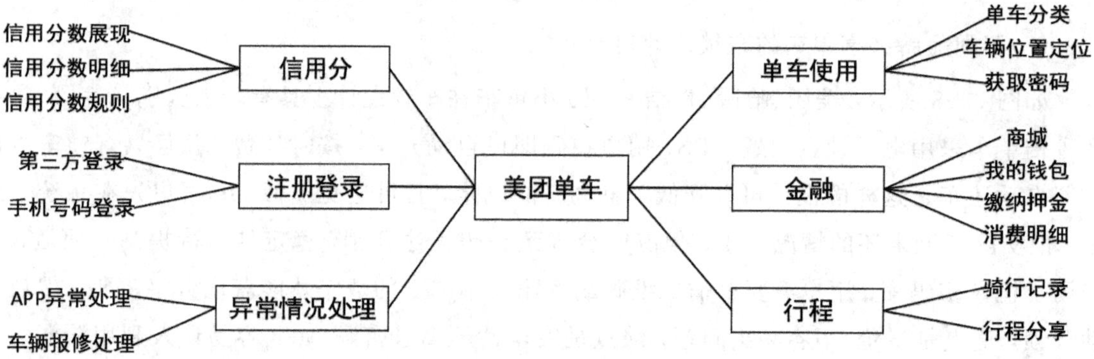

(a)

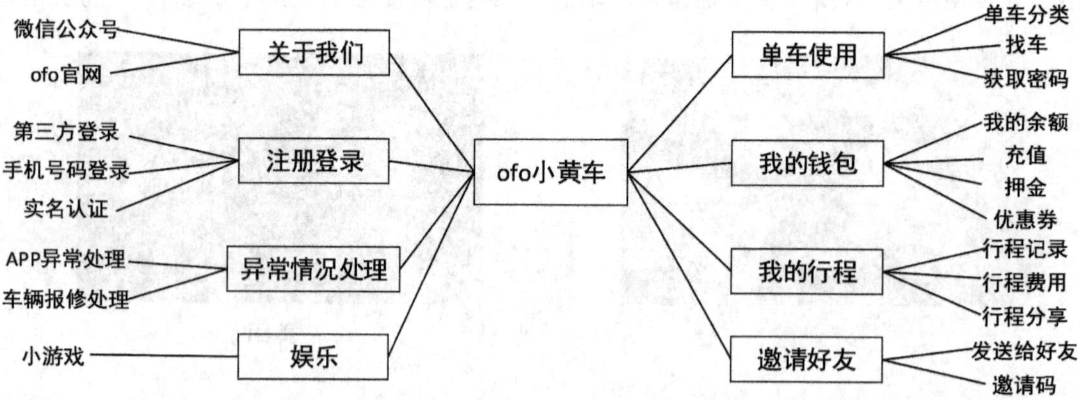

(b)

— 152 —

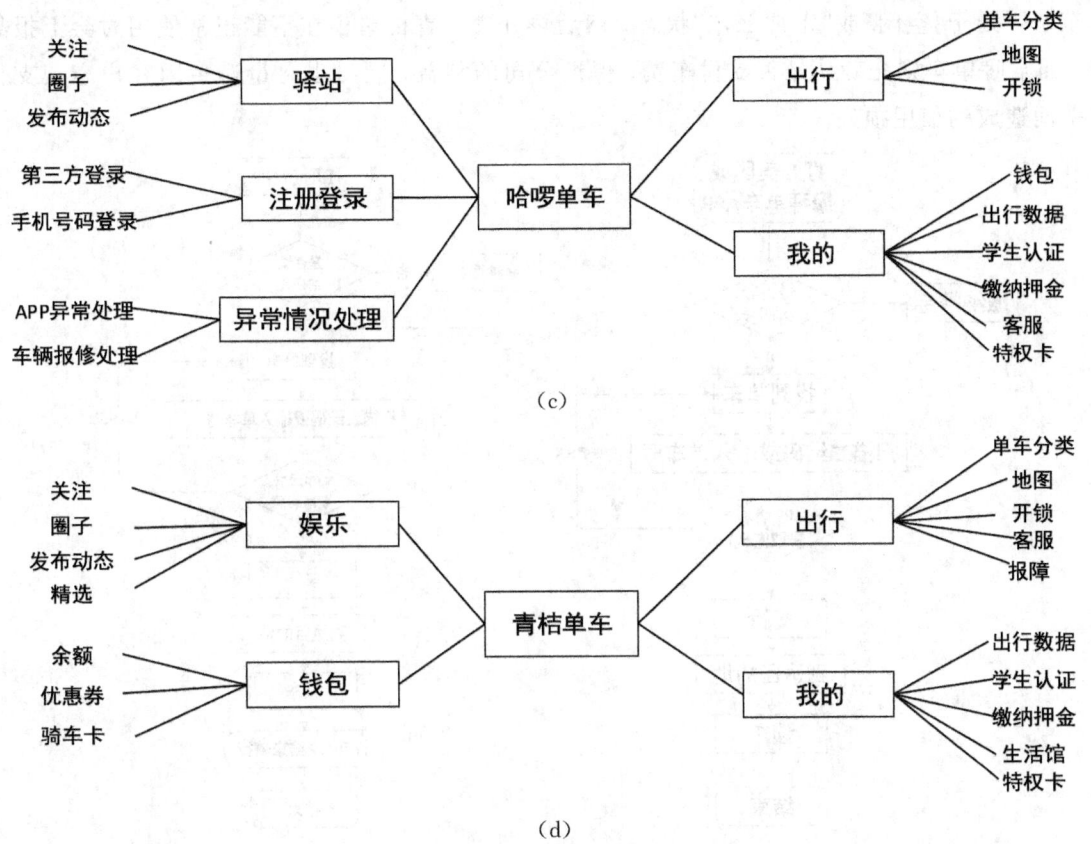

图 7-9 不同品牌共享单车的软件系统对比

美团单车、哈啰单车、青桔单车和 ofo 小黄车的 APP 主要功能如图 7-9 所示，都包括注册登录、用车还车和用户反馈等环节。美团单车的 APP 在满足用户的正常用车需求基础上，满足了部分用户群体的社交需求以及金融需求。与美团和 ofo 相比，哈啰与青桔单车的 APP 在社交互动方面做得更加细致；在用户的登录注册方面，美团单车、哈啰单车、青桔单车和 ofo 小黄车都提供第三方平台登录，增加用户注册率，降低获客成本；在用车、还车和用户反馈方面，美团单车、哈啰单车、青桔单车和 ofo 小黄车都做得比较完善。但相比于 ofo 小黄车，美团单车推出了信用分数体系，类似于金融界的风控体系，可在一定程度上对用户起到警示与增加用户积极度的作用，最终降低公司成本；而哈啰单车则是接入芝麻信用，推出免押金活动。

(2) 共享单车软件服务流程图

如图 7-10 所示，使用美团单车、哈啰单车、青桔单车和 ofo 小黄车 APP 的具体流程主要包括注册登录、缴纳押金、找车、解锁、用车、还车、付费结束等过程。从图中可以看出，ofo 小黄车使用过程比较麻烦，在锁车之后仍需打开手机 APP，点击结束用车并付款。而美团单车则相对比较简便，由于其自带 GPS 定位功能，不仅可以提前预约车辆，在找车的时候也具有更高效率，用户用车结束后只需锁上车即可完成还车操作，系统会自动扣费，不需要再打开手机进行确认结束，对用户来说十分方便。哈啰与青桔单车开锁过程更加复杂，会多次确认单车是否处于"空闲"或"正常工作"状态,然后再开锁。青桔单车在不能正常使用时会上报故障,而哈啰单车则先确认是否支付车费,保证公司的利益,同时也尽量避免因客户忘记支付车费而造成的信用损失。

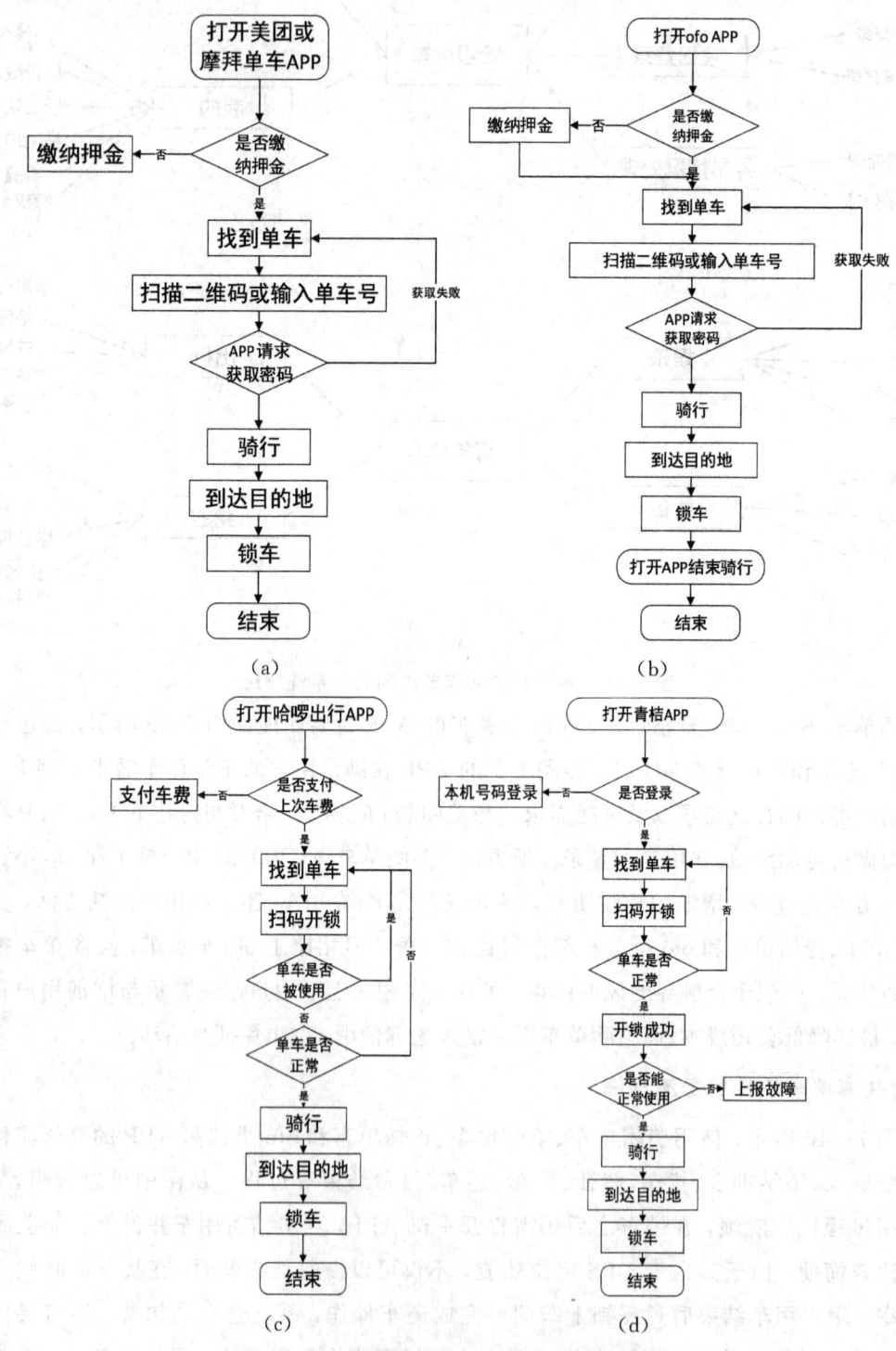

图 7-10 不同品牌共享单车 APP 操作流程

(3) 不同品牌共享单车的登录注册界面设计

图 7-11 不同品牌共享单车 APP 登录注册界面

点击共享单车 APP 图标,打开登录注册界面。如图 7-11 所示,ofo 可选择使用手机号注册或微信/QQ 登录后手机验证,具有较好的使用体验;美团最初的版本不支持第三方登录,只支持手机号码注册再登录,用户使用体验感较差;在最新的版本中,美团 APP 做出了优化,也支持第三方登录,在未缴纳押金或网络未连接时会从主界面自动返回登录界面;青桔单车只能用手机号登录,也可用小程序;哈啰单车不仅可以用手机号登录,也可以用支付宝进行登录,但不支持微信/QQ 登录。

(4) 不同品牌共享单车的找车服务差异

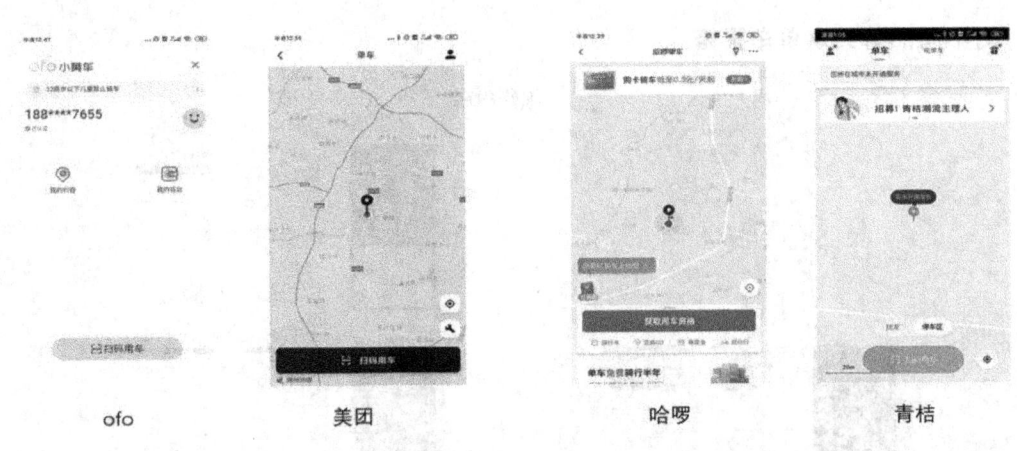

图 7-12 不同品牌共享单车 APP 找车界面

如图 7-12 所示,美团单车、哈啰单车、青桔单车和 ofo 小黄车都能在用车界面显示附近车辆的位置信息,方便用户找车。但美团、哈啰和青桔单车还配备了 GPS 装置,可以通过车辆上的 GPS 进行定位,在 APP 上实时显示附近车辆分布,还能通过 APP 远程预约用车,触发车辆响铃，找车效率更高。而 ofo 小黄车不具备 GPS 功能，只能通过用户使用 APP 时收集零星的行车轨迹，且可靠性极低，大部分时间只能靠肉眼找车，找车效率在各品牌单车中处于垫底状态。

(5) 不同品牌共享单车解锁

如图 7-13 所示，美团单车、哈啰单车、青桔单车和 ofo 小黄车都是以扫描二维码来获取密码的方式为主，当二维码不清楚或扫描失败时，也可以通过输入车辆编码来获取密码。在新版的 APP 中，用户还能通过蓝牙来解锁车辆。解锁速度方面，ofo 小黄车采用的是机械锁，需要手动输入密码，速度较慢；而美团、哈啰和青桔采用的是智能锁，扫描结束即可解锁，速度较快。

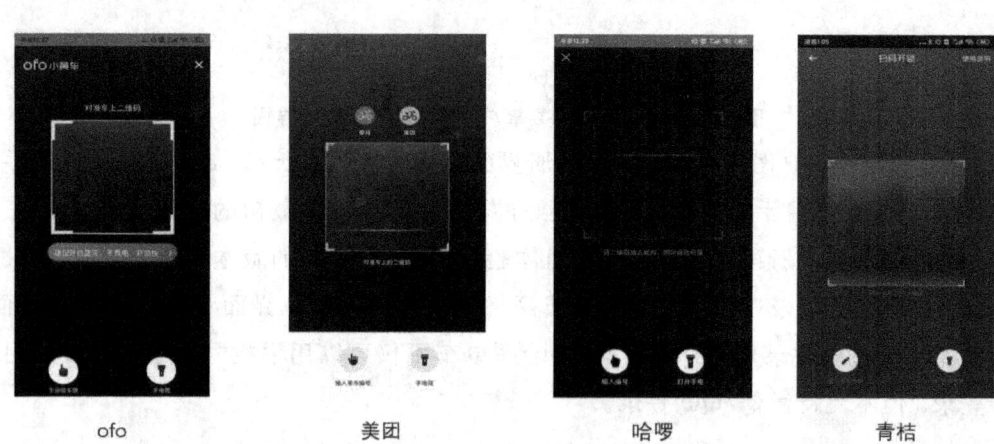

图 7-13 基于二维码扫描的共享单车解锁

(6) 不同品牌共享单车报修

图 7-14 不同品牌共享单车报修操作界面

如图 7-14 所示，美团单车、哈啰单车、青桔单车和 ofo 小黄车都对车辆报修反馈工作比较重视,在报修界面列出了车辆可能损坏的部位供用户选择。在细节方面,美团、哈啰和青桔单车可以通过扫描二维码或输入车辆编号来确定具体损坏车辆;而 ofo 小黄车则没有此类功能,增加了后续维修检查的难度,造成了人力物力的浪费。

7.3.2.3 其他

除了登陆注册、找车用车及解锁报修等常用功能,美团单车、哈啰单车、青桔单车和 ofo 小黄车都扩展了许多其他功能。美团、哈啰单车主要以上班族为目标用户,故而加入了许多和金融有关的功能,如金融商城等。ofo 小黄车、青桔则针对在校大学生,在系统中加入了许多娱乐和社交相关的功能,如邀请好友、通过趣味游戏来获得优惠等。

7.3.3 共享单车工业设计问题分析与改进

7.3.3.1 问卷调查

本节针对美团单车、哈啰单车、青桔单车和 ofo 小黄车在实际使用中舒适度和满意度问题,设计调查问卷。对性别、年龄、职业、使用频率、使用场所、出行方式、手机 APP 使用、共享单车选择、影响选择因素、对单车不满意的原因、希望单车改进的地方、对单车 APP 扩展功能的建议、对单车押金额度设定是否满意、对单车月卡或周卡产品是否满意、对单车退押金程序是否满意等问题在网上进行调查问卷。调查主体为在校大学生、上班族和微博活跃用户,在十余个群聊、群组和网站发起问卷,总计共有 142 人参与调查,调查结果如下:

(1)使用共享单车的用户年龄多为 18—35 岁。

(2)大学生和上班族是使用共享单车的主要人群。

(3)在出行方式选择中,大部分人选择公共交通、其次是共享单车。

(4)使用频率中,共享单车高于公共交通和私家车。

(5)对共享单车的不满意之处主要是押金问题、其次是单车损坏。

(6)引起用户不舒适的要素主要是座椅及车把、其次是车身重量。

(7)用户最希望改进的依次是押金、找车、车辆损坏等问题。

(8)大学生等较年轻群体倾向于选择 ofo、青桔单车;上班族等工薪阶层倾向于选择美团、哈啰单车。

(9)选择青桔单车的原因主要是重量轻、优惠多、骑行方便;选择美团、哈啰单车的原因主要是安全可靠、损坏车辆少;选择 ofo 小黄车的主要原因是容易获得、轻便。

7.3.3.2 影响共享单车使用满意度的因素分析

影响共享单车使用的因素主要包括人体因素、车辆的结构因素和 APP 软件的设计因素[221]。在实际使用过程中共享单车的使用决策也受外部因素,如路况、天气、风阻等因素的影响[222,223]。

(1) 人体因素

在人与共享单车组成的系统中，因为人要完成控制和驱动，所以考虑人体因素至关重要。如图 7-15 所示，影响共享单车使用的人体因素一般分为人的体格因素、人的下肢肌力、人的平衡能力及人的疲劳程度等。

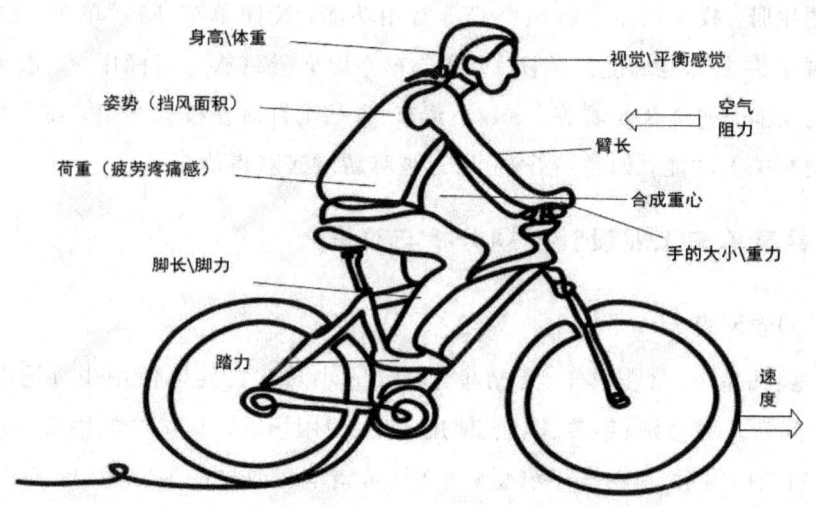

图 7-15 影响共享单车使用的人体因素

① 人的体格因素：人的体格因素以身高为基本因素，其他身体的能力表现出与身高成比例，并与手臂成比例的特性[224]。如手臂和腿的长度与身高成比例，从而以骨关节为中心所产生的力矩、步幅等，都取决于身高的大小。肌肉、大动脉、骨骼的截面积等都可看成与手臂成比例。体格对出力性能的影响，从理论上讲，速度能力与操作功能力和身高、手臂、腿长、肌肉成比例。

② 人的下肢肌力：自行车骑行的原动力，主要源自骑车人的下肢肌力。人骑车时，骨骼肌肉内部的化学能转换为肌肉收缩的机械能。自行车脚蹬的转动是通过腿肌收缩出力完成的，一般来说腿肌长的人比腿肌短的人有力。

③ 人的平衡能力：骑车人本身的平衡能力是影响自行车性能的重要因素，如果自身缺少平衡能力，哪怕是运动性能很好的自行车也不能平稳行驶；若自身有很好的平衡能力，便可掩盖自行车设计的某些缺陷。

④ 人的疲劳程度：骑行过程中由于大量的往复运动或不正确的骑姿，会产生肌肉疲劳，而人在疲劳时对骑行的舒适体验会大大降低，甚至威胁人身安全。

(2) 车辆的结构因素

在人与共享单车组成的系统中，共享单车是重要的组成部分，车辆的结构设计直接影响人的舒适度体验。如图 7-16 所示，车辆的组织结构主要包括车把、车架、车轮、车锁、车闸、车座等。

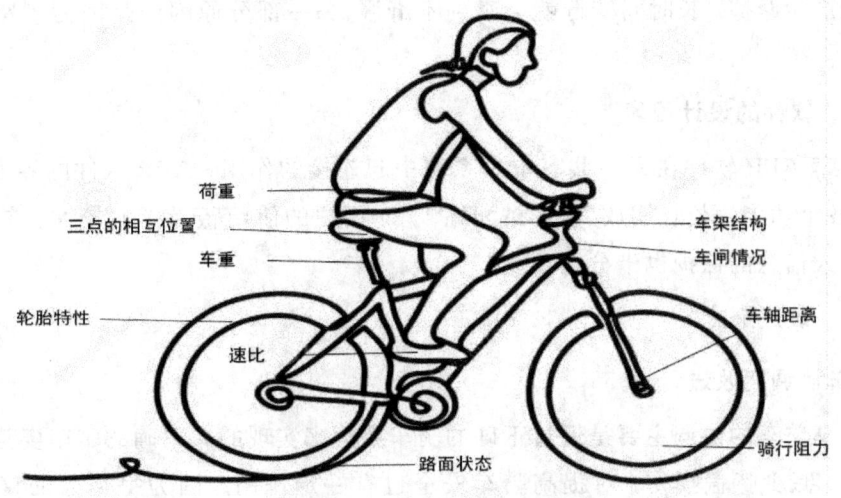

图 7—16 影响共享单车使用的车辆结构因素

①车把：车把连接着前叉，可转动前叉，主要控制共享单车的行驶方向，并作为骑车者的扶手，支撑一部分骑车者的重量。车把因为装在自行车正前方，要求美观舒适，且必须能承受一定的颠簸撞击性能。车把的高度、角度及把手的形状等对共享单车的骑行和用户的体验感受有重大影响。

②车架：车架是构成共享单车的基体，连接着自行车的各个部件，并承受骑行者的体重及共享单车在行驶时经受各种震动和冲击力量。车架除了必需的强度以外还应有足够的刚度，这是为了在各种行驶条件下，保持固定在车架上的各机构的相对位置不变，充分发挥各部位的功能。车架的规格尺寸决定用户骑行过程中身体能否舒展，车架的强度与硬度是保障共享单车安全顺利行进的最直接因素。车架材料的选择在极大程度上决定了车辆的承受能力，直接关系车辆安全程度。

③车轮：车轮是共享单车行进的主要承担部位，车轮的规格及轮胎材料的选择对车辆重量有很大影响。轮胎的种类（如实心轮胎或充气轮胎）、材料、表面花纹等对共享单车的抓地力、对路面的适应、是否会爆胎有决定作用。

④车锁：车锁是保护共享单车安全的重要组成部分，也是与共享单车 APP 连接的主体。用户通过扫码或输入车辆号码来获取密码，手动或自动开锁。车锁的质量直接决定用户能否顺利使用单车。

⑤车闸：车闸是共享单车在骑行过程中遇到突发情况紧急制停的组成部分，对保障人体安全有重大作用。车闸的安放位置、把手形状及刹车系统的灵敏程度都对用户的骑行安全和舒适度体验有影响。

⑥车座：车座主要起承受骑车者的体重作用，要有足够的强度和弹性。稳定、舒适的车座，既能使骑行者提高输出功率，又能减少骑行者的疲劳，提高行驶性能。大多数人长时间骑自行车，都会感到臀部疼痛。之所以如此，一部分原因是前倾式的骑车姿势使骑车者臀部

与车座前端产生摩擦，长时间骑行就会感到不舒服；另一部分原因则是因为车座的尺寸材料选取不合适。

(3) APP 软件的设计因素

共享单车 APP 软件在人－共享单车系统中起连接的作用，APP 软件的界面设计，如图标的大小、各个功能的位置摆放、色彩搭配等[225]对用户的使用感受影响较大。软件的流畅运行及用户个人信息的保护也十分重要。

7.3.3.3 改进措施

(1) 人车协调度改进

人与共享单车的协调主要是通过正确的骑车姿势来实现的。正确的骑车姿势可以帮助缓解骑行疲劳，减少膝盖损伤，对提高骑车安全也有一定作用。因为每个人的臂长和腿长不同，对车辆的调整也就大不相同，一般可以从车座的角度与高度、车把的高度及刹车把手的角度位置等方面来进行调整。车座一般要保持水平，高度要保证脚跟放在踏板上，踏到最低点时膝盖正好打直，这时候的车座高度大致就是理想高度；刹车把手一般可以先设定在35－45度之间，以骑车时手背与前臂可以打平为准；车把的高度设置要保证骑行时人体上部稍微前倾，手臂略微弯曲[226]。如图7－17所示，调整完成后，膝盖与腿部能保持高效发力状态并且不易受到运动伤害；上半身则是略呈一个"弓"状，可以自然吸收路面的冲击与震动；而前手臂微张微弯，也稍微负载着上半身的重量；手指则是很自然地放在刹车手把上，可以快速轻易地使自行车停止行进[227]。

图 7－17　共享单车骑行姿势

(2)人体舒适度改进

可以通过对共享单车的结构部件的改进,实现人体舒适度的提高。共享单车主要由车把、车架、车轮、车锁、车闸、车座等部分构成,可以对这些部件进行优化改善,改变其规格或材料,以达到满足人体舒适的要求。

①车把改进

如图7-6所示,美团、哈啰、青桔和ofo小黄车的车把可以分为弯把和直把。美团、哈啰、青桔单车的车把弯度较大,骑行过程中人体手臂弯曲较大,比较松弛;ofo小黄车的车把较直,骑行过程中人体手臂几乎没有弯曲,时刻处于紧绷状态,不利于长期骑行。对车把的改进要从车把的高度、宽度、位置及把手形状和弯度等方面进行。

车把的高度应保证骑车者在骑车时处于自然坐姿或接近自然坐姿,偏高或偏低都容易引起疲劳,车把一般与人体站立时胯部平行;车把的宽度接近于骑车者的最大肩宽时,人能够自然舒适地握住车把,并能保持长时间不易疲劳。中等身材(50%的人群)的人最大肩宽,男为43.1cm,女为39.7cm,因此,车把的宽度可定为39.7—43.1cm[228]。

现在共享单车的把手很多都是橄榄形的,在使用过程中,手心容易起泡,引起疲劳。当手握住把手时,手的屈肌和伸肌共同完成握把,运用人因工程学原理,将把手设计成贴合人手的形状,可以有效减少疲劳。传统的自行车把手多为水平状态,使用过程中手腕处于背屈状态,会造成腕部酸痛,握力减小,长时间操作还会引起腕道综合征、腱鞘炎等症状。实验探究,把手设计成与水平位置成10°左右时,可以降低疲劳,并且容易操作,还可使腕关节处于放松状态[228]。改进后的把手如图7-18所示。

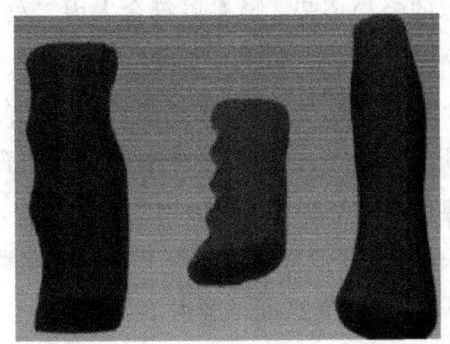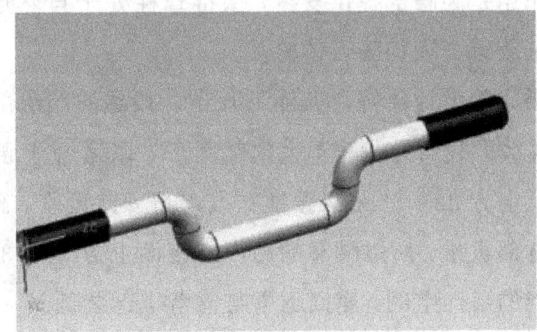

图7-18 改进后的把手形状及弯度

②车座改进

如图7-4所示,美团、哈啰、青桔和ofo小黄车的车座材质类似,并且都有弹簧坐垫。在骑行过程中,美团、青桔单车的车座较硬,与人体摩擦较为明显,舒适度不高;ofo小黄车与哈啰的车座表面为皮革,较软,但透气性不好,不利于长时间骑行。且美团单车的车座还存在不可快拆、调节阻力大等问题。

根据《工作座椅一般人类工效学要求》,座椅的坐面有带座垫的柔性坐面和不带座垫的刚性坐面两种形式。座垫应为由弹性材料及蒙面材料组成的柔性座垫,且覆盖物必须具有弹性和透气性。在选择座垫材料时,还应考虑其散热和吸潮的能力,以及防止滑动的能力等[228,229]。

图 7—19　共享单车车座改良

基于人因工程学的共享单车车座改进设计如图 7—19 所示。鞍座的中部嵌入了比两侧更加柔软的垫料;从正视图看,这一区域下陷,很好地减轻了对坐骨生殖区的挤压;开有 4 个圆孔,有利于散热、散潮。鞍座前部比后部稍低,减轻了对耻骨联合部的压迫;鞍座头部比一般自行车鞍座稍窄,减轻了对大腿内侧的摩擦;前后连接的弧度比一般自行车鞍座要小一些,使鞍座增加了表面受力面积,减轻了对臀部的挤压。

③ 腰靠改进

仅对车座的材料进行改进是不够的,长时间骑车,没有腰靠,用户的背部负荷很大。腰靠的作用是为腰部提供支撑,保持脊柱处于自然形态的轻松姿势,腰靠更符合人因工程学,有利于获得舒适的骑行体验。

腰靠的设计要符合人体工效学。腰靠的凸出部分要压入腰凹内,以保证腰部得到充分支持,其水平截面为曲率不大的圆弧形,以适合于腰围[228]。由于成年人腰椎部的中心位置约在座位上方 23—26cm,腰椎支点略高于此尺度,腰靠的高度至少要等于腰椎支点的高度,以支持背部重量,所以腰靠的高度在座面上方 26—32cm 处为宜。为了使背部下方骶骨和臀部有适当的后凸空间,座面上方与靠背下部之间留一开口部分,其高度至少为 12.5cm。

腰靠的宽度由腰围决定。腰围以 50% 的女性的腰围为依据,腰靠宽度为腰围的 1/3,50% 的女性腰围为 77.2cm,所以靠背宽度可定为 26cm[230]。腰靠面带一点向内凹的圆弧,和背的形状相似,可以使背部和腰部受力均匀,减少疲劳,增强舒适性。

腰靠的角度可以设为 99°,该倾角的作用与座面倾角的作用相同。倾角的角度可以手动调节,以供不同的人使用,还可以缓解腰部保持一个倾角带来的疲劳。腰靠应选择强度较好,质量较轻的材料(如 ABS 塑料),并具有适当的弹性,以增加舒适感[228]。腰靠结构如图 7—20 所示:

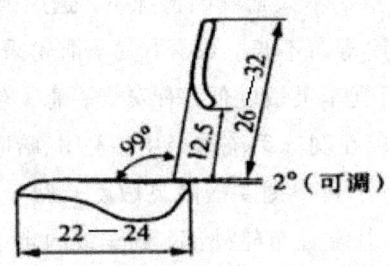

图 7−20 共享单车腰靠结构改进

④车架改进

美团、哈啰、青桔和 ofo 小黄车的车架规格都比较符合人体工效学的要求，所以改进主要从材料选择方面进行。如图 7−3 所示，美团、哈啰、青桔采用的是铝合金车架，ofo 采用的是普通的钢架。铝合金车架具有质量较轻、耐空气氧化、性价比高的特点，可有效降低整车重量，且铝合金车架不用喷漆，后期维护比较简单。但钢架的耐久性和路感比较好，长时间骑行不容易疲劳，硬度比较大，安全性较高。

在车架材料的选择方面，美团、哈啰、青桔需要以降低车身重量为主，同时考虑了其安全性；ofo 小黄车以实用、低成本为主，同时需考虑保养维护问题。综合来看，虽然碳架是最理想的车架材料，但考虑到成本因素，铝合金车架比较适合当前共享单车的选择。

⑤车闸改进

车闸的设计精度较高。由于人手的抓握直径在 13cm 左右，所以车闸直径可定为 13cm 左右，长度约等于把手长度。车闸与把手形成一个角度，此角度的设计因素是抓握空间，当抓握空间宽度在 4.5—8.0cm 时，抓力最大[231,232]。据此，可计算出车闸与把手的交角为 40°。至于把手与车闸的表面设计，应保证能准确抓握、不产生滑动为宜，所以它们的表面不能太光滑，要有一定的粗糙度。车闸改进如图 7−21 所示。

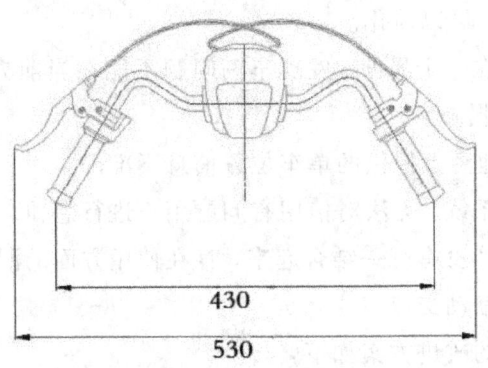

图 7−21 共享单车车闸改进

在刹车系统选择中，美团、哈啰、青桔单车后轮选择的是最先进的碟刹，前轮选择的是鼓刹。碟刹反应迅速、刹车灵敏度高、散热效果好、使用寿命比较长，但其加工工艺比较复杂，制造成本高。在当前共享单车市场不太景气的情况下，选用碟刹不利于企业发展。鼓刹成本低，制动效果也不错，但其使用寿命不长。ofo小黄车前轮采用的是V刹，后轮采用的是鼓刹，成本低，但损坏率较高，且刹车灵敏度低，有安全隐患。然而在使用过程中，也发生过因刹车太灵敏而出事的情况，所以在刹车系统选择中，美团、哈啰单车可以降低灵敏度要求，选择成本较低的刹车系统；而ofo小黄车则要提高灵敏度及刹车系统质量，降低损坏率。此外，美团、哈啰及ofo小黄车把刹车片藏在车轮外部，刹车线内走于车把，这样可以减少磨损，在一定程度上减少安全隐患。

⑥传动系统及车轮改进

传动方面，青桔单车采用的是无链条的轴传动，其稳定性高，免于维护，使用寿命长，但成本较高。而美团、哈啰和ofo小黄车采用的是传统的链传动，成本低，但传动平稳性较差，易磨损，不耐久，且骑行过程中存在链条脱落的安全隐患。

轮胎方面，美团、哈啰、青桔单车采用的是免充气防爆胎，ofo小黄车采用的是传统充气轮胎。在易维护性和耐损耗程度上，美团、哈啰、青桔单车占了很大优势，而ofo小黄车却存在轮胎磨损漏气的情况。

根据用户反馈的问题来看，美团、哈啰单车比较重，骑行感觉不好，尤其是上坡的时候比较吃力；ofo小黄车与青桔单车的车身虽然轻便，但很容易发生故障，安全性差。所以，青桔单车应对轴传动进行改进或直接采用链传动，增强骑行体验；美团与哈啰单车应降低车身重量，提高客户的骑行体验；ofo小黄车则需要加强链传动的稳定性，降低故障发生率，轮胎可选择一体式的轮胎，减轻后期维护压力。

(3) APP软件改进

美团、哈啰、青桔和ofo小黄车的APP软件经过多次的更新改善，已经十分完美，可以满足绝大部分用户的需求，但在一些细节方面还存在些许问题需要改善。

①ofo小黄车APP存在的问题：

第一，功能模块重复，可以简化。

第二，用车和报修不在一个界面，发现车辆问题不能在当前界面进行报修，且不能直接扫码或输入车辆编号进行报修。

第三，找车不方便，地图上提供的单车位置信息不准确。

第四，没有信用积分系统，无法对信用有问题用户进行惩罚。

第五，锁车和付费结算没有统一结合起来，存在使用方面的漏洞。

第六，缺少用户间的互动交流。

针对以上问题，对应的改进方案如下：

第一，将"我的行程""ofo运动"和"邀请好友"结合起来，做成一个新的功能模块，将运动数据和行程统计一起展示出来。

第二，将报修功能添加到用车界面中，并在报修功能中加入扫码或输入车辆编号功能，方便用户进行报修。

第三,给 ofo 小黄车安装 GPS,虽然会增加成本,但有利于用户找车,也能为后续维修减少很多负担。

第四,建立信用积分系统,将信用积分与用户日常用车情况结合起来,对用户进行奖惩,为信用良好的用户提供优惠,对信用差的用户进行处罚或限制用车。

第五,加强锁车、GPS 定位与付费之间的联系,在用户付费以后车辆会自动锁车或锁车之后自动付费。

第六,对好友功能进行扩展,加入发送信息和查看好友状态等功能,能够与好友进行简单的互动。

②美团单车、哈啰单车、青桔单车 APP 存在的问题:

表 7-1 美团、哈啰、青桔单车品牌 APP 设计问题及解决思路

品牌 APP	存在问题	改进方案
美团单车 APP	附加模块较多,与用车还车等主功能无太大关系	删除"商城",增加附属价值与核心价值的关联度
	扫码速度慢、蓝牙连接不稳定	优化扫码界面,提高扫码速度,加强蓝牙连接
	用车界面中图标太小	适当增大用车界面中的图标
	无好友交互功能	添加好友交互功能并扩展,可以分享行程和查看好友状态
哈啰单车 APP	附加功能太多,单车只占一小部分	将单车模块单独分离出来
	扫码界面广告太多,占用界面资源,造成视觉污染	优化扫码界面,清除广告
	用车界面中图标太小	适当增大用车界面中的图标
青桔单车 APP	登录方式单一	增加登录方式,允许客户以微信、QQ 或支付宝、钉钉等其他方式登录
	扫码速度慢、系统反应迟缓	提高扫码速度,加强中心系统与端体之间的联系,提高反应速度
	用车界面广告滚动播放,影响客户使用	优化用车界面,适当放大图标,清除广告
	无好友交互功能	添加好友交互功能并扩展,可以分享行程和查看好友状态
	缺乏与大出行的连通	增补适当的出行方案推送

7.3.4 共享单车工业设计改进的发展方向

美团、哈啰、青桔和 ofo 小黄车在共享单车的发展史上写下了浓墨重彩的一笔，在制作、推广和营销等方面做得都比较出色，但是它们的运营理念不同，导致各自产品的结构设计及运行系统存在较大区别[233]。本研究通过问卷调查及切身体验，对美团、哈啰、青桔和 ofo 小黄车做了详细对比。本研究的结论是基于科学模型所分析得到的，不针对各大共享单车品牌之间的竞争。研究发现，美团单车注重商业化发展，运营模式比较成熟。美团单车注重产品设计的品质，所以其质量和技术含量都处于行业前列，但是造价比较高，前期投入大，资本回收慢。在用户体验上，美团单车只追求品质但忽略了与用户的协调统一，在单车的细节方面还有待改进。ofo 小黄车是从校园兴起的，追求实用性，在商业运作上是低成本制作，通过大量抢占市场获得利润。ofo 小黄车在产品设计上是以传统的自行车设计为主，成本低，但容易损坏，前期发展具有较大优势，但也导致后期维护成本高，不利于企业未来发展。哈啰与青桔单车是在夹缝中生存发展起来的，在保证资金链完整的情况下，逐步扩张，规模不断扩大，哈啰单车独创免押金方式，避免了资金断流的风险。哈啰与青桔单车在保证单车质量的同时，尽可能控制成本，不断追求技术创新，保证后勤服务。但是哈啰与青桔单车在人机交互方面有所欠缺，设计不完善。在改进问题的分析中可得出如下结论：

第一，美团、哈啰、青桔共享单车设计的改进方向要以提升用户体验为主，基于人因工程学对车辆细节方面进行优化改善。通过采用新材料、新工艺、新技术来减轻车身重量，降低企业自行车采购成本，在保证自行车产品设计质量的前提下从重成本的运营模式转型成相对轻成本的运营模式。因 ofo 小黄车运营失败，本节仅从其产品设计来分析，可以在产品设计中提升产品质量和科技特性，比如增加 GPS、提高单车各部件的质量、降低故障发生率；在 APP 方面及时对系统漏洞进行修补，将系统运行中不合理的地方加以改进。

第二，针对废弃单车的回收，企业要加大管理力度，积极承担社会责任。重视单车设计的技术改进，设计更先进的定位、监控技术，从根源上减少单车的破坏和丢失；对日常人们的出行数据进行分析，科学地分配共享单车在各地区的数量以避免过度投放，进而在一定程度上解决单车废弃的问题；提高单车的修理技术，缩短修理周期，加快修理速度，减少坏车的滞留数量，提高人们的骑行体验；同时应致力于提升用户管理技术，采取更加完善、更加先进、更加严格的用户管理系统，能够及时反馈单车的使用状况及用户的使用记录，使不规范使用单车或恶意破坏单车的公民及时得到应有的惩罚，借此改善单车被恶意破坏的现状，从根本上解决单车废弃问题。在今后的运营中，美团、哈啰、青桔和 ofo 小黄车都需要重视用户这一要素，从用户的角度出发来设计产品，提高用户的舒适度及满意度，这样才能获得更好的发展。

第三，基于可持续发展这一理念，对共享单车的全过程管理需要企业与用户的共同努力。尽管共享单车是人们公认的绿色、低碳的出行方式，但若从其全生命周期视角出发，可以发现共享单车对环境也存在着负面影响,还存在很大的全过程管理空间。共享单车的全生命周期大体包括自行车的设计、生产、营销、使用、故障维修、报废及废物处理等阶段,不同的生命周期阶段在不同程度上占据了社会资源。应注重自行车的设计阶段,将绿色、环保的理念融入该阶段,可以为后续阶段解决很多难题,降低全过程管理的难度。例如,在自行车的设计过程中,设计并采用绿色的材料和易于安装拆卸的车辆结构,可降低生产难度、减轻报废阶段对环境的负面影响。此外,绿色生产、绿色营销、资源回收等过程也是不容忽视的。只有对共享单车生命周期的全过程进行合理的管理,才能保证该行业的可持续发展。

7.4 共享单车停放问题解决方案研究:以地铁站周边设施规划为例

共享单车整体投放量已趋于稳定,大部分城市设置了共享单车投放总量的限制目标。但在地铁站、商超等人流密集区域仍存在共享单车停放区域狭小和停放点与周边非机动车道、主干道、商业区未能一体化衔接的现象,导致共享单车的无序停放,城市交通环境受到严重影响。另外,由于某些商业区、学区附近共享单车停放区域较少,无法满足用户的借还需求,影响了用户体验。2020年2月,北京市人民政府办公厅印发了《2020年北京市交通综合治理行动计划》的通知,倡导以"交通秩序专项整治年"为抓手,按照"优供、控需、强治"总体思路,坚持"慢行优先、公交优先、绿色优先"理念,加大精治、共治、法治力度,加快构建综合、绿色、安全、智能的立体化、现代化城市交通系统,持续提升首都交通综合治理能力和治理水平[234]。在此背景下,为实现中心站点周边共享单车与城市其他系统的一体化衔接,应重点关注共享单车停放区域设施规划与配置问题,充分利用公共交通的通达性,协调共享单车流量与站点布局关系,建立一种可持续发展的综合性交通体系。本节以 W 地铁站周边共享单车停放区域为例,依据 TOD(transit-oriented development)模式原则,使用重心法进行区域规划布局分析,重新规划共享单车停放点。

TOD 模式是指以公共交通为导向的城市交通发展模式,其中公共交通主要是指火车站、机场、地铁、轻轨等轨道交通及巴士干线。TOD 模式强调以公交站点为中心、以用户出行距离为半径,对周边区域进行合理布置,在不排斥汽车出行的前提下尽可能选用公共交通,其主要方式是通过土地使用和交通政策来协调城市发展过程中产生的交通拥堵和用地不足的矛盾[235]。我国地铁轨道发展迅速,共享单车等便于接驳的出行方式也被广泛传播,且地铁与周边社区、商业区、工作办公区等一体化进程加快。因此,结合轨道交通站点,引入 TOD 发展概念开展城市土地规划与设施布置,有利于引导共享单车合理有序停放,实现共享单车与城市空间的良性配合。

本次研究的中心站点 W 地铁站位于城市 A 干道与 A 地铁线交会处,A 干道(东西走向)与 B 干道(南北走向)交叉口东侧,横跨于 A 干道上,呈南北走向。假定共享单车单次骑行距离为1000—1500米,可将地铁站的影响范围定为1500米。在此范围内该地铁站周边各区域分布及共享单车密集停放区如图7—22和图7—23所示(按比例绘制),其中主要建筑区包括6所大学、4个商业区、3个居民区以及1个技术研究所集中地。由于每日从各区域到达W地铁站的共享单车流量不同,且不同区域之间的共享单车流量也有所差异,若停车位置及停车容量设置不合理,容易发生闲置或拥堵状况。因此,需要合理调整地铁口及其他区域周边共享单车停放区域面积及车位数量,防止地铁口车辆溢出,改善城市交通环境,使共享单车与城市其他系统形成合作共赢关系。

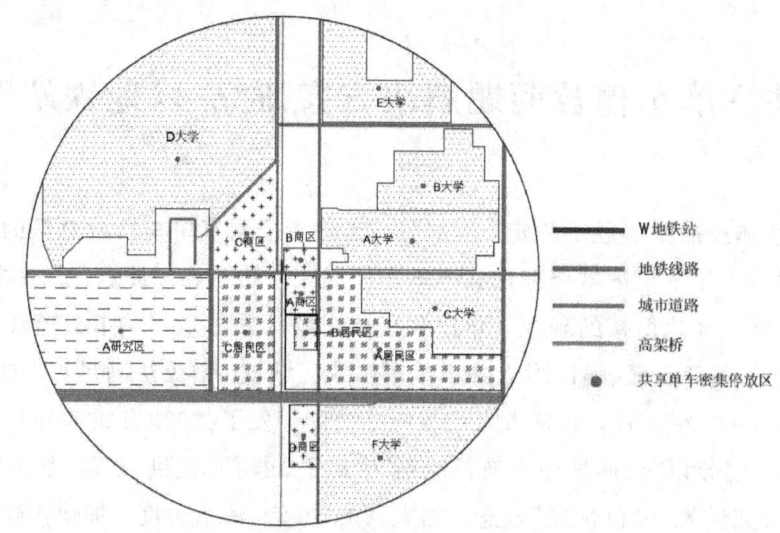

图7—22 W地铁站周边1500m范围内区域分布

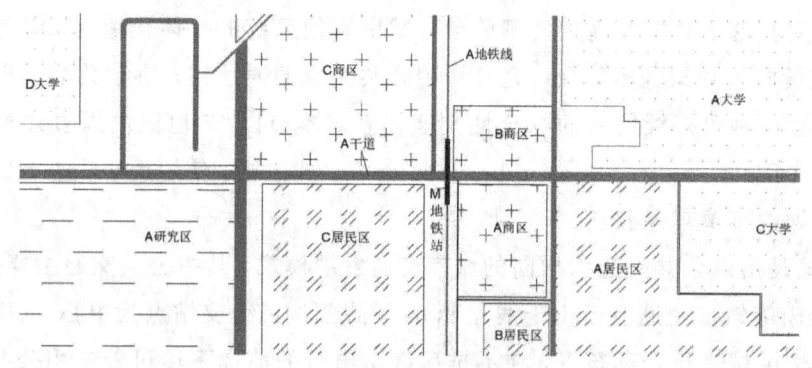

图7—23 W地铁站周边近距离区域分布

7.4.1 共享单车停放区域布局原则

使用TOD模型进行共享单车停放区域布局分析需要依据以下原则:

(1)多区域停放点布局

应使地铁站与其他区域之间、区域与区域之间的共享单车停放点相互渗透和联系,利用共享单车的流向及数量进行"自动调度",保证停放区域大小与停放数量匹配。最终目的是提高站点和周边设施的空间联系，充分完善配套服务，打造以地铁站为核心的综合城市交通体系，提高用户满意度[236]。

(2) 引导用户规范停放

目前共享单车乱停乱放问题严重，破坏了城市交通环境，甚至妨碍交通出行[237]。造成此种现象的原因主要是设置的共享单车停放区域与用户停放需求点不符，且停放面积与投放量不匹配。合理布置共享单车停放区域位置及大小，可引导用户规范停车，有效减少乱停乱放等不文明行为。同时，停放整齐有序的共享单车可优化城市交通环境，同时可在一定程度上提高用户的使用意愿。

(3) 实时监控流量

在停车区域布置电子监控系统，实时监控共享单车停放数量，通过大数据系统和模型分析得到停放问题的解决方案。另外，电子监控系统还可帮助区分某处车辆淤积为"假淤积"或"真淤积"。"假淤积"是指车辆虽停放较为拥挤，但根据需求模型测算，车辆将很快被骑走的情况。因此，通过这种方式重点聚焦共享单车"真淤积"情况，减少无效调度，更加准确地调整停放区域大小，方便用户使用。

(4) 打造良好慢行交通系统

"轨道交通＋共享单车"出行模式成为城市居民低碳绿色出行的新模式。在地铁站周边区域形成通畅的慢行交通系统，有利于充分发挥共享单车的接驳作用，缓解与主干道车辆行驶冲突，给用户带来良好的使用体验，吸引更多人乘坐轨道交通或者采取骑行的方式出行。

7.4.2 共享单车停放区域规划方案决策方法

重心法是把选址问题抽象成数学表达式，通过求解数学模型找出最优方案的方法[238]，主要应用于物流及仓库选址问题。具体方法是在坐标系中标出各个地点的位置，目的在于确定各点的相对距离，进而考虑现有设施之间的距离和货物运输量。商品运输量是影响商品运输费用的主要因素，仓库应尽可能接近运量较大的网点，从而使较大运量的商品走相对较短的路程，降低成本。重心法计算公式如(7-1)、(7-2)所示。

$$C_x = \frac{\sum D_{ix} \times V_i}{\sum V_i} \tag{7-1}$$

$$C_y = \frac{\sum D_{iy} \times V_i}{\sum V_i} \tag{7-2}$$

C_x——重心的 x 坐标

C_y——重心的 y 坐标

D_{ix}——第 i 个地点的 x 坐标

D_{iy}——第 i 个地点的 y 坐标

V_i——从第 i 个地点流出或流入的货物量

本研究结合共享单车出行特性，使用重心法来确定地铁站周边共享单车停车区域位置，主要考虑了共享单车流量及共享单车与地铁之间的停放距离。停车区域应位于共享单车流量的集中点，最大程度上满足用户停放及租借需求。在确定停车区域位置的同时，还要利用停车位及共享单车周转率确定停车区域中停车位数量和满足用户需求的共享单车数量。

(1)停车位及共享单车周转率

共享单车停车位周转率是指在单位时间内某片停车泊位平均停放的车辆次数。在租赁点内停车位数量一定的条件下，单位时间内租借自行车次数和归还自行车的次数与通过调度进出租赁点的自行车数量密切相关[239]。一般通过单车的调度调控周转率，使停车位与共享单车数量达到动态平衡。共享单车周转率是指单位时间内单辆共享单车平均被租借使用的次数。周转率越高，车辆的停放和驶离就越频繁，泊位的空间利用效率也就越高。因此，可通过提高周转率来保证用户需求，避免出现共享单车在某一区域的过量堆积现象。

(2)停车位及共享单车规模

在地铁站附近拟建共享单车停车区域，该停车区域的停车位数量为 A，所需停放的共享单车数量为 B，选择地铁出行普通时段与高峰时段进行计算。目的是通过合理调度保证共享单车停放数量不超过车位数量，且使停放共享单车数量满足用户租借需求。

根据停车位周转率，可求得停车位数量，如公式(7-3)所示：

$$A_i = \frac{R_i}{P_i}, A = \max A_i \qquad (7-3)$$

其中：

A_i——i 时段停车区域所需停车位数量($i=1$，表示普通时段；$i=2$，表示高峰时段)

R_i——i 时段的还车次数

P_i——i 时段的停车位周转率

A——停车区域所需停车位数量

根据共享单车周转率，可求得满足用户需求的共享单车停放数量，如公式(7-4)所示：

$$B_i = \frac{L_i}{T_i}, B = \max B_i \qquad (7-4)$$

其中：

B_i——i 时段停车区域所需停放共享单车数量($i=1$，表示普通时段；$i=2$，表示高峰时段)

L_i——i 时段的租借次数

T_i——i 时段的共享单车周转率

B——停车区域所需共享单车数量

假设 W 地铁站停放区域调度较为及时，早晚高峰时间分别为 7 时—9 时、17 时—19 时，即每次高峰时段为2小时。合理假定每高峰时段用户还车次数为500次,停车位周转率为3次/车位;普通时段两小时还车次数为200次,停车位周转率为1.5次/车位。由公式(7-3)计算得到高峰时段所需停车位为167个,普通时段所需停车位为133个,可大致确定停车区域所需停车位数量为167辆。

同理可假定高峰时段用户租借次数为450次,共享单车周转率3次/辆;普通时段两小时租借次数为150次,周转率为1.4次/辆。由公式(7-4)可计算得到高峰时段所需共享单车数量为150辆,普通时段所需数量为107辆。由此可确定,在高峰时段到来前,满足用户需求的共享单车停放数量为150辆。

7.4.3 基于重心法的共享单车集中停放需求分析

建立重心法模型,确定以W地铁站为中心原点的共享单车流量最密集区域。设拟定停车区域坐标为(X_0, Y_0),周边各区域坐标为(X_i, Y_i),各区域到拟定停车区域的流量为V_i,可得:

$$X_0 = \frac{\sum_1^{14} V_i X_i}{\sum_1^{14} V_i} (i=1,2,\cdots,14) \tag{7-5}$$

$$Y_0 = \frac{\sum_1^{14} V_i Y_i}{\sum_1^{14} V_i} (i=1,2,\cdots,14) \tag{7-6}$$

其中$V_i = R_k + L_k$($R_k = k$时段还车数量,$L_k = k$时段租借数量)

W地铁站周边区域包括商业区、居民区、学校区以及研究所,均为地铁周边共享单车的来向及去向。将地铁站影响范围按500m、1000m、1500m三个距离划分为Ⅰ、Ⅱ、Ⅲ区域,如图7-24所示。由图7-22可测得各地点内共享单车停放集中位置坐标:A商区(111.1,-127.4),B商区(110.7,74.1),C商区(-210.2,228.1),D商区(130,-963.1),A大学(759.1,188.2),B大学(822,514.5),C大学(893.7,-211),D大学(-613.9,663),E大学(559.5,1088.2),F大学(577.3,-1092),A居民区(571.5,-453.8),B居民区(140.1,-356.7),C居民区(-215.6,-356.5),A研究所(-945.8,-351.5)。参考区域划分标准,可将A、B、C商区以及B、C居民区划分到Ⅰ区,将A居民区、D商区及A、B、C、D大学划分到Ⅱ区,将A研究所和E、F大学划分到Ⅲ区。

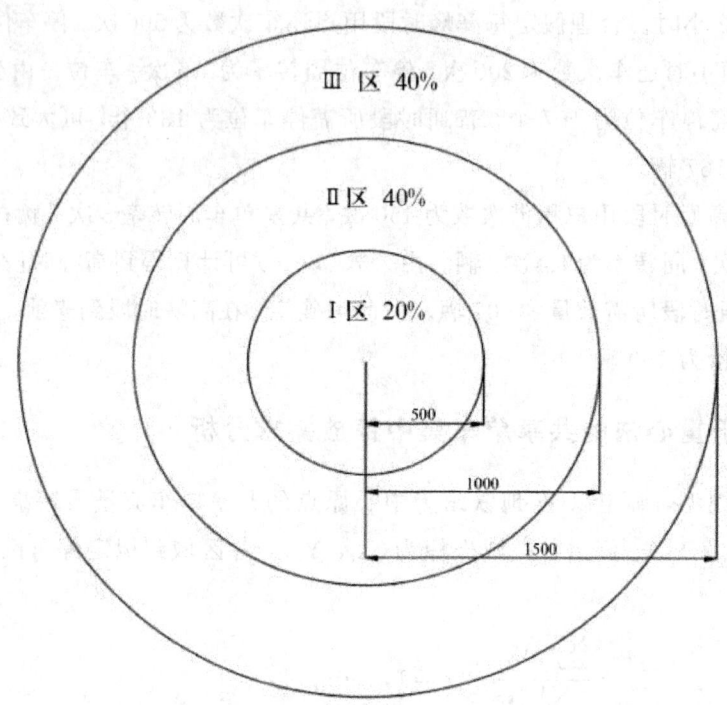

图 7-24 W 地铁站周边区域划分及流量占比示意

经调查研究发现,500m 范围内共享单车出行比例约占总范围内的 20%,500—1000m 和 1000—1500m 范围内出行比例各占 40%。前面假设高峰时段还车次数为 500 次,租借次数为 450 次,共 950 次。将这些次数按照 I、II、III 区流量所占比例进行分配,再将每个区的共享单车流量平均分配到内部商区、居民区等地(假定相同距离范围内的区域共享单车流量相同)。最终分配结果如表 7-2 所示。

表 7-2 W 地铁周边各区域共享单车流量

划分区域	地点	共享单车流量(按区域)
I 区	A、B、C 商区,B、C 居民区	38
II 区	A 居民区,D 商区,A、B、C、D 大学	63
III 区	A 研究所,E、F 大学	127

将各区域到地铁站的流量和区域坐标代入公式(7-5)、(7-6),可计算得到拟定停车区域坐标为(193.7,-86.4)。

由于地铁站附近商业区、居民区以及学区分布较为密集,考虑到这些区域用户的就近骑行原则以及停放面积有限,可在距离拟定停车区域较近的前提下,将停车区域分块布置在地铁、商场出入口周边,保证用户出行便利。具体布置方案如图 7-25 所示,将 167 个停车位分为 4 个地点布置。其中 1、2 停车区域布置在地铁站出入口(20m 范围外),同时满足 C 商区需求,每处可停放 42 辆共享单车;3 停车区域布置在 A 商区出入口附近,同时与 B 商区出入口保持较近距离;4 停车区域布置在 A 居民区附近,3、4 区域可停放数量均为 42 辆。

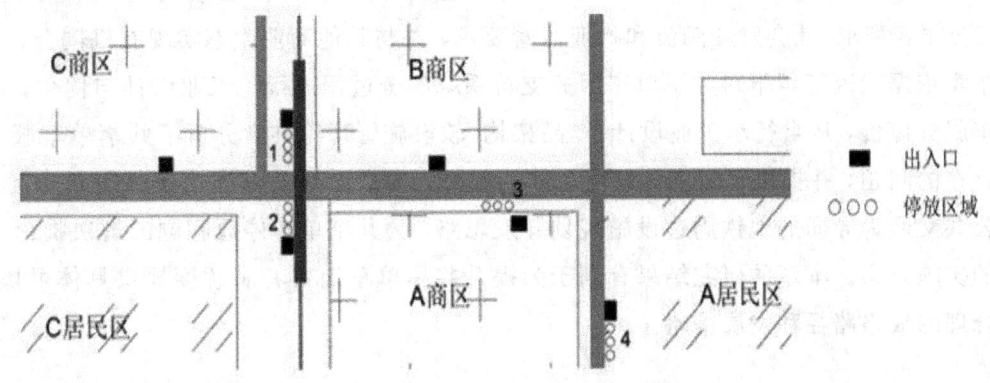

图 7—25　地铁站周边共享单车停车区域布局

另外,还应在停车点设置电子监控设备,实时监控共享单车停放量及空闲区域,由大数据平台测算周转率,进而采用有效的车辆调度措施,合理控制投放量。

通过以上案例分析可知,依据 TOD 原则,用重心法确定共享单车停放区域较为可行。研究得到的布置方案增加了共享单车停放区域选择的科学性,可作为共享单车停车设施选址的重要依据。但由于实际情况较之理论更为复杂,用户的骑行路线也不全是直线,会在一定程度上影响计算结果的准确性。因此,在应用中还应结合具体情况综合考虑。

7.5 本章小结

共享单车行业进入下半场的争夺,与其说是争夺,更多的是一种商业生态系统的内部完善和一个共享理念实践的新征程。本书从共享单车行业发展现状入手,依次分析了共享单车融资机制、市场竞争、监管模式、商业模式、消费者行为等内容,致力于破除影响共享单车行业可持续发展的障碍和制约。共享单车行业的上半场见证了这一系列障碍与制约的诞生,但企业的大规模发展与监管体系的空白形成了极大的矛盾。这些未能充分解决的问题,将在共享单车行业发展的下半场中成为影响行业可持续发展的关键。

共享单车行业发展的上半场充分说明了行业融资与企业资金风险之间的辩证关系,也为下半场的融资模式提供了很好的借鉴。作为衣食住行中必不可少的一部分,共享出行领域是目前共享经济中最为人熟知的发展领域。回顾网约车发展历程和共享单车上半场激烈的市场竞争,可以发现共享经济的上半场竞争奠定了下半场行业发展的基本格局。无论是融资历程还是市场竞争,ofo 的成败都为共享单车行业发展的风险防范提供了重要经验与启示。

进入共享单车行业发展的下半场,共享单车行业面临规范化运营的底线要求,也面临政府定期考核的挑战。商业模式重构是共享单车行业下半场可持续发展的重点,且商业模式重构成功与否的判别标准是共享单车消费者满意度。本章从消费者满意度的影响因素入手，提出了投放与置换、监控与停放管理、盈利模式优化等政策建议。单车品牌的更替表明仅依靠骑行服务收费的单一盈利模式无法支撑共享单车企业的可持续发展，必须构建全产业链生态体系，契合顾客需求、社会发展潮流和行业监管要求，并与其他商业生态实现有机耦合。

本章依据人因工程学对共享单车服务支持系统的全过程进行了工业设计与优化，基于共享单车服务评价，从自行车工业设计、产品架构、软设施管理等维度分析了共享单车服务系统设计存在的问题，并提出了相应的解决办法。此外，本章以地铁站周边设施规划为例，探讨了以公共交通为导向的地铁周边设施规划开发思路，为共享单车停放问题的解决提出了可供操作的实施方案。本章的研究结果有利于为提升共享单车消费者满意度提供具体可操作的、经济合理的战略路径和发展策略。

参考文献

[1] 宋扬扬,王胜本.2019."共享经济商业新范式——共享单车"的困境与治理[J].华北理工大学学报(社会科学版),19(1):24-28.

[2] 焦文雅,彭剑锋.2019.共享经济背景下人力资源共享模式发展研究[J].现代管理科学,(5):88-90.

[3] 刘峰.2010.新加坡解决城市机动车交通拥挤问题策略的分析与思考[J].交通标准化,(19):180-183.

[4] 樊根耀,高原君,鲁利川.2020.共享出行的演化与创新[J].长安大学学报(社会科学版),22(2):38-47.

[5] 张敏捷,周继彪,董升,张水潮.2019.城市公共自行车准动态调度方法[J].交通运输系统工程与信息,19(5):185-192.

[6] 于凤霞.2019.共享经济迈向理性和规范[M].北京:电子工业出版社.

[7] 杨介榜,曾康琼,李晋.2015.基于路权分配的自行车道改造规划设计探讨——以温州市区为例[J].城市交通,13(1):46-51.

[8] 叶茂,过秀成,徐吉谦,等.2010.基于机非分流的大城市自行车路网规划研究[J].城市规划,(10):56-60.

[9] 杨学成,涂科.2016.共享经济背景下的动态价值共创研究——以出行平台为例[J].管理评论,28(12):258-268.

[10] 陈元志.2016.面向共享经济的创新友好监管研究[J].管理世界,(8):176-177.

[11] 林宸,华挺,蒋中铭,等.2017.一场共享经济盛宴:以共享单车为例[M].北京:人民日报出版社.

[12] 王玮,冯茜,郑思齐.2018.乱象丛生下,共享经济路在何方[J].清华管理评论,61(5):52-63.

[13] 冉湖,杨其光,鲁威元.2017.共享单车:共享经济爆发的新风口[M].北京:民主与建设出版社.

[14] 李鸿磊.2018.基于价值创造视角的商业模式分类研究——以三个典型企业的分类应用为例[J].管理评论,30(4):257-272.

[15] 魏一鸣,米志付,张皓.2013.气候政策建模研究综述:基于文献计量分析[J].地球

科学进展,28(8):930—938.

[16] 魏一鸣,袁潇晨,吴刚,等.2014.气候变化风险评估研究现状与热点:基于Web of Science 的文献计量分析[J].中国科学基金,28(5):347—356.

[17] Wei Y M, Mi Z F, Huang Z. 2015. Climate policy modeling: An online SCI-E and SSCI based literature review [J]. Omega, 57: 70—84.

[18] 刘作仪,吴登生,李建平.2012. 2001—2010年我国管理与运筹学研究态势的计量分析——基于Web of Science数据[J].北京理工大学学报(社会科学版),14(1):1—8.

[19] Wang B, Pan S Y, Ke R Y, et al. 2014. An overview of climate change vulnerability: A bibliometric analysis based on Web of Science database [J]. Natural Hazards, 74(3): 1649—1666.

[20] 孙凯,王振飞,鄢章华.2019.共享经济商业模式的分类和理论模型——基于三个典型案例的研究[J].管理评论,(7):97—109.

[21] 李晓娜.2018."共享商品"使用偏好调查研究——基于广东省大学生消费群体的实证分析[J].西昌学院学报(自然科学版),32(1):68—72.

[22] 杨晓芳,金杨,付强.2018.不同因素对共享停车选择行为的影响程度分析[J].物流科技,41(11):55—58+62.

[23] 张圆,邓院昌.2019.基于Logit模型的共享汽车出行影响因素分析[J].科学技术与工程,19(4):254—258.

[24] 袁霞,王爱民.2018.基于TAM的共享汽车使用意愿影响因素研究[J].武汉理工大学学报(信息与管理工程版),40(4):434—438.

[25] 鲍抄抄,王维红.2018.基于计划行为理论的汽车共享消费意向影响因素研究[J].东华大学学报(社会科学版),18(4):285—293.

[26] 罗薇,孙立山,王顺超,等.2019.基于卢因行为模型的共享汽车出行选择[J].北京工业大学学报,45(5):476—484.

[27] Fishman E, Washington S, Haworth N. 2012. Barriers and facilitators to public bicycles scheme use: A qualitative approach [J]. Transportation Research Part F: Traffic Psychology and Behaviour, 15(6): 686—698.

[28] Fishman E, Washington S, Haworth N. 2014. Bike share's impact on car use: Evidence from the United States, Great Britain, and Australia [J]. Transportation Research Part D: Transport and Environment, 31: 13—20.

[29] Marie V, Roman H, Guillaume L. 2014. From bicycle sharing system movements to users: A typology of Velo'v cyclists in Lyon based on large-scale behavioural dataset [J]. Journal of Transport Geography, 41: 280—291.

[30] Frank L D. 1995. Impacts of mixed used and density on utilization of three modes

of travel: Single-occupant vehicle, transit, walking [J]. Transportation Research Record, 1466: 44-52.

[31] Fishman E, Washington S, Haworth N. 2013. Bike share: A synthesis of the literature [J]. Transport Reviews, 33(2): 148-165.

[32] Chen Y J, Wang D, Chen K H, et al. 2020. Optimal pricing and availability strategy of a bike-sharing firm with time-sensitive customers [J]. Journal of Cleaner Production, 228: 208-221.

[33] 牟振华,于浩,梁维维,闫康礼,李想. 2019. 基于SEM的共享单车使用决策研究[J]. 交通运输研究, 5(4): 121-126.

[34] 钱佳,汪德根,牛玉. 2014. 城市居民使用市内公共自行车的满意度影响因素分析——以苏州市为例[J]. 地理研究, 33(2): 358-371.

[35] 张俊英. 2017. 用户对ofo共享单车使用意愿和行为的影响因素研究[D]. 武汉:华中师范大学.

[36] 宋明蕊. 2017. 基于决策树的共享单车满意度影响因素分析——以北京地区ofo为例[J]. 中国市场, (28): 118-120.

[37] 朱玮,庞宇琦,王德,等. 2012. 公共自行车系统影响下居民出行的变化与机制研究——以上海闵行区为例[J]. 城市规划学刊, (5): 76-81.

[38] 杨晨,陆建,王炜,等. 2007. 基于个体出行方式选择的自行车交通影响因素研究[J]. 交通运输系统工程与信息, (4): 131-136.

[39] 白志炜. 2018. 基于TAM拓展模型的共享单车用户使用行为影响因素研究[D]. 北京:北京化工大学.

[40] 郭星光. 2018. 共享单车用户使用意愿影响因素研究[D]. 昆明:云南财经大学.

[41] 曹英楠,杨耀. 2018. 机动车已成空气污染重要来源[J]. 生态经济, 34(9): 10-13.

[42] 吴怡,张丹丹. 2020. 基于社会—技术界面的中国共享单车绿色发展路径探析[J]. 生态经济, 36(7): 113-119+139.

[43] 陈婉. 2020.《2019中国主要城市交通分析报告》发布城市交通呈现向好趋势[J]. 环境经济, (6): 48-51.

[44] 季彦婕,谢晓乐,马新卫,等. 2019. 共享单车影响下小汽车出行方式转移机理研究[J]. 交通运输系统工程与信息, 19(3): 188-194.

[45] 刘慧芳. 2020. 大数据技术在共享单车管理中的应用[J]. 企业科技与发展, (4): 86-87.

[46] 郑联盛. 2017. 共享经济:本质、机制、模式与风险[J]. 国际经济评论, (6): 45-69+5.

[47] 姚阮星晨,蔡茹雪. 2020. 共享经济下共享单车运营模式与发展对策研究[J]. 中国市场, (17): 202-204.

[48] 于凤霞,高太山.2019.当前我国共享经济发展的四大特点与五大趋势[J].中国物价,(6):19—21.

[49] 戴稳胜.2018."共享神话"的困境与再造:共享经济背后的资本与政府[J].国家治理,(34):3—9.

[50] 孙卓.2020.融资约束差异对企业投资效果及产出规模的影响——以中国工业部门私营与国有企业为例[J].商业经济,(3):81—83+93.

[51] Martin C J. 2016. The sharing economy: A pathway to sustainability or a nightmarish form of neoliberal capitalism?[J]. Ecological Economics, 121: 149—159.

[52] 吴杭韦,郑伟浩,朱迪.2019.新制度经济学视角下的共享单车探析:优势、问题与治理[J].生产力研究,(6):37—46.

[53] 陈剑雄.2019.共享经济视域下的会计核算问题研究——以共享单车为例[J].会计之友,(13):133—137.

[54] Han S S. 2020. The spatial spread of dockless bike-sharing programs among Chinese cities[J]. Journal of Transport Geography, 86: 102782.

[55] Nikitas A. 2018. Understanding bike-sharing acceptability and expected usage patterns in the context of a small city novel to the concept: A story of 'Greek Drama'[J]. Transportation Research Part F: Traffic Psychology and Behaviour, 56: 306—321.

[56] 魏静,唐闯.2019."互联网+"模式下共享单车盈利模式探析[J].中国集体经济,(9):77—79.

[57] 陈诗玉,顾雨诗,徐惠珍.2019.浅谈共享单车的运营模式与发展[J].中国集体经济,(17):66—68.

[58] 蒋阿力.2018.美团收购摩拜的原因探析及启示[J].管理观察,(22):50—52.

[59] 张金林.2019.共享经济理论下共享单车企业的危机探析——以小蓝单车为例[J].北京印刷学院学报,27(2):81—85.

[60] 唐德淼.2018.分享经济平台发展机理与产业规制——以共享单车为例[J].南方论刊,(1):15—17+27.

[61] 王英,王小波.2018.发展驱动与消费选择——共享单车在中国的社会学考察[J].兰州大学学报(社会科学版),46(1):33—42.

[62] Chen H Y, Zhu T, Huo J Z, et al. 2020. Sustainable co-governance of smart bike-sharing schemes based on consumers' perspective[J]. Journal of Cleaner Production, 260: 120949.

[63] 潘海啸,高雅.2017.共享单车的规模化扩张与精细化管理[J].上海城市管理,26(4):58—62.

[64] 彭尚先.2020.共享经济与租赁经济差异分析[J].合作经济与科技,(3):32—33.

[65] 张月武, 杨羽佳. 2018. 共享单车的融资现状分析及发展方向[J]. 科技经济市场, (4): 92—94.

[66] 郭嘉杰, 林俊孜, 廖紫薇, 等. 2020. 共享单车行业发展的瓶颈及对策[J]. 现代商业, (17): 18—19.

[67] 黄迪. 2020. 共享企业风险管控: 基于小黄车与哈啰单车的比较和启示[J]. 财会月刊, (3): 131—135.

[68] 莫英, 瞿天易. 2019. 共享单车可持续发展路径探讨[J]. 经营与管理, (12): 37—40.

[69] 王化杰. 2019. 共享单车低碳出行的实证研究——以合肥市居民为例[J]. 重庆工商大学学报(自然科学版), 36(1): 94—100+116.

[70] Ma L, Liu Y K, Liu Y. 2020. Distributionally robust design for bicycle—sharing closed—loop supply chain network under risk—averse criterion[J]. Journal of Cleaner Production, 246: 118967.

[71] 黄浩. 2019. 共享经济的产业效应与政策建议[J]. 产业经济评论, (5): 5—16.

[72] 马志祥, 梁译文, 袁思祺, 等. 2020. 共享单车品牌发展调查——基于对共享单车和后共享经济的思考[J]. 品牌研究, (5): 83—86.

[73] 童小莉, 刘芹. 2017. "分享经济"时代企业进入共享单车行业的路径——以中国共享单车行业为例[J]. 技术与创新管理, 38(6): 641—644.

[74] Jie T, Wei W D, Jiang L. 2020. A sustainability—oriented optimal allocation strategy of sharing bicycles: Evidence from ofo usage in Shanghai[J]. Resources, Conservation and Recycling, 153: 104510.

[75] Chi M, George J F, Huang R, et al. 2020. Unraveling sustainable behaviors in the sharing economy: An empirical study of bicycle—sharing in China[J]. Journal of Cleaner Production, 260: 120962.

[76] Fyhri A, Fearnley N. 2015. Effects of e—bikes on bicycle use and mode share[J]. Transportation Research Part D: Transport and Environment, 36: 45—52.

[77] Shi X Y, Li Z Q, Xia E J. 2020. The impact of ride—hailing and shared bikes on public transit: Moderating effect of the legitimacy[J]. Research in Transportation Economics, 100870, doi: 10.1016/j.retrec.2020.100870.

[78] 李可妤. 2018. 从共享单车破产事件分析融资风险的控制[J]. 现代商贸工业, 39(9): 106—107.

[79] 李雨芊, 马冰. 2019. 共享单车未来经营模式探析——以小黄车为例[J]. 贵阳学院学报(自然科学版), 14(4): 40—43.

[80] 王君君. 2020. 基于共享单车发展轨迹的转型路径思考[J]. 宁德师范学院学报(哲学社会科学版), (1): 46—51.

[81] 郑嵘. 2019. 互联网企业资金管理存在的问题及对策探讨[J]. 中国商论, (14): 142—143.

[82] Moro S R, Imhof A C, Fettermann D C, et al. 2018. Barriers to bicycle sharing systems implementation: Analysis of two unsuccessful PSS[J]. Procedia CIRP, 73: 191—196.

[83] 李延伟, 马亮. 2018. 共享经济治理: 分析框架与国际经验[J]. 电子政务, (4): 2—8.

[84] 孙瑜晨. 2018. 互联网共享经济监管模式的转型: 迈向竞争导向型监管[J]. 河北法学, 36(10): 16—33.

[85] Boufidis N, Nikiforiadis A, Chrysostomou K, et al. 2020. Development of a station-level demand prediction and visualization tool to support bike-sharing systems' operators[J]. Transportation Research Procedia, 47: 51—58.

[86] 张新红, 高太山, 于凤霞, 等. 2016. 中国分享经济发展报告: 现状、问题与挑战、发展趋势[J]. 电子政务, (4): 11—27.

[87] Zhang L H, Zhang J, Duan Z Y, et al. 2015. Sustainable bike-sharing systems: Characteristics and commonalities across cases in urban China[J]. Journal of Cleaner Production, 97: 124—133.

[88] 陈诗江. 2020. 产品全生命周期评估与管理——基于多种理论融合视角[J]. 企业管理, (1): 119—123.

[89] 程虹, 刘芸. 2017. 市场经济中的标准秩序理论研究[J]. 宏观质量研究, 5(4): 1—17.

[90] 苏治, 荆文君, 孙宝文. 2018. 分层式垄断竞争: 互联网行业市场结构特征研究——基于互联网平台类企业的分析[J]. 管理世界, 34(4): 80—100+187—188.

[91] 曾国平, 朱芸, 金镝. 2004. 产品异质性与消费者行为的互动关系研究[J]. 商业研究, (5): 67—70.

[92] Chen Y J, Zha Y, Wang D, et al. 2020. Optimal pricing strategy of a bike-sharing firm in the presence of customers with convenience perceptions[J]. Journal of Cleaner Production, 253: 119905.

[93] 薛黎明, 李翠平. 2017. 资源与环境经济学[M]. 北京: 冶金工业出版社.

[94] 穆铮. 2017. 论共享单车下责任风险管理模式的选择[J]. 中国市场, (31): 168—169.

[95] 孙志鹏, 陈桂明, 杜荔红. 2019. "酷骑"单车SWOT战略分析对组织发展的启示[J]. 经营与管理, (8): 34—38.

[96] 李雨馨, 潘家坪. 2019. 基于TAM与因子分析的共享单车产业发展影响因素研究[J]. 物流工程与管理, 41(11): 122—125.

[97] 张子轩, 吴蔚. 2017. 共享单车的现状、问题以及其发展对策建议[J]. 现代商业, (15): 162—163.

[98] Ma X, Ji Y, Yuan Y, et al. 2020. A comparison in travel patterns and determi-

nants of user demand between docked and dockless bike-sharing systems using multi-sourced data [J]. Transportation Research Part A: Policy and Practice, 139: 148—173.

[99] Laa B, Emberger G. 2020. Bike sharing: Regulatory options for conflicting interests—Case study Vienna [J]. Transport Policy, doi: 10.1016/j.tranpol.2020.03.009.

[100] Ma Y G, Lan J, Thornton T, et al. 2018. Challenges of collaborative governance in the sharing economy: The case of free-floating bike sharing in Shanghai [J]. Journal of Cleaner Production, 197: 356—365.

[101] Van-Waes A, Farla J, Frenken K, et al. 2018. Business model innovation and socio-technical transitions. A new prospective framework with an application to bike sharing [J]. Journal of Cleaner Production, 195: 1300—1312.

[102] Chen W, Liu Q, Zhang C, et al. 2020. Characterizing the stocks, flows, and carbon impact of dockless sharing bikes in China [J]. Resources, Conservation and Recycling, 162: 105038.

[103] Guidon S, Reck D J, Axhausen K. 2020. Expanding a(n) (electric) bicycle-sharing system to a new city: Prediction of demand with spatial regression and random forests [J]. Journal of Transport Geography, 84: 102692.

[104] 陈志祥. 2017. 生产与运作管理(第三版)[M]. 北京: 机械工业出版社.

[105] 徐升. 2020. 从准公共产品市场化条件看共享单车发展困境[J]. 江苏商论, (6): 6—9.

[106] Shao Z, Li X T, Guo Y, et al. 2020. Influence of service quality in sharing economy: Understanding customers' continuance intention of bicycle sharing [J]. Electronic Commerce Research and Applications, 40: 100944.

[107] Westland J C, Mou J, Yin D F. 2019. Demand cycles and market segmentation in bicycle sharing [J]. Information Processing and Management, 56: 1592—1604.

[108] Lai X D, Sun Z L, Liu J X, et al. 2020. Resource recycle efficiency improvement analysis for sharing bicycles: Value chain perspective [J]. Journal of Cleaner Production, 255: 120284.

[109] Pal A, Zhang Y. 2017. Free-floating bike sharing: Solving real-life large-scale static rebalancing problems [J]. Transportation Research Part C Emerging Technologies, 80: 92—116.

[110] 聂帅钧. 2019. 共享电单车的政府监管研究[J]. 重庆大学学报(社会科学版), 25(1): 162—177.

[111] Chen R Y. 2019. "Bike litter" and obligations of the platform operators: Lessons from China's dockless sharing bikes [J]. Computer Law and Security Review, 35: 105317.

[112] Hauf A, Douma F. 2019. Governing dockless bike share: Early lessons for nice ride minnesota[J]. Transportation Research Record, 2673(9): 419−429.

[113] 赵菊, 邱菊, 侯春波. 2019. 准公共产品: 基于政府监管机制的共享单车投放管理研究[J/OL]. 中国管理科学: 1−12. (2019−12−31)[2020−07−10]. https://doi.org/10.16381/j.cnki.issn1003−207x.2019.0874.

[114] Muren, Li H, Mukhopadhyay S K, et al. 2020. Balanced maximal covering location problem and its application in bike−sharing[J]. International Journal of Production Economics, 223: 107513.

[115] 李雨洋. 2018. 上海市共享单车监管的困境与对策——基于混合策略博弈模型的研究[J]. 上海市经济管理干部学院学报, 16(4): 41−48.

[116] Kapuku C, Kho S Y, Kim D K. 2020. Modeling the competitiveness of a bike−sharing system using bicycle GPS and transit smartcard data[J]. Transportation Letters−The International Journal of Transportation Research, 1758389, doi: 10.1080/19427867.2020.1758389.

[117] 江南. 2019. 共享单车行业的竞争乱象与政府规制[D]. 南昌: 江西财经大学.

[118] Li H J, Zhang Y H, Ding H L, et al. 2019. Effects of dockless bike−sharing systems on the usage of the London Cycle Hire[J]. Transportation Research Part A: Policy and Practice, 130: 398−411.

[119] 王林, 荆林波. 2019. 共享单车管理中存在的问题与解决思路[J]. 宏观经济管理, (12): 85−90.

[120] Ni Y, Chen J Q. 2020. Exploring the effects of the built environment on two transfer modes for metros: Dockless bike sharing and taxis[J]. Sustainability, 12(5): 2034.

[121] 马德芳, 王梦凯. 2019. 共享型企业社会责任评价指标体系研究——以共享单车为例[J]. 沈阳大学学报(社会科学版), 21(6): 701−705.

[122] 孙晋, 袁野. 2018. 共享经济的政府监管路径选择——以公平竞争审查为分析视角[J]. 法律适用, (7): 60−67.

[123] 王兵. 2019. 可再生能源系统风险管理: 方法与实证[M]. 北京: 科学出版社.

[124] 孙景龙. 2018. 共享单车法律困境与对策研究[D]. 兰州: 兰州大学.

[125] 徐继敏. 2020. 共享单车管理法律问题研究[M]. 成都: 四川大学出版社.

[126] 纪淑平, 李振国. 2018. 国外共享单车发展对我国的经验借鉴与启示[J]. 对外经贸实务, (4): 36−39.

[127] Wu X L, Xiao W X, Deng C H, et al. 2019. Unsafe riding behaviors of shared−bicycle riders in urban China: A retrospective survey[J]. Accident Analysis and Prevention, 131: 1−7.

[128] Fishman E, Schepers P. 2016. Global bike share: What the data tells us about road safety[J]. Journal of Safety Research, 56: 41—45.

[129] Lu J, Yang Z, Li L, et al. 2017. Multiple schemes for mobile payment authentication using QR code and visual cryptography[J]. Mobile Information Systems, 2017: 4356038.

[130] 胡小兰. 2019. 共享经济中的政府监管困境与治理创新研究[D]. 衡阳：南华大学.

[131] 吴继英, 张梦宇. 2019. 共享单车监管绩效的影响因素及测度[J]. 江苏大学学报（社会科学版），21(6)：52—59.

[132] 叶姗. 2019. 城市道路资源经营性使用的法律规制——基于互联网租赁自行车市场的发展[J]. 比较法研究，(2)：116—130.

[133] 陈书全, 王开元. 2018. 共享单车地方立法研究——以立法模式选择为视角[J]. 中国海洋大学学报（社会科学版），(3)：103—109.

[134] 杨海坤, 郝炜. 2018. 共享单车的行政法调控——兼评互联网新经济的行政法调控模型[J]. 法治研究，(4)：40—57.

[135] 李鑫. 2018. 互联网租赁自行车的监管困境与信用机制建设[J]. 电子政务，(1)：58—63.

[136] 李鑫. 2017. 分享经济监管困境与信用监管体系构建[J]. 学习与实践，(8)：82—89.

[137] 王唯, 鲁朝云. 2018. 共享经济下共享单车运营模式探讨[J]. 合作经济与科技，(8)：20—22.

[138] Sun L S, Wang S C, Liu S L, et al. 2018. A completive research on the feasibility and adaptation of shared transportation in mega-cities - A case study in Beijing[J]. Applied Energy, 230: 1014—1033.

[139] 杨玉国. 2019. 共享单车商业模式、成本结构与发展趋势——基于 ofo 与摩拜的比较[J]. 商业经济，(2)：55—57+79.

[140] 赵栓文, 简洁. 2019. 共享商业模式风险管理探究——以共享单车为例[J]. 会计之友，(16)：18—23.

[141] 赵琪. 2019. 共享经济企业商业模式比较分析[J]. 商业经济研究，(6)：112—114.

[142] 张红彬, 李孟刚. 2019. 共享经济的要素配置及其治理模式[J]. 贵州社会科学，(11)：109—115.

[143] 欧国立, 张瑞琪, 王兴婧. 2019. 共享单车经营模式的发展路径[J]. 长安大学学报（社会科学版），21(4)：70—81.

[144] 刘建刚, 高杰. 2019. 价值网络视角下有桩单车和无桩单车商业模式创新研究[J]. 常州大学学报（社会科学版），20(6)：62—73.

[145] Johnson M, Euchner J. 2018. Developing new business models[J]. Research-

Technology Management, 61(6): 13—19.

[146] 马昕钰. 2019. 共享单车商业生态系统与盈利模式创新探究[J]. 中国市场,(23): 67—71.

[147] 邱玉霞, 袁方玉. 2020. 共享经济理论研究框架与展望[J]. 管理现代化, 40(3): 123—126.

[148] Barquet A P, Seidel J, Buchert T, et al. 2016. Sustainable product service systems — from concept creation to the detailing of a business model for a bicycle sharing system in Berlin[J]. Procedia CIRP, 40: 524—529.

[149] Chen L H, Chancellor H C. 2019. Examining attitudes toward bicycle-share program use: A dual-process theory approach[J]. Transportation Research Part F: Traffic Psychology and Behaviour, 62: 769—781.

[150] 张倪. 2017. 共享模式与城市交通的未来[J]. 中国发展观察, (12): 52—55.

[151] 杨建勋, 刘逸凡, 刘苗苗, 等. 2018. "互联网+"时代城市绿色低碳交通的挑战与对策[J]. 环境保护, 46(11): 43—46.

[152] 王燕楠. 2019. 共享单车存在的问题及对策——基于行政合理性原则分析[J]. 管理观察, (18): 41—44.

[153] Fan A, Chen X, Wan T. 2019. How have travelers changed mode choices for first/last mile trips after the introduction of bicycle-sharing systems: An empirical study in Beijing, China[J]. Journal of Advanced Transportation, (3): 1—16.

[154] 金凡律, 吴满琳. 2018. 共享单车商业模式研究[J]. 技术与创新管理, 39(1): 76—81+128.

[155] Gao P, Li J Y. 2020. Understanding sustainable business model: A framework and a case study of the bike-sharing industry[J]. Journal of Cleaner Production, 267: 122229.

[156] 刘秀光, 刘辛元. 2019. 共享经济商业模式的危机与化解——以共享单车商业模式为例[J]. 科学与管理, 39(4): 29—36.

[157] 王经纬, 张智光. 2019. 引入第三方组织的共享单车绿色管理模式研究[J]. 科学与管理, 39(6): 16—24.

[158] 黄电. 2019. 共享与租赁经济的本质特征及差异性比较分析[J]. 北京交通大学学报(社会科学版), 18(4): 69—78.

[159] 赵栓文, 张炎. 2018. 共享商业模式存在的问题与优化——基于价值链管理的角度[J]. 财会月刊, (7): 42—46.

[160] 姜宁. 2017. 从"共享单车"的监管看政府如何在分享经济中发挥作用[J]. 河北学刊, 37(4): 138—142.

[161] 杜怿平. 2017. 我国共享单车企业的经营管理模式创新及盈利模式探索[J]. 科技管理研究, 37(15): 225−229.

[162] 王雪. 2019. 共享单车押金性质与法律规制之探讨——从共享单车押金退还案件说起[J]. 电子科技大学学报(社科版), 21(5): 45−51.

[163] Kadri A A, Kacem I, Labadi K. 2016. A branch−and−bound algorithm for solving the static rebalancing problem in bicycle−sharing systems [J]. Computers and Industrial Engineering, 95: 41−52.

[164] 赵婷, 廖成林. 2020. 基于市场需求的共享单车优化调度研究[J]. 合作经济与科技, (9): 123−126.

[165] 宝力尔. 2019. 基于互联网背景下共享单车盈利模式研究[J]. 内蒙古财经大学学报, 17(2): 64−67.

[166] 沈蕾, 卜训娜. 2019. 共享单车可持续发展问题研究[J]. 价格理论与实践, (7): 65−68.

[167] 李文. 2019. 试论"共享单车"的社会风险治理[J]. 行政与法, (1): 70−77.

[168] 朱家明, 江建伟, 凌佳亨. 2019. 共享单车对社会经济与环境的影响——基于纽约市1993—2015年面板数据的实证研究[J]. 山东理工大学学报(社会科学版), 35(3): 32−37.

[169] Mi Z F, Coffman, D. 2019. The sharing economy promotes sustainable societies [J]. Nature Communications, 10: 1214.

[170] Zhang Y P, Mi Z F. 2018. Environmental benefits of bike sharing: A big data−based analysis [J]. Applied Energy, 220: 296−301.

[171] 生态环境部. 2019. 中国移动源环境管理年报(2019年)[EB/OL]. (2019−09−04)[2020−07−11]. http://www.mee.gov.cn/hjzl/sthjzk/ydyhjgl/201909/P020190905586230826402.pdf.

[172] 周建高. 2017. 共享单车爆棚与中国城市空间结构问题[J]. 长安大学学报(社会科学版), 19(2): 20−29.

[173] Liu L M, Sun L J, Chen Y Y, et al. 2019. Optimizing fleet size and scheduling of feeder transit services considering the influence of bike−sharing systems [J]. Journal of Cleaner Production, 236: 117550.

[174] 中华环境保护基金会绿色出行专项基金, 北京工业大学, 国家信息中心分享经济研究中心. 2019. 中国共享出行发展报告(2019)[M]. 北京: 社会科学文献出版社.

[175] 苏钰婷. 2018. 网络预约出租车个人信息安全政府监管研究[D]. 昆明: 云南大学.

[176] Ajzen I. 1991. The theory of planned behavior [J]. Organizational behavior and human decision processes, 50(2): 179−211.

[177] Tonglet M, Phillips P S, Bates M P. 2004. Determining the drivers for house-

holder pro-environmental behaviour: waste minimisation compared to recycling [J]. Resources Conservation and Recycling, 42(1): 27—48.

[178] 陈传红, 李雪燕. 2018. 市民共享单车使用意愿的影响因素研究[J]. 管理学报, (11): 1601—1610.

[179] Ma L, Zhang X, Ding X Y, et al. 2018. Bike sharing and users' subjective well-being: An empirical study in China [J]. Transportation Research Part A: Policy and Practice, 118: 14—24.

[180] Chen J, Zhang Y, Zhang R, et al. 2019. Analyzing users' attitudes and behavior of free-floating bike sharing: An investigating of Nanjing [J]. Transportation Research Procedia, 39: 634—645.

[181] 刘珈琪, 柯湾, 刘春. 2019. 基于TAM-ECM模型的共享单车用户持续使用意愿影响因素研究[J]. 软科学, 33(7): 116—121.

[182] 王涵霄, 董明, 张大力. 2019. 考虑维修的共享单车调度优化研究[J]. 工业工程与管理, 24(2): 31—37.

[183] 张贞, 张颖. 2019. 共享单车服务策略优化分析——基于消费者问卷调查[J]. 中国集体经济, (14): 70—71.

[184] Liu A J, Ji X H, Xu L, et al. 2018. Research on the recycling of sharing bikes based on time dynamics series, individual regrets and group efficiency [J]. Journal of Cleaner Production, 208: 666—687.

[185] Davis F D. 1986. A technology acceptance model for empirically testing new end-user information systems: Theory and results [D]. Massachusetts: Massachusetts Institute of Technology.

[186] 张思, 李勇帆. 2014. 基于技术接受模型的高校教师网络教学行为研究[J]. 远程教育杂志, 32(3): 56—63.

[187] Park E, Baek S, Ohm J, et al. 2014. Determinants of player acceptance of mobile social network games: An application of extended technology acceptance model [J]. Telematics and Informatics, 31(1): 3—15.

[188] 张圣亮, 袁佳, 李小东. 2015. 大学生消费者网络团购意向实证研究——基于TAM和ISSM整合模型[J]. 江汉学术, 34(1): 13—20.

[189] Saji T G, Deepa P. 2018. Behavioural intention to the use of mobile banking in Kerala: An application of extended classical technology acceptance model [J]. Metamorphosis: A Journal of Management Research, 17(2): 111—119.

[190] 王月辉, 王青. 2013. 北京居民新能源汽车购买意向影响因素——基于TAM和TPB整合模型的研究[J]. 中国管理科学, 21(S2): 691—698.

[191] Reyes－Mercado P, Rajagopal. 2015. Driving consumers toward online retailing technology: Analyzing myths and realities[J]. Journal of Transnational Management, 20(3): 155－171.

[192] 张辉, 白长虹, 李储凤. 2011. 用户网络购物意向分析——理性行为理论与计划行为理论的比较[J]. 软科学, 25(9): 130－135.

[193] 王凡. 2017. 移动图书馆用户持续使用意愿影响因素研究[J]. 图书馆工作与研究, (7): 50－56.

[194] Wongwatkit C, Panjaburee P, Srisawasdi N, et al. 2020. Moderating effects of gender differences on the relationships between perceived learning support, intention to use, and learning performance in a personalized e－learning[J]. Journal of Computers in Education, 7(8): 229－255.

[195] 夏保国, 常亚平. 2014. 政务微信的沟通机制研究——基于技术接受模型的视角[J]. 国家行政学院学报, (3): 102－106.

[196] 王小娟, 万映红, 程佳. 2019. 基于TAM理论的顾客心理契约形成机理研究——B2C情景下的实证研究[J]. 运筹与管理, 28(11): 116－124.

[197] 王艳玲, 张广胜, 李全海. 2020. 基于技术接受模型的电商平台采纳行为及影响因素[J]. 企业经济, (3): 132－137.

[198] 原欣伟, 李延, 窦天苗, 等. 2018. 消费者虚拟社区参与对创新产品采用意愿的影响研究[J]. 生产力研究, (5): 109－114.

[199] 周沛, 伏苏云, 赵越春. 2020. 购物类APP用户持续使用影响因素的实证研究[J]. 南京师大学报(自然科学版), 43(2): 140－148.

[200] Oh J, Kim W J. 2020. The effects of mobile payment system on consumer attitude and behavioral intention[J]. The Journal of Internet Electronic Commerce Resarch, 20(2): 35－50.

[201] 盛光华, 岳蓓蓓, 龚思羽. 2019. 共享单车用户持续使用意愿研究——基于TAM理论的拓展模型[J]. 东北大学学报(社会科学版), 21(6): 567－574.

[202] 李雅筝. 2016. 在线教育平台用户持续使用意向及课程付费意愿影响因素研究[D]. 合肥: 中国科学技术大学.

[203] 曹小曙, 闵家楠, 黄晓燕. 2019. 降雨和空气污染对城市居民公共自行车使用的影响研究——以西安市为例[J]. 人文地理, 34(1): 151－158.

[204] 张文. 2018. 泰国大学生网络购物行为影响因素研究[D]. 昆明: 云南财经大学.

[205] 吴莹. 2018. 基于顾客感知价值的共享单车满意度研究[D]. 成都: 四川师范大学.

[206] Higueras－Castillo E, Liebana－Cabanillas F J, Munoz－Leiva F, et al. 2019. E-valuating consumer attitudes toward electromobility and the moderating effect of perceived

consumer effectiveness [J]. Journal of Retailing and Consumer Services, 51: 387-398.

[207] Xu X, Li Q, Peng L, et al. 2017. The impact of informational incentives and social influence on consumer behavior during Alibaba's online shopping carnival [J]. Computers in Human Behavior, 76: 245-254.

[208] Chang K C, Hsu C L, Hsu Y T, et al. 2019. How green marketing, perceived motives and incentives influence behavioral intentions [J]. Journal of Retailing and Consumer Services, 49: 336-345.

[209] 张春华,温卢. 2018. 网络游戏消费行为及其影响因素的实证研究——基于高校学生性别、学历的差异化分析[J]. 江苏社会科学,(6):50-58.

[210] 陈渝,毛姗姗,潘晓月,等. 2014. 信息系统采纳后习惯对用户持续使用行为的影响[J]. 管理学报,11(3):408-415.

[211] 吴瑞林,杨琳静. 2014. 在公共管理研究中应用结构方程模型——思想、模型和实践[J]. 中国行政管理,(3):62-68.

[212] 姚秀丽. 2010. 中国消费者网上购物风险及消费行为模型研究[D]. 北京:北京邮电大学.

[213] 徐连. 2011. 基于技术接受模型的大学生网络团购意愿研究[D]. 南京:南京大学.

[214] 周辉宇,张晨燕,李红昌. 2020. 基于出行者选择的城市公交和共享单车竞合关系影响因素研究[J]. 长安大学学报(社会科学版),22(2):48-61.

[215] 刘松洋,兰玉琪. 2018. 浅析共享经济模式下共享电单车的发展现状及问题对策[J]. 工业设计,(2):14-16.

[216] 熊海伦. 2019. 基于共享单车停放系统及其装置的设计研究[D]. 天津:天津科技大学.

[217] 徐博轩,王翔. 2020. 共享经济可持续发展之思考[J]. 经济研究导刊,(17):3-5+33.

[218] 宋佳,戈凌军,汪建强. 2019. 共享单车的发展困境及应对策略分析[J]. 现代商贸工业,40(16):56-58.

[219] 刘立巧. 2018. 共享单车现状调查分析与对策研究[J]. 交通科技与经济,20(1):41-44+65.

[220] 孙林岩. 1999. 人因工程学(修订版)[M]. 北京:中国科学技术出版社,19(3):17-20.

[221] 邵鹏,王齐,赵超. 2020. 共享单车绿色使用行为与意愿的影响因素研究[J]. 干旱区资源与环境,34(3):64-68.

[222] 马新卫,季彦婕,金雪,等. 2020. 租赁自行车用户出行特征及方式的影响因素分析[J/OL]. 浙江大学学报(工学版),1-8[2020-07-09]. http://kns.cnki.net/kcms/

detail/33.1245.T.20200630.0936.004.html.

[223] Tran T D, Ovtracht N, D'Arcier B F. 2015. Modeling bike sharing system using built environment factors[J]. Procedia CIRP, 30: 293—298.

[224] Stephane P, Thibaud T, Thomas R. 2009. NIRS in ergonomics: Its application in industry for promotion of health and human performance at work[J]. International Journal of Industrial Ergonomics, (2): 185—189.

[225] 姜霄, 鲁恒心, 王艳敏, 等. 2019. 共享单车APP中的视觉语言设计与应用[J]. 包装工程, 40(24): 260—264+271.

[226] 林霜. 2010. 人机工程学意义下自行车骑姿分析[J]. 中国自行车, (1): 38—40.

[227] 旷红梅, 杨随先. 2007. 基于人机工程学的自行车骑姿改进设计[J]. 机械, (3): 8—11.

[228] 张娜英. 2001. 人机工程学在自行车产品设计中的应用[J]. 中国自行车, (1): 25—29.

[229] 赵鹤, 林金国, 李吉庆. 2014. 座椅的热舒适性及其评价方法的探讨[J]. 质量技术监督研究, (4): 76—80.

[230] 尹玲. 2004. 自行车的人机分析与改进[J]. 兰州理工大学学报, (3): 48—50.

[231] 肖金花, 况明泉. 2010. 自行车的人性化设计[J]. 包装工程, 31(24): 149—153.

[232] 林霜. 2008. 自行车设计中的人机因素分析与研究[D]. 昆明: 昆明理工大学.

[233] 祝南熙, 潘彦汝, 苏丹, 等. 2019. 共享单车的发展模式及对策分析[J]. 中国商论, (13): 17—19.

[234] 北京市人民政府. 2020. 北京市人民政府办公厅关于印发《2020年北京市交通综合治理行动计划》的通知[EB/OL]. (2020-02-18)[2020-07-11]. http://www.gov.cn/xinwen/2020-02/18/content_5480348.htm.

[235] 谭敏, 魏曦. 2010. TOD模式下城市轨道交通站点地区规划设计实践探索——以广珠城际轨道"中山站"片区规划设计为例[J]. 建筑学报, (8): 101—104.

[236] 朱良成, 路姗, 束昱. 2011. 基于TOD核心理念的城市地下空间规划模式探讨[J]. 城乡规划, (2): 75—82.

[237] 牛文科. 2020. 多视角分析共享单车投放治理问题[J]. 现代管理科学, (2): 86—88.

[238] 汤云峰. 2019. 基于重心法和层次分析法的高校快递智能柜选址布局问题研究[J]. 山东科学, 32(3): 65—72.

[239] 王敬地, 李冬梅. 2019. "B+R"模式下轨道交通站点自行车停车空间优化——以南京地铁一号线站点为例[J]. 黑龙江交通科技, 42(2): 170—173+176.

附录1：共享单车低碳出行意愿及满意度线下调研问卷

共享单车 低碳出行 从我做起 美丽中国

共享单车的普及给人们的生活带来了极大的便利，但同时也产生了诸多问题，阻碍了其可持续发展。为了解决这些问题，我们设计了以下共享单车用户使用行为及满意度的调查问卷。您的答案和问卷中所涉及的您的所有信息绝对是保密的，非常感谢您的配合，期待得到您的答复。

问卷说明
1. 请您独立完成此问卷。
2. 请选择最贴近您实际情况的选项，同时您可对选项作出额外解释或提出任何评论、意见。
3. 请您尽可能回答所有问题，不完整的问卷会对之后的统计和数据分析产生影响。

非常感谢您的合作！

共享单车用户使用行为及满意度的问卷调查

1. 您使用过共享单车吗？（例：ofo，摩拜等）
   □ 使用过　□ 没有使用过
2. 您使用过公共自行车吗?(永安行有桩单车）
   □ 使用过　□ 没有使用过

一、基本信息

1. 您的性别是
   □ 男　□ 女
2. 您的年龄是
   □ 12—17岁
   □ 18—25岁
   □ 26—35岁
   □ 36—45岁
   □ 46—55岁
   □ 55岁以上
3. 您目前的受教育程度是
   □ 高中及以下
   □ 大学本科及大专
   □ 硕士
   □ 博士及以上
4. 您目前的月收入为（　　）元？
   □ 3000元及以下
   □ 3000—6000元
   □ 6000—10000元
   □ 10000—20000元
   □ 20000元及以上

二、共享单车使用现状

5. 您每周使用共享单车的频率是？
   □ 几乎不使用
   □ 1—5次
   □ 6—12次
   □ 12次以上
6. 您使用共享单车的主要用途是？
   □ 通勤（上下班、上下学）
   □ 休闲外出
   □ 锻炼身体
   □ 换乘公交或地铁
   □ 其他
7. 您一般在多远距离时会选择使用共享单车？
   □ 1000米以下
   □ 1000—3000米
   □ 3000—5000米
   □ 5000米以上
8. 您一般单次骑行的时间是多少？
   □ 小于15分钟
   □ 15—30分钟
   □ 30—60分钟
   □ 60分钟以上
9. 您在需要骑行时获得共享单车的难易程度是？
   □ 容易
   □ 较容易
   □ 一般
   □ 较困难
   □ 困难

三、满意度及提升需求

10. 您更倾向于使用哪种消费形式？
    □ 单次消费
    □ 多次卡（例如：一月内可使用30次）
    □ 周卡会员制
    □ 月卡会员制
    □ 季卡会员制
11. 您愿意接受的单次骑行的最高价格是？
    □ 0.5元
    □ 1.0元
    □ 1.5元
    □ 2.0元及以上
12. 您认为押金金额为多少比较合适？
    □ 免押金
    □ 50元左右
    □ 100元左右
    □ 200元左右

中国矿业大学（北京）学生社会实践调研团队

共享单车 低碳出行 从我做起 美丽中国

13. 您对以下月卡价格的接受程度为多少？（打钩）

	1 难接受	2 可接受	3 很接受
6元			
10元			
15元			
20元			
30元			

14. 以下共享单车优惠活动对您的吸引程度是？

	不吸引 → 一般 → 吸引				
	1	2	3	4	5
红包					
月卡优惠					
免费骑行卡					
免押金					

15. 您认为以下共享单车的外观时尚度如何？

	不美观 → 一般 → 很美观				
	1	2	3	4	5
ofo单车					
摩拜单车					
小蓝/青桔单车					
哈啰单车					

16. 您认为以下共享单车的骑行舒适度如何？

	不舒适 → 适中 → 很舒适				
	1	2	3	4	5
ofo单车					
摩拜单车					
小蓝/青桔单车					
哈啰单车					

17. 您认为以下共享单车APP的使用舒适度及客服服务质量如何？

	差 → 适中 → 很好				
	1	2	3	4	5
ofo单车					
摩拜单车					
小蓝/青桔单车					
哈啰单车					

18. 当共享单车没有关锁时，您愿意去骑免费车吗？
□ 非常愿意
□ 比较愿意
□ 不愿意

四、改进建议

19. 您使用共享单车时遇到过哪些问题？(多选)
　A.押金没有及时退还
　B.APP使用时不方便
　C.车辆被损坏
　D.公车私用或上私锁
　E.车辆未上锁
　F.单车停放点不合理，停放困难
　G.二维码被破坏或篡改
　其他
以上问题中，您最厌烦的是？＿＿＿＿（单选）

20. 您认为哪个品牌共享单车更容易损坏？
□ ofo单车
□ 摩拜单车
□ 小蓝/青桔单车
□ 哈啰单车

21. 您对共享单车的车型改进有哪方面的需求？（最多三项）
□ 减震设计
□ 解锁方式
□ 车座调节方式
□ 车身重量
□ 刹车制动
□ 外观设计
□ 附加功能，如手机支架、充电等

22. 针对共享单车乱停乱放、恶意毁坏等问题，你认为最有效的解决措施是？（单选）
□ 对乱停乱放用户予以处罚
□ 实行举报有奖措施并进行信用评估
□ 企业加强引导、巡视和清理
□ 增加单车停放点

23. 您认为共享单车还可在哪些方面有所提升？（多选）
□ 优化付费系统
□ 平台优惠活动
□ 提升客服响应速度及质量
□ 优化定位及导航系统
□ 推出更多车型

24. 您愿意参加共享经济吗？（例如，共享您的自行车、雨伞、汽车车位等）
□ 非常愿意
□ 比较愿意
□ 不愿意

25. 共享单车出现后，您还会去购买普通自行车出行吗？
□基本不会购买　　□可能购买　　□不购买

26. 3000—5000米的出行距离内，您愿意用共享单车替换出租车短途出行吗？
□非常愿意　　□比较愿意　　□不愿意

感谢您的配合，祝您生活愉快！

中国矿业大学（北京）学生社会实践调研团队

附录 2：上海市互联网租赁自行车经营服务考核办法

一、目的和依据

为进一步规范本市互联网租赁自行车运营企业的经营服务行为，有效提升经营水平和服务质量，根据交通运输部等 10 部门联合印发的《关于鼓励和规范互联网租赁自行车发展的指导意见》（交运发〔2017〕109 号）以及市政府印发的《上海市鼓励规范互联网租赁自行车发展的指导意见（试行）》（沪府〔2017〕93 号）等有关规定，结合本市实际情况，制定本办法。

二、考核范围

在本市提供互联网租赁自行车经营服务的运营企业。

三、考核主体

市交通行政管理部门委托有关社会第三方机构组织实施全市互联网租赁自行车经营服务考核工作，汇总考核结果。

市交通行政管理部门、公安机关、城管执法部门、各区交通行政管理部门或区政府指定的互联网租赁自行车主管部门（以下统称区主管部门），以及本市自行车运营、停放等从业企业相关协会、科研院所、市消保委等其他社会组织共同组成考核工作小组，按照各自职责分工，分别对运营企业的经营水平和服务质量进行考核，将有关考核结果汇总提供给组织考核的有关社会第三方机构。

四、考核内容和指标

（一）考核内容及职责分工

市交通行政管理部门对运营企业的政策响应程度、用户满意度、车辆使用、车容车况、车辆数字化备案、未注册投放等内容进行考核，可委托第三方具体实施。区主管部门对运营企业的车辆停放秩序、调度处置响应时间、运营协议和承诺执行情况等内容进行考核。互联网租赁自行车信息平台对运营企业报送的数据质量、数据反馈协同情况和动态运营指标进行考核。有关考核内容详见附件 1、附件 2、附件 3、附件 4。

公安机关对运营企业的车辆通行秩序、骑行违法行为等内容进行考核，并负责向市交通行政管理部门提供运营企业车辆数字化备案相关数据。有关考核内容详见附件 5。

城管执法部门对运营企业违规占用城市道路、取回车辆时效等内容进行考核。有关考核内容详见附件 6。

本市自行车运营、停放等从业企业相关协会、科研院所、市消保委等其他社会组织对运营企业的技术管理创新手段、车辆技术性能等方面进行考核。有关考核内容详见附件7、附件8。

(二)考核指标及实施方式

考核指标主要包括:车辆停放秩序、企业协同程度、车容车况、企业服务质量、企业诚信程度、车辆使用情况、技术与管理创新、严重失信行为等,共计25项指标、1000分分值,分为常规指标(共19项,主要考核企业日常管理水平、车辆硬件水平和整体服务水平)、加分指标(共4项,以现场管理效果和市场选择为导向)、扣分指标(共2项,对运营未注册车辆及违规投放车辆等重大失信行为加大处罚扣分力度)三类指标。有关考核指标详见附件9。

考核方式主要包括:现场观察、用户满意度调查、管理部门集中打分和日常考察、信息平台数据统计和评估等。

五、考核周期和实施程序

(一)考核周期

原则上每半年组织实施一次考核,在市场供需情况或运营企业经营情况发生重大变化时,可组织实施临时考核。

(二)考核实施程序

考核实施程序主要分为以下六个步骤:1.制定、公布调控方案;2.完成第三方市民满意度测评;3.开展考核打分;4.汇总形成考核结果;5.预公布考核结果,征求运营企业意见;6.公示最终考核结果。考核结果应当公示至少5个工作日,待公示结束后,由市交通行政管理部门联合市公安机关、市城管执法部门向社会通报或发布考核结果。

六、考核结果应用

(一)建立企业档案

考核工作小组成员应当加强信息沟通,及时、全面、准确掌握运营企业的经营服务情况,认真受理社会投诉举报,加强对企业服务质量的日常监督检查,做好针对企业服务质量的信用记录建设和信用管理工作,严重失信行为依法纳入公共信用信息服务平台。

(二)实施动态调节

考核结果作为运营企业投放车辆数动态调节的主要依据。市交通行政管理部门会同区主管部门建立互联网租赁自行车动态调节机制,根据考核结果,每半年定期评估并调整一次投放注册数,对运营企业投放车辆实施动态增减调节。针对已运营企业的经营情况发生重大变化或出现重大违规情形拒不整改的,可以视情况实行临时动态调节。

(1)动态调节方案。根据运营企业的分类考核结果("优、良、合格、不合格"四类),按照

"奖优惩劣、增减结合"的原则,通过互联网租赁自行车信息平台动态调整各运营企业注册车辆数。市交通行政管理部门、公安机关或城管执法部门向运营企业发布整改通知书,运营企业逾期未整改或整改未到位的,或者有半数以上区主管部门认为运营企业当期考核结果应当为"不合格"的,运营企业当期考核结果可以直接评定为"不合格",运营企业发生两次考核结果被评定为"不合格"的,市交通行政管理部门可以责令其退出本市运营。其中,运营企业向互联网租赁自行车信息平台传输经营服务数据中断超过一个月的,市管理部门可以冻结有关注册车辆,在开展当期考核时仍未按规定恢复数据传输的,市管理部门可以视情况注销已注册车辆。具体调节方案详见附件10。

(2)调控措施的实施。根据确定的各运营企业调整注册车辆数,经相关运营企业明确具体调整的车辆明细后,由互联网租赁自行车信息平台直接实施调整,并经公安机关车辆管理平台确认后,反馈相关运营企业的经营平台,由运营企业对相关调整车辆按规定程序进行新增投放或封存外运处置,相关区主管部门负责监督落实。

(3)临时调节。已运营企业发生重大资产重组、资金风险问题或其他可能影响正常经营的情况,或企业出现重大违规情形拒不整改的,可以根据上一期考核结果、信息平台动态运营数据或企业违规情形,临时调节企业注册车辆数。

七、对新进运营企业试点经营服务的考核

尚未在本市开展互联网租赁自行车经营的企业,需在试点开始提供经营服务前30日,向市交通行政管理部门报备。市交通行政管理部门综合城市设施承载力和出行需求特征,确认本市总量调控余量情况,并提供给相关区主管部门。相关企业应将投放车辆规模和方案计划等同时报送市、区两级主管部门征求意见,并在与区主管部门签订相关投放运营协议,及时办理车辆登记上牌手续,以及将车辆数据有效接入信息服务平台之后,方可开展试点运营。

相关区主管部门可以根据投放运营协议划定特定区域供企业试点投放一定规模的车辆,首次试点投放的车辆数范围为500－5000辆(中心城区)——1500－15000辆(郊区)的规模,试点期限为6个月,且仅可以在1－2个区试点。运营企业申请新增投放车辆时需提交投放规模和方案计划,内容主要包括拟投放车辆数量、投放时间和区域、配套运维保障措施等。

新进运营企业在相关区特定区域的试点投放及运维情况,可以作为后续在全市范围开展经营服务以及参与动态调节的重要依据。新进运营企业试点过程中违反本市有关规定情节严重的,市交通行政管理部门可以会同公安机关直接注销试点投放的车辆数。新进运营企业试点期满后,经市、区两级主管部门综合评估合格的,可以正式进入本市运营。

附件目录

附件1　市、区主管部门考核评分表(略)

附件2　第三方考核评分表(略)

附件3　用户满意度调查表(第三方问卷调查)(略)

附件4　互联网租赁自行车信息平台考核评分表(略)

附件5　公安机关考核评分表(略)

附件6　城管执法部门考核评分表(略)

附件7　行业协会考核评分表(略)

附件8　市消保委考核评分表(略)

附件9　互联网租赁自行车服务质量评价考核指标(略)

附件10　动态调节实施方案表(略)